“一带一路”项目前期开发技术手册

左　斌　孙建波　编著

中国建筑工业出版社

图书在版编目（CIP）数据

“一带一路”项目前期开发技术手册／左斌，孙建波编著.一北京：中国建筑工业出版社，2016.11
ISBN 978-7-112-20098-6

Ⅰ.①一… Ⅱ.①左… ②孙… Ⅲ.①国际承包工程—工程项目管理—技术手册 Ⅳ.①F 746.18-62

中国版本图书馆CIP数据核字（2016）第276361号

本书从“一带一路”的基本概念入手，全面剖析了国际工程项目前期开发工作的技术要点，包括国际工程承包项目的市场开发、咨询服务、决策阶段的咨询服务、前期开发工作的基本知识以及前期开发的技术工作等方面的内容。本书内容丰富，包含了基本专业术语、经济技术指标、前期工作流程、前期工作专用收资清单、典型案例分析等。本书作者从事国际工程承包工作已经近30年，先后承担和完成了许多国家的工程项目的建设。

本书适合国际工程项目经理、市场开发人员、技术与商务等管理人员参考阅读。

责任编辑：封　毅　张瀛天
书籍设计：京点制版
责任校对：李欣慰　姜小莲

“一带一路”项目前期开发技术手册
左　斌　孙建波　编著

*

中国建筑工业出版社出版、发行（北京海淀三里河路9号）
各地新华书店、建筑书店经销
北京京点图文设计有限公司制版
北京建筑工业印刷厂印刷

*

开本：787×1092毫米　1/16　印张：19　字数：389千字
2016年12月第一版　2016年12月第一次印刷
定价：49.00元

ISBN 978-7-112-20098-6
（29565）

本书编委会

主　编： 左　斌　　孙建波

副主编： 王　颜　　左莹郁

参　编： 齐　飞　　毕　然　　王志超
周　鑫　　左莹晶　　张景国
姚博林　　于秀荣　　左　军

前 言

2013年9～10月，国家主席习近平在出访中亚和东南亚国家期间，先后提出了共建“丝绸之路经济带”和“21世纪海上丝绸之路”（以下简称“一带一路”）的重大倡议，得到了国际社会的高度关注和响应。随后，2015年3月28日国家发改委、外交部、商务部联合发布了《推动共建丝绸之路经济带和21世纪海上丝绸之路的愿景与行动》；同年7月14日国资委发布了《“一带一路”中国企业路线图》；这一切为中国企业“走出去”，融入和实施“一带一路”国家战略指明了前进的方向。

“一带一路”国家战略是“中国梦”的延伸，它顺应了当今世界经济、政治、外交格局的新变化，为古老的“丝绸之路”赋予了新的内涵，它把实现中华民族伟大复兴的中国梦和“一带一路”沿线国家人民追求美好生活的梦想连接在了一起。“一带一路”战略是使我国成为世界强国的重要路径，是我国构筑国土安全发展屏障，摆脱以美国为首的国家不平等国际贸易谈判，寻求更大范围的资源和市场合作的重大战略，这是中国在近200年来首次提出以中国为主导的洲际开发合作框架，将彻底摆脱原来依附大国、被动挨打的地缘政治局面的重大战略部署。

“一带一路”国家战略实施以来，仅仅三年取得了巨大的成果。2016年8月17日习近平主席在人民大会堂出席推进“一带一路”建设工作座谈会上明确指出：“目前，已经有100多个国家和国际组织参与其中，我们同30多个沿线国家签署了共建‘一带一路’合作协议、同20多个国家开展国际产能合作，联合国等国际组织也态度积极，以亚投行、丝路基金为代表的金融合作不断深入，一批有影响力的标志性项目逐步落地。‘一带一路’建设从无到有、由点及面，进度和成果超出预期。”从商务部的统计资料显示：仅2015年我国企业共对“一带一路”相关的49个国家进行了直接投资，投资额合计148.2亿美元，同比增长18.2%；2015年我国企业在“一带一路”相关的60个国家新签对外承包工程项目合同3987份，新签合同额926.4亿美元，占同期我国对外承包工程新签合同额的44.1%，同比增长7.4%；完成营业额692.6亿美元，占同期总额的45%，同比增长7.6%。2016年1～7月，我国企业对“一带一路”相关的51个国家非金融类直接投资78.7亿美元，同比减少8.4%，占同期总额的7.7%。2016年1～7月，我国企业在“一带一路”相关的61个国家新签对外承包工程项目合同3498份，新签合同额588.9亿美元，同比增长19.1%，占同期我国对外承包工程新签合同额的51.7%；完成营业额352.7亿美元，同比增长2.4%，占同期总额的45.8%。

然而，随着“一带一路”战略实施的逐步深入，“走出去”的中国企业日渐明确了在“一带一路”沿线国家从事国际工程承包的模式及境外投资的方向与重点。虽然“一带一路”战略给中国工程承包企业提供了前所未有的发展机遇，但是，近两年来中国经济发展放缓、全球经济复苏趋势不明朗、地区动荡和个别国家经济危机的加深等因素，也给中国工程承包企业承包国际工程带来了许多不确定性。与此同时，许多业主向承包商提出项目开发（前期咨询）、融资、运营管理的附加要求或作为招标的附加条件。从而，加剧了中国工程承包企业承包国际工程的风险。在这种背景下，如何在风险可控的前提下，成功获得国际工程项目的承包权，就成为许多我国承包企业面临的实际问题。一方面要求我国工程承包企业的业务范围，向工程产业链的上游、下游移动，从单纯的工程承包转向能够承担项目开发的业务、具备提供项目前期技术咨询服务商的角色；同时能够承担项目建成后的运行管理业务，也具备能提供项目竣工后运营管理商的角色。另一方要求我国工程承包企业能够提供项目的投资与融资。这种承包商角色的转变，是当前国际工程承包业务的新变化，也是我国承包商分散和降低对外工程承包风险的途径和方法。

几年来的实践证明：我国承包商向工程产业链的上游、下游的角色转移，不仅可以解决与摆脱我国承包商承接国际工程承包所面临的困境，还可以从长期的、新的角度中获得可观的利润，并可以使承接国际EPC工程业务具有一定的保证。正是基于如此，我先后编写了《国际工程项目开发工作手册》（内部资料）、《国际工程项目开发前期技术工作》（内部资料PPT稿）等，并在多家企业进行了培训授课，反映良好。许多参加培训的同志们来信或来电话，要求我尽快提供一些纸质的资料。特别是2015年8月24～25日我参加了民进中央“一带一路战略实施专题研讨会”，在会上我就“一带一路”战略实施的相关问题进行了主旨发言，受到了与会的全国人大委员会副委员长、民进中央主席严隽琪同志的赞赏；与会全国政协副主席、民进中央常务副主席罗富和同志在会议休息期间，与我亲切交流，鼓励我更好地利用多种形式为“一带一路”战略实施献计献策。一个偶然的机会，我将此事与中国建筑工业出版社封毅老师谈及，一拍即成，从而奠定了本书面世的基础。

我从事国际工程承包工作已经近30年，先后承担了许多国家的工程项目的建设。在耳顺之年离岗之前，在领导的嘱托、鼓励和同志们的支持下，先后编著了《国际工程承包常用合同手册》、《国际工程承包常用文案手册》、《国际工程施工常用数据资料手册》、《国际工程承包项目谈判实务与技巧》、《国际工程承包项目管理手册》等书籍，先后于2014～2015年出版发行。这些书籍从国际工程承包业务的不同侧面和角度，阐述了国际工程承包项目实施的理论与实践，揭举和分析了许多典型案例，把经验和教训公之于众。这其中，包含着我和我的同事们成功的喜悦和失败的苦恼，记载了我和我的同事们团结、奋斗的脚步。尽管这些感悟和体会，在深度和广度上还很不成熟，却可以告诫同行和业内年轻人规避风险，做好工作，这恰恰也是本书的构思、成书的缘由和我的愿望与初衷。

由于本人水平有限，时间仓促，本书难免挂一漏万，乃至还会有谬误之处，诚请得到专家、学者及同行们的斧正。本书在编写的过程中得到了中国建筑工程总公司（中国建筑股份有限公司）、中国机械设备工程股份有限公司及有关领导和同事们的支持与帮助。在此，一并致以衷心的感谢。

“航道已经开通，道路已经指明”让我们牢记习近平主席在推进“一带一路”建设工作座谈会上的讲话精神，以钉钉子精神，有力有序有效推进“一带一路”建设，为实现“两个一百年”奋斗目标、实现中华民族伟大复兴的“中国梦”做出新的贡献。

2016 年 10 月 11 日于北京

2015年8月25日左斌在民进中央“一带一路战略实施专题研讨会”上与严隽琪副委员长合影

2015年8月25日左斌在民进中央“一带一路战略实施专题研讨会”上发言后与罗富和副主席交谈

目　录

第1章　基本概念

1.1　“一带一路”与项目、工程建设项目

1.1.1　“一带一路”

“一带一路”是指“丝绸之路经济带”和“21世纪海上丝绸之路”的简称。“一带一路”英文为“One Belt and One Road”，英文缩写为OBAOR或OBOR。

丝绸之路起始于古代中国，连接亚洲、非洲和欧洲的古代陆上商业贸易路线，最初的作用是运输古代中国出产的丝绸、瓷器等商品，后来成为东方与西方之间在经济、政治、文化等诸多方面进行交流的主要道路。

2013年9~10月，国家主席习近平在出访中亚和东南亚国家期间，先后提出共建“丝绸之路经济带”和“21世纪海上丝绸之路”的重大倡议，得到国际社会高度关注。

丝绸之路经济带战略涵盖了东南亚、东北亚经济整合，并最终融合在一起通向欧洲，形成欧亚大陆经济整合的大趋势。21世纪海上丝绸之路经济带战略从海上联通欧亚非三个大陆和丝绸之路经济带战略形成一个海上、陆地的闭环。“一带一路”是中国政府借用古代丝绸之路的历史符号，高举和平发展的旗帜，积极发展与沿线国家的经济合作伙伴关系，共同打造政治互信、经济融合、文化包容的利益共同体、命运共同体和责任共同体。“一带一路”经济区开放后，我国对外承包工程项目突破3000个。2015年，我国企业共对“一带一路”相关的49个国家进行了直接投资，投资额同比增长18.2%。2015年，我国承接“一带一路”相关国家服务外包合同金额178.3亿美元，执行金额121.5亿美元，同比分别增长42.6%和23.45%。

“一带一路”沿线国家名单与官方语言，见表1-1。

“一带一路”沿线国家名单与官方语言一览表　　表1-1

区域	国家数量	国家名称	官方语言
东南亚	10	东帝汶	德顿语、葡萄牙语
		菲律宾	菲律宾语、英语
		柬埔寨	高棉语

续表

区域	国家数量	国家名称	官方语言
东南亚	10	老挝	老挝语
		马来西亚	马来语
		缅甸	缅甸语
		文莱	马来语
		新加坡	马来语、华语、泰米尔语、英语
		印度尼西亚	印尼语
		越南	越南语
东亚	1	蒙古	蒙古语
南亚	7	巴基斯坦	乌尔都语
		不丹	宗卡语、英语
		马尔代夫	迪维希语
		孟加拉国	孟加拉语
		尼泊尔	尼泊尔语
		斯里兰卡	僧伽罗语、泰米尔语
		印度	印地语、英语
中亚	5	哈萨克斯坦	哈萨克语、俄语
		吉尔吉斯斯坦	俄语
		塔吉克斯坦	塔吉克语
		土库曼斯坦	土库曼语
		乌兹别克斯坦	乌兹别克语
西亚	20	阿富汗	波斯语、普什图语
		阿拉伯联合酋长国	阿拉伯语
		阿曼	阿拉伯语
		阿塞拜疆	阿塞拜疆语
		巴勒斯坦	阿拉伯语
		巴林	阿拉伯语
		格鲁吉亚	格鲁吉亚语
		卡塔尔	阿拉伯语
		科威特	阿拉伯语

续表

区域	国家数量	国家名称	官方语言
西亚	20	黎巴嫩	阿拉伯语
		塞浦路斯	希腊语、土耳其语
		沙特阿拉伯	阿拉伯语
		土耳其	土耳其语
		叙利亚	阿拉伯语
		亚美尼亚	亚美尼亚语
		也门	阿拉伯语
		伊拉克	阿拉伯语
		伊朗	波斯语
		以色列	希伯来语、阿拉伯语
		约旦	阿拉伯语
中东欧	16	阿尔巴尼亚	阿尔巴尼亚语
		爱沙尼亚	爱沙尼亚语
		保加利亚	保加利亚语
		波兰	波兰语
		波斯尼亚和黑塞哥维那	波斯尼亚语、克罗地亚语、塞尔维亚语
		黑山	黑山语
		捷克	捷克语
		克罗地亚	克罗地亚语
		拉脱维亚	拉脱维亚语
		立陶宛	立陶宛语
		罗马尼亚	罗马尼亚语
		马其顿	马其顿语
		塞尔维亚	塞尔维亚语
		斯洛伐克	斯洛伐克语
		斯洛文尼亚	斯洛文尼亚语

续表

区域	国家数量	国家名称	官方语言
中东欧	16	匈牙利	匈牙利语
东欧	4	白俄罗斯	白俄罗斯语、俄语
		俄罗斯	俄语
		摩尔多瓦	罗马尼亚语
		乌克兰	乌克兰语
北非	1	埃及	阿拉伯语
总计	64 个国家		53 种官方语言

1.1.2 项目

项目是一个具有广泛含义的术语，它是指在一定的时间内，为达到一定的目标所开展的多项相关活动的总称。实际上，项目是一种独特的工作努力，即遵照某种规范及应用标准去导入或生产某种新产品或某项新服务。这种工作努力应在限定的时间、资金、成本费用、人力资源、规范、标准等条件和项目性能、参数内完成。

有关国际组织和国家对项目的定义见表 1-2。

有关国际组织对项目的定义的描述一览表 **表 1-2**

序号	国际组织名称	对项目的定义的描述	备注
1	国际标准化组织（简称 ISO）	由一组有起止日期的、协调和受控的活动组成的独特过程，该过程要达到符合包括时间、成本和资源约束条件在内的规定要求目标。项目的结果可以是单一或若干产品	《质量管理体系—基础术语》（ISO 9000：2005）
2	英国标准化协会（BSI）	具有明确的开始和结束点，由某个人或某个组织所从事的具有一次性特征的一系列协调活动，以实现所要求的进度、费用以及各功能因素的特定目标	英国标准化协会（BSI）发布的《项目管理指南》
3	美国项目管理协会（PMI）	项目是为提供某项独特产品、服务或成果所做的临时性一次努力	美国国家标准 ANGI/PMI99-001-2004《项目管理指南》

1.1.3 工程建设项目

根据项目的定义，从广义上说，工程项目或工程建设项目都是指某一项固定资产投资，它是最为常见的，也是最为典型的项目类型。工程项目或工程建设项目是指需要一定量的投资，经过前期策划、设计、施工等的一系列程序，在一定的资源约束条件下，以形成固定资产为确定目标的一次性事业。

我国《建设工程项目管理规范》GB50326-2006 对建设工程项目定义为“为完成依法立项的新建、扩建、改建等各类工程而进行的、有起止日期的、达到规定要求的一组相互关联的受控活动组成的特定过程，包括策划、设计、采购、施工、试运行、竣工验收和考核评价等。”

不同的工程建设项目的类型，其寻求的专业服务方式、工程承包的合同方式以及融资的方式与途径均有所不同。通常，工程建设项目的类型主要分为四种，详见表 1-3。

工程建设项目类型一览表　　表 1-3

序号	类型	专业服务方式、工程承包的合同方式以及融资的方式
1	住宅建筑	住宅建筑是指人们用以居住的房屋建筑。房地产开发商或投资商通常作为业主代理人，负责住宅建筑项目的规划、设计、施工的组织与管理，并负责项目的融资与房屋销售。住宅建筑的规划与设计，由房地产开发商或投资商委托建筑师、结构等专业工程师完成，施工由承包商或承包商雇佣专业分包商完成
2	办公与商业建筑	办公与商业建筑根据使用性质，有不同的类型与规模。例如：教育建筑有中、小学校；大专院校；医院建筑有诊所、医院；文体建筑有娱乐设施、体育场馆；商业建筑有零售、连锁商店、大型超市、购物广场及仓库、酒店、旅馆等；办公建筑有政府办公楼、写字楼。 办公与商业建筑的业主，通常可能熟悉或不熟悉此类建筑的工程建设运行模式，都会选择有能力的咨询机构、项目管理机构负责项目的管理，而由业主负责项目的融资。而规划与设计，委托建筑师、结构等专业工程师完成，施工由承包商或承包商雇佣专业分包商完成
3	特殊行业建筑	特殊行业建筑主要是指规模较大、技术复杂的发电厂、炼油厂、钢铁厂、化工厂等建筑物。通常业主高度重视工程项目的开发工作，一般都会委托咨询机构，承担项目的构思与策划工作，并选择具有设计、施工能力的总承包商来完成 EPC 总承包。业主负责项目的融资或由总承包商负责项目的融资或投资
4	基础设施与公用建筑	基础设施与公用建筑主要包括公路与高速公路、市政、管道、桥梁、隧道、给排水系统、电力与通信系统以及给水厂、污水或垃圾处理厂等。这类建筑属于城市基础设施与公用建筑，因而融资渠道来源于政府的税收与特许经营权的收入。这类项目通常由政府主导，组成项目管理机构承担业主的职能，委托咨询机构，承担项目的构思与策划工作，并选择具有融资、设计、施工能力的总承包商来完成 F+EPC 总承包或由总承包商以 BOT（Build, operate and transfer）方式（即建设、运营与转让）通过项目融资来建设，然后根据特许经营权规定的合同的年限和收费标准运营该项目，之后再把项目基础设施转让给政府 这类项目的融资方式较多，如 PPP、BT 等在国际上很活跃，在很多发展中国家得到广泛的应用

1.2　国际工程项目与国际工程项目各个阶段的划分

1.2.1　国际工程项目

国际工程项目是指参与的主体来自不同的国家，并且按照国际上通用的工程管理的理念、方式与方法（也称国际惯例）进行建设与管理的工程。即面向或通过国际性公开招标、投标竞争进行发包承建的工程项目。根据国际金融组织的规定及国际惯例，凡是利用国际金融组织的贷款、各国政府之间的赠款或优惠贷款作为建设资金的工程项目，都必须进行国际性的公开招标（或议标），通过公开的投标报价竞争，选定中标单位，并签订施工承包合同。从而，使该国际工程项目进入工程实施阶段。并在中标单位（国际工程承包商）的努力下，完成工程施工与竣工验收任务，达到交付业主使用，实现正式的生产运营。

通常，在我国将国际工程称为对外承包工程。对外承包工程是指依法取得中国政府批准的、具有对外承包工程资格的中国企业或其他单位，以投标、洽商或采取与境外企业以合资、合作等方式，按照国际通行做法，在境外承揽和实施各类工程项目的经济活动。可见，国际工程项目是指一个建设工程项目的参与者（包括投融资、咨询、设计、采购、施工等）不止来自一个国家或国际组织，并按照国际惯例组织、实施工程建设与过程管理的工程项目。

1.2.2 国际工程项目各个阶段的划分

对于工程项目而言，作为一项固定资产投资活动，都要涉及和经过从项目构思、项目可研、策划、设计、实施（施工建设）、试生产、竣工验收、移交、总结、运行或物业管理，直至终止的全过程。国际工程项目各个阶段的划分见图 1-1，各个阶段的业务链如图 1-2 所示。

另外，根据项目执行的主体与主要任务，界定各个阶段项目管理的名称，如表 1-4 所示。

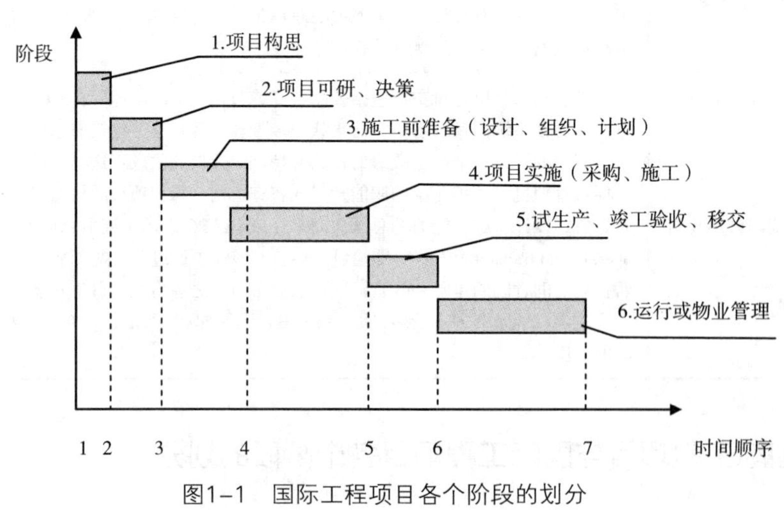

图1–1 国际工程项目各个阶段的划分

图 1-1 中，按时间顺序的节点描述如下：

1 ~ 3 为项目前期策划阶段或称为项目决策阶段。其中：1 ~ 2 为项目构思、概念定义的生成，2 节点为项目建议书的提出；2 ~ 3 为可行性研究与项目策划，完成概念设计。3 节点为可行性研究批准或计划任务书下达。

3 ~ 4 为项目施工准备阶段也称为项目建设准备阶段。其中：4 节点为开工令下达。

4 ~ 5 为项目实施阶段。其中：设备采购提前介入。

5 ~ 6 为项目试生产及竣工验收、移交、总结阶段。其中：6 节点为项目试生产及竣工验收合格、交付使用。

6 ~ 7 项目运行管理阶段。房屋建筑项目进入物业管理阶段。

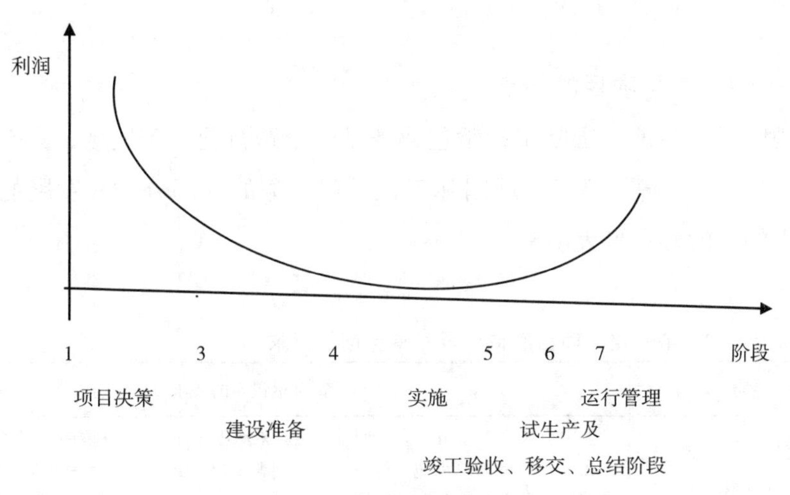

图1–2 国际工程项目业务链示意图

国际工程项目阶段的界定与项目主体 表 1-4

名称	项目主体	工程项目阶段的划分与主要工作					
		项目决策		建设准备	项目实施	试生产、竣工验收、移交、总结	运行或物业管理（到终止使用）
		项目构思	项目可研、策划	设计、组织、计划	项目实施(采购、施工）		
工程项目	业主	+	+	+	+	+	+
工程建设项目	业主（或项目咨询管理机构）	+	+	+	+	+	
工程承包项目	承包商			+	+	+	
工程设计项目	咨询或设计单位		（+）		（+）		
工程监理项目	工程师（监理单位）	（+）	（+）	+	+	+	

注：表中“(+)”表示其工作范围可往前（后）延伸。

1.3 "一带一路"项目与特点

1.3.1 "一带一路"项目的定义

现阶段对"一带一路"项目还没有一个统一的定义。本书所称"一带一路"项目是指"一带一路"区域范围内，通过国际性公开招标、投标竞争进行发包、承建的国际工程项目。也就是说，"一带一路"项目是国际工程项目的组成部分。所以，国际工程界的惯例和做法，也适用于"一带一路"项目。因此，本书所阐述的"一带一路"项目前期开发的技术工作，同样也适用于国际工程项目前期开发的技术工作。

1.3.2 "一带一路"项目的特点

从全球的视野看，目前，国际工程承包业务是一个跨行业、跨地域、具有多种业务模式的产业范畴。"一带一路"属于全球国际工程承包业务的一部分，其发展的主要特点以及对承包商提出的新的要求见表 1-5。

"一带一路"项目的特点及对承包商的要求 表 1-5

序号	特点	对承包商的要求
1	工程项目规模大型化、复杂化	业主愈来愈希望由一家大型总承包商来承担设计、采购和施工的全部责任。EPC、PMC（项目管理总承包）等一揽子交钥匙工程，BOT（建设—经营—转让）、PPP（公共部门与私人企业合作）等带资承包方式，成为国际大型工程项目广为采用的模式
2	技术标准要求越来越高，建设中使用的技术、规范等越来越精细化、多样化	承包商进入国际市场时，必须熟悉国际常用的各种标准、规范、规程，并使自己的施工技术和管理适应国际标准、规范和各种规程管理的要求。同时，也迫切要求承包商，一是要熟悉进入国家和地区工程建设标准、规范和各种规程；二是在业主对项目前期决策阶段介入工作，并投入较大力量，尽量使用工程项目上通用的标准、规范和各种规程
3	国际工程承包业分工体系不断深化，投资、融资能力已经成为承揽大型工程承包业务的关键	随着国际直接投资的增加、业主结构的变化，工程发包方式发生了重大变革，发包方越来越重视承包商提供综合服务的能力，带资承包已成为比较普遍的现象，项目融资呈现出不可阻挡的发展势头。据估算，当前带资承包项目占国际工程承包市场的65%，这意味着承包商如果没有强有力的金融支持将很难有所作为，项目投资、融资能力逐渐成为承揽大型国际工程承包业务的关键因素
4	承发包方式发生变化，工作范围向工程项目业务链前后移动	越来越多的业主，对工程建设领域的要求越来越高，要求承包商提供贯穿建设项目全过程的服务，不仅要求承包商完成项目的建造，还要求承包商完成项目产品的创造和对产品的创造过程进行管理。也就是说，要求承包商承担项目前期策划阶段的咨询工作，或承担竣工后项目运行管理的任务。这种承发包方式与工作范围的变化使得承包商的角色和作用都在发生变化，承包商不仅要成为项目的投资者和资本的运营者，也要成为项目咨询服务的提供者

1.3.3 发展趋势

从表 1-5 可见，承包商以项目投资、融资为特点和以工程项目业务链前后移动为特征的国际工程承包方式，已经成为国际工程项目承接的主要途径。因此，国际工程总承包的方式和范围已经从传统的设计、施工总承包（DB）；设计、采购总承包（EP）；设计、采购、施工总承包（EPC）等七种模式，逐步发展称为融资、设计、采购、施工（F+EPC）；前期决策、设计、采购、施工（D+EPC）；融资、设计、采购、施工、运行管理或物业管理（F+EPC+FM）以及建造、运营、转让（BOT）；建造、拥有、运营（BOO）；建造、拥有、运营、转让（BOOT）；公共部门与私营企业合作（PPP）等模式。

另外，从图 1-4 可见，在国际工程项目的业务价值链中，工程咨询服务业务项目的项目决策阶段、工程设计、组织、计划与项目管理的建设准备阶段和项目建成后的运行管理或物业管理阶段均为技术密集和资金密集的工作，而工程建设实施阶段中的施工承包、劳务分包则为劳动密集型工作。但项目决策阶段、建设准备阶段的利润率却大大高于工程建设实施阶段。

特别是“一带一路”沿线多数为发展中国家，国际工程承包市场发展趋势呈现如下特征：

（1）资源开发和基础设施建设相结合；

（2）资本运作能力成为关键竞争能力；

（3）产业分工细化、竞争加剧；

（4）承包商联合、兼并、重组盛行；

（5）项目大型化、复杂化明显。

因此，业主迫切希望由一家大型总承包商来承担项目建设的全部责任。为了满足业主的需求，许多国际上知名的大型工程总承包企业业务经营的布局也均涵盖了整个国际工程项目的业务链，并以咨询、服务性质的业务为龙头，以总承包的方式进行国际工程承包。国际工程承包和实施模式的发展，代表了当今国际工程市场中业务布局的发展趋势，也使工程建筑企业的组织形态和项目实施的运作模式随之与时俱进，主要表现为：

（1）承包企业的职能发展逐步涵盖项目决策阶段的工作与管理（简称 DDB 形态）；

（2）承包企业承担设计、施工、运行管理或物业管理一体化服务（简称 DBFM 形态）；

（3）承包商承担和提供融资、设计、采购、施工、运行管理或物业管理一体化服务（简称 FPDBFM 形态）；

（4）承包商负责整个建设项目决策阶段和实施阶段的全部管理工作（简称 PM 形态）。

可见，国际工程总承包企业从事国际工程项目的咨询、服务，承担业主项目决策阶段的工作，不仅是为了满足业主的需求，更是企业业务发展与业务布局与国际工程市场发展的要求。因此，本书所指的“一带一路”项目前期开发的技术工作，就是从我国承包企业的角度出发，阐述承包商所承接的国际工程项目决策阶段的技术工作。

第2章 国际工程承包项目的市场开发

2.1 概述

2.1.1 国际工程承包项目市场开发的基本概念

根据市场开发与工程承包市场的概念（如表 2-1），国际工程承包项目的市场开发的基本概念如表 2-2 所示。

市场开发与工程承包市场基本概念一览表 表 2-1

序号	名称	概念描述
1	市场开发	市场开发是指构建多重的市场讯息通道，了解项目所在国（地）行业、产品上下游产业链的相关依存度，建立多元客户资料库，通过各式沟通、媒介或拜访接近客户，建立互动关系，了解目标客户及商业运作的真相（竞合与竞争），利益与客户特性，并根据客户需求，发展新的营销契机，提出有利于客户，并不损及自身目的的服务计划与实现双赢的经营战略
2	工程承包市场	工程承包市场是指以工程产品、建筑产品承发包交易活动为主要内容的市场，一般称作建筑市场、建筑工程市场或工程承包市场。狭义的建筑市场、建筑工程市场或工程承包市场一般指有形的市场，有固定交易场所。广义的建筑市场、建筑工程市场或工程承包市场包括有形市场和无形市场，包括与工程建设有关的技术、租赁、劳务等各种要素市场，为工程建设提供专业服务的中介组织，靠广告、通信、中介机构或经纪人等媒介沟通买卖双方或通过招标投标等多种方式成交的各种交易活动；还包括建筑或工程产品生产过程及流通过程中的经济联系和经济关系。可以说，广义的建筑市场、建筑工程市场或工程承包市场是工程建设生产和交易关系的总和
3	国际工程承包市场的类型	1. 按地理区域划分为亚太地区、欧洲、北美、非洲、拉美和中东六个国际工程承包市场； 2. 按行业划分为房屋建筑、电力、交通运输、水利、制造业、工业、电讯、市政等； 3. 按技术类型划分。例如：房屋建筑可进一步划分为教育、办公、商业等

国际工程承包项目的市场开发的基本概念一览表 表 2-2

序号	基本概念	内容描述
1	国际工程承包项目的市场开发	国际工程承包项目的市场开发是指具备承担国际工程承包能力的工程承包商以国际工程承包为核心业务，以承接和完成国际工程项目的设计、施工为目标。以工程建设为载体，并作为被管理对象的一次性工程建设、实施的任务。它是以本企业自身的营销、技术与生产、管理优势，发现市场机会，认真研究商务、技术和市场环境、制度所带来的障碍，并克服这些障碍所采取的措施与方法，获取建造该工程项目（建筑物或构筑物）为目标的产出物（也称产品）的机会与过程

续表

序号	基本概念	内容描述
2	国际工程承包项目的市场开发目的	国际工程承包项目的市场开发目的是为了确保国际工程承包企业战略发展规划和经营计划的实现，确保各项经营指标的完成和保证工程项目的实施符合质量、环境和职业健康安全管理体系的要求

根据表 2-1、表 2-2，本章节所阐述的国际工程承包项目市场开发的工作是指国际工程承包企业为了进入目标国家的工程承包市场所应当做的各项工作，这是国际工程承包企业取得或承接国际工程项目的第一步。

2.1.2　国际工程承包项目市场开发的战略模式

我国国际工程承包企业在国际工程承包项目市场开发中所采取的战略模式，应该是：发展策略与战略模式选择并举（详见表 2-3）。

国际工程承包项目市场开发的战略模式一览表　　表 2-3

序号	名称	途径或办法	内容描述
1	发展战略	充分利用我国政府“一带一路”的政策支持	在我国政府“一带一路”等政策的指导下，充分利用我国政府税收、银行、金融、保险、外交等部门服务体系与配合，拓展国际工程工程承包市场，加大市场开发。利用国内的相关政策，合理开发国内资金，实现资金利用的多元化，增强融资能力，贯彻落实和推进“走出去”“国际产能合作”的国家战略
		大力发展国际工程咨询服务	我国承包企业要转变增长方式，实现业务升级，逐步实现国际工程项目前期咨询及设计、融资、施工、运营或物业与管理一体化，增强整体实力和国际竞争力
		推进技术与管理创新能力	加大技术研发，发展核心技术，走智力密集、技术密集、资金与管理密集的道路；提高产品的科技含量，提高和扩大大项目（F+EPC、D+EPC、F+EPC+FM）以及 BOT、BOO、BOOT、PPP 等工程承包形式的比例
		实现差异化发展	参与合理的国际工程承包体系的建设，根据企业自身情况确定市场定位，形成以专业化为基础的社会化分工合作体系，推动差异化发展
		加快人才的培养	建立人才培养的长效机制，重视人才的培养和储备，采取多种渠道和方式培养企业的精英
		充分利用和发挥行业组织的作用	一是积极参与商会的调研工作。解决市场开发中的问题；二是积极参与市场开发过程中的项目协调，推动我国企业中的合作
2	战略模式	实施大经贸战略模式	国际工程承包企业经营战略应是多层次、多方位，努力实现“一业为主，多种经营”；在搞好工程承包项目的同时，积极发展对外投资、加工组装、境外产能合作、工程咨询服务、经贸合作等相关业务，延伸产业链，拓展经营领域，实施经营主体多元化、业务服务一体化、经营领域综合化、管理服务行业化、管理方式市场化的大经贸战略

续表

序号	名称	途径或办法	内容描述
2	战略模式	实施全球化战略模式	大力推进市场多元化战略，合理调整市场布局，在巩固传统市场的同时，加大深耕“一带一路”市场。慎重的选择目标市场，充分的进行国际经营环境分析，准确寻找开拓国际市场的切入点
		组建跨国公司的整合模式	要按照市场经济规律，通过兼并、重组、合作、联合等方式进行优势资本、功能、规模、资源的最佳组合，形成优势进入国际市场，在更高的层次、更广阔的领域拓展国际工程承包市场

2.2 国际工程承包项目目标市场的选择

2.2.1 目标市场选择的原则

国际工程承包项目目标市场选择的原则见表 2-4。

国际工程承包项目目标市场选择的原则一览表 表 2-4

序号	目标市场选择的原则	描述
1	可识别性原则	1. 所选择的国际工程承包市场项目类型，能获得必需的信息、资料； 2. 能够比较容易的获得项目概貌，能预测项目的基本工作量； 3. 能预测可能存在的风险
2	可进入性原则	1. 企业自身具备满足实施项目的能力，能有效发挥潜能； 2. 具有一定的差异化优势，有所作为； 3. 能满足业主的要求与价值需求； 4. 存在提高市场占有率的可能
3	可盈利性原则	1. 能够实现预期的效益； 2. 并有可能进入高端市场，获取较高的效益
4	相对稳定和可持续发展的原则	能够立足长期稳定，并能够获得相对稳定与可持续发展
5	属地化原则	能够体现企业类型在不同层次的工程与服务，在该项目目标市场区域的差异化，以便于立足目标市场，开拓国际工程承包的优质服务

2.2.2 目标市场选择的程序

国际工程承包项目目标市场选择的程序如图 2-1 所示。

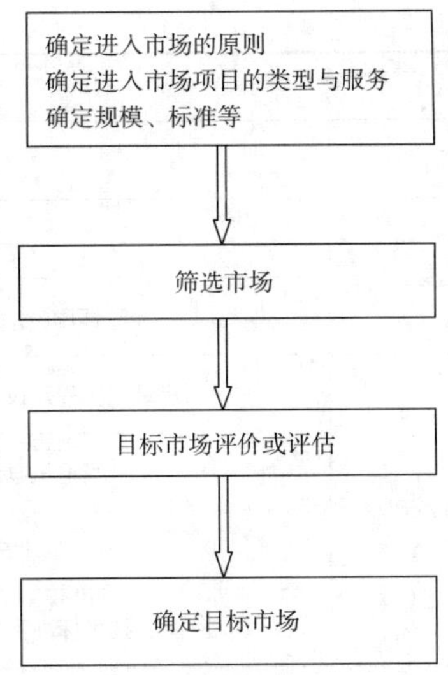

图2-1　国际工程承包项目目标市场选择的程序图

2.2.3　目标市场的评价或评估

国际工程承包项目目标市场的评价或评估内容见表 2-5，评价的方法可按表 2-5 的内容作为评价因素，构成国际工程承包项目目标市场的评价指标体系，由专家采取加权打分的办法进行计算、对比，得出结论，并决定是否进入该目标市场。

目标市场评价或评估内容一览表　　**表** 2-5

准则层	要素层	指标因子层
政治环境	政治稳定性	目标市场国家政局的稳定性
		政府对工程承包市场的干预度
		法律、法规是否健全
	外交关系	目标市场国家与中国的外交关系
		与其他主要国家的外交关系
		是否是 WTO 成员国，是否享受双边优惠待遇
		接受中国政府援助情况
		受到制裁情况
经济环境	经济现状	GDP 或 GNP 情况
		人均 GDP 情况
		高新技术产业占工业的比重
		近三年物价指数与通货膨胀率

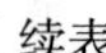
续表

准则层	要素层	指标因子层
经济环境	经济现状	税收与纳税标准
	经济发展趋势	经济增长比率
		进出口贸易增长率与政府年度预算总额
建筑业及相关产业现状	建筑或工程建设行业	建筑或工程建设行业在目标市场国所占的比重
		当地机电设备采购和租赁的情况
		建筑材料供应与价格
		技术标准和规范的使用、要求与限制
	金融与保险业	外汇储备额
		货币与汇率及稳定性
		业主支付的保证
		受理工程类保险的比例与额度
	交通运输与通信	交通运输业情况
		海运与清关程序与费用
		通信业
	劳务市场	目标市场国劳务政策
		各类劳务人员的工资水平
		当地技术人员与技术工人状况
工程承包市场现状	经济基础	市场目标国工程承包公司的经济基础
		合作伙伴情况
	市场隶属性	目标市场的隶属关系
		世界最大的 225 家承包商在该国的市场份额

2.2.4 国际工程承包企业的市场定位

国际工程承包企业在进行产品的市场定位时应主要分析的因素如图 2-2 所示，市场定位的策略选择种类见表 2-6，市场定位的目标见图 2-3 所示。

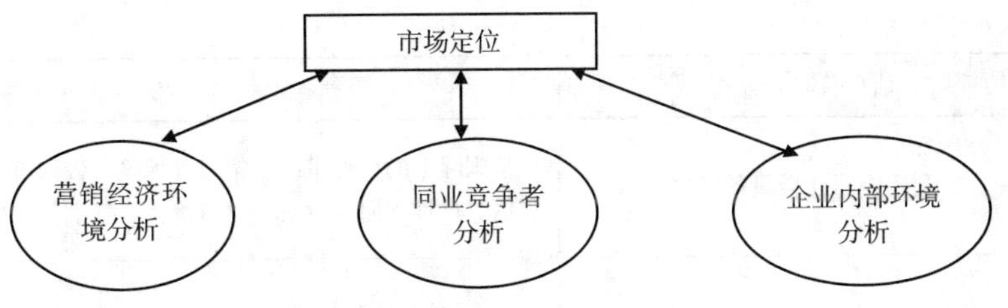

图2-2 市场定位主要因素分析图

市场定位的策略选择种类一览表 表 2-6

序号	种类	策略选择的方式	说明
1	挑战者市场定位策略	企业与竞争者正面比较势力	1. 寻找竞争者的薄弱环节； 2. 充分发挥自身的优势，扬长避短； 3. 能提供比竞争者更优质的服务
2	填空补缺定位策略	抓住市场的空隙与缺漏	用自身优势，规避市场竞争的压力，风险小，成功率高
3	领先者定位策略	目标市场尚未被竞争者发现，率先进入	1. 具有新的技术专利； 2. 具有领先进入市场的优势和能力

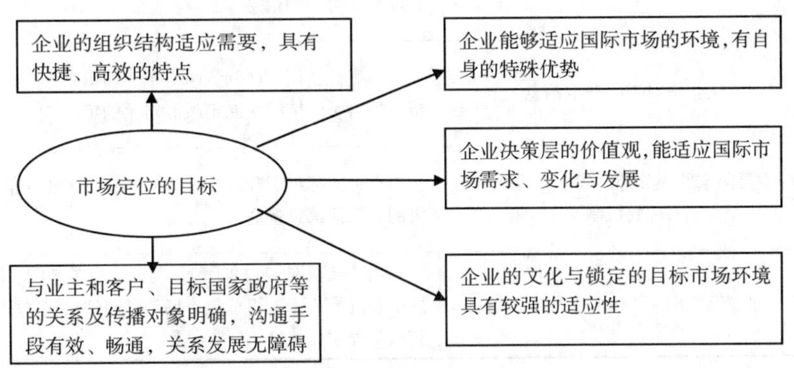

图2-3 市场定位的目标图

2.3 国际工程承包项目市场信息的获取与项目的跟踪

2.3.1 市场信息的获取

国际工程承包项目市场信息的获取的方式与方法见表 2-7。

国际工程承包项目市场信息获取一览表 表 2-7

序号	信息获取的方式	方法
1	收集各类公开出版物与资料	收集、查阅官方出版新闻报道与统计资料等；筛选有价值的市场动态；世界银行年度报告等主要经济指标，从中获取项目目标国家的信息

续表

序号	信息获取的方式	方法
2	利用国际社会服务机构	从国际上的金融组织、银行、保险、咨询机构等获取有关业主资信、投资动向、设备与材料价格、贷款与汇率变化等信息
3	设置高效的情报信息系统	设立企业情报信息机构，进行项目信息采集、项目跟踪
4	发挥公共关系的作用	通过公关，掌握竞争对手或业主的资料，通过代理人了解项目目标国的商情等
5	派出团组到项目所在国或所在地考察	通过实地考察，了解项目所在国的政治、经济环境与政策法规；掌握项目所在地定性、定量的经济、价格、情报信息资料，为制定报价策略和确定合理的预期利润提供可靠的依据
6	重视行业内部资料	通过政府或企业有关部门的各类内部资料，分析潜在的项目所在国工程承包市场的发展趋势，预测可能出现的经济效益概率
7	依靠我国驻外使馆和经商处等驻外机构	从商务部发布的《对外投资合作国别（地区）指南》等资料中，获取扎实可信的信息
8	从竞争对手中获取信息	通过竞标会议、访问竞争对手、与第三方交谈等方法，了解分析竞争对手的情况，制定战胜对手的策略
9	与主要国家的相关部门建立双边联系与磋商机制	与有关国际组织和机构建立协商机制，建立信息网和信息交换机制，保证信息畅通
10	通过"互联网+"获取工程项目信息	利用"互联网+"的手段，与国家有关部门、商会、协会、信息中心及行业、工程承包市场信息网站，建立联系，快速准确地获取工程项目信息

2.3.2 项目的跟踪

国际工程承包项目跟踪的主要方式与方法如图 2-4 所示。

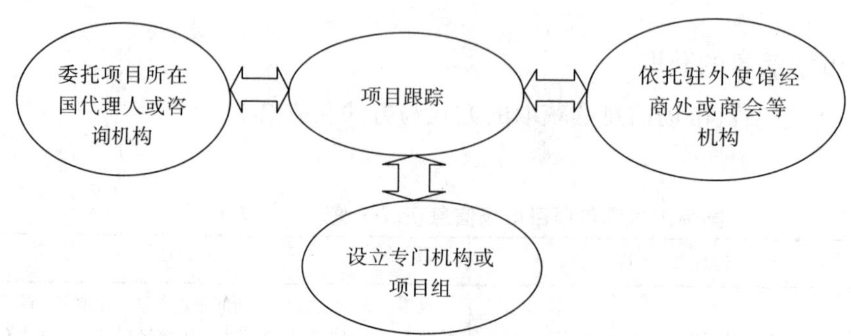

图2-4 国际工程承包项目跟踪的主要方式与方法示意图

2.4　国际工程承包项目的市场开发

2.4.1　国际工程承包项目市场开发的策略

国际工程承包项目市场开发策略的方式与方法见表 2-8。

国际工程承包项目市场开发策略的方式与方法一览表　　表 2-8

序号	名称	方式与方法
1	市场进入策略	1. 通过国际性竞标进入目标市场； 2. 通过中国政府的援外项目进入目标市场； 3. 以项目分包的方式进入目标市场； 4. 以战略合作方式（包括以为项目业主融资的方式）进入目标市场； 5. 以项目回访的方式进入目标市场
2	投标策略	1. 以低价中标的方式； 2. 在能够控制标价的情况下，采取高利润投标的方式； 3. 以接近标底价格的报价方式； 4. 以综合评分最高的报价方式
3	市场宣传策略	1. 广告宣传 （1）加大企业业务领域的培训与宣传； （2）进行广告宣传； （3）加强业务宣传材料的编制与发放。 2. 加强与政府的关系
4	营业与推广策略	1. 客户群界定； 2. 充分利用比较优势，以此为切入点； 3. 建立营销渠道； 4. 提供工程承包业务链的增值服务； 5. 加强项目策划

2.4.2　国际工程承包项目市场开发的程序、流程

国际工程承包项目市场开发的程序与流程如图 2-5 所示。

2.4.3　国际工程承包项目市场开发阶段的主要工作

从图 2-5 可见，国际工程承包项目市场开发阶段项目信息甄别、调研与项目信息（技术、商务）评审是工作的核心内容，是在对项目信息及企业内外条件、机会进行分析的基础上，做出的企业项目立项决策。项目备案是在企业项目立项决策后，按照我国商务部和中国对外承包商会的有关规定，进行的对外承包工程项目投标、议标申报和备案。

国际工程承包项目市场开发的主要工作流程如图 2-6 所示。

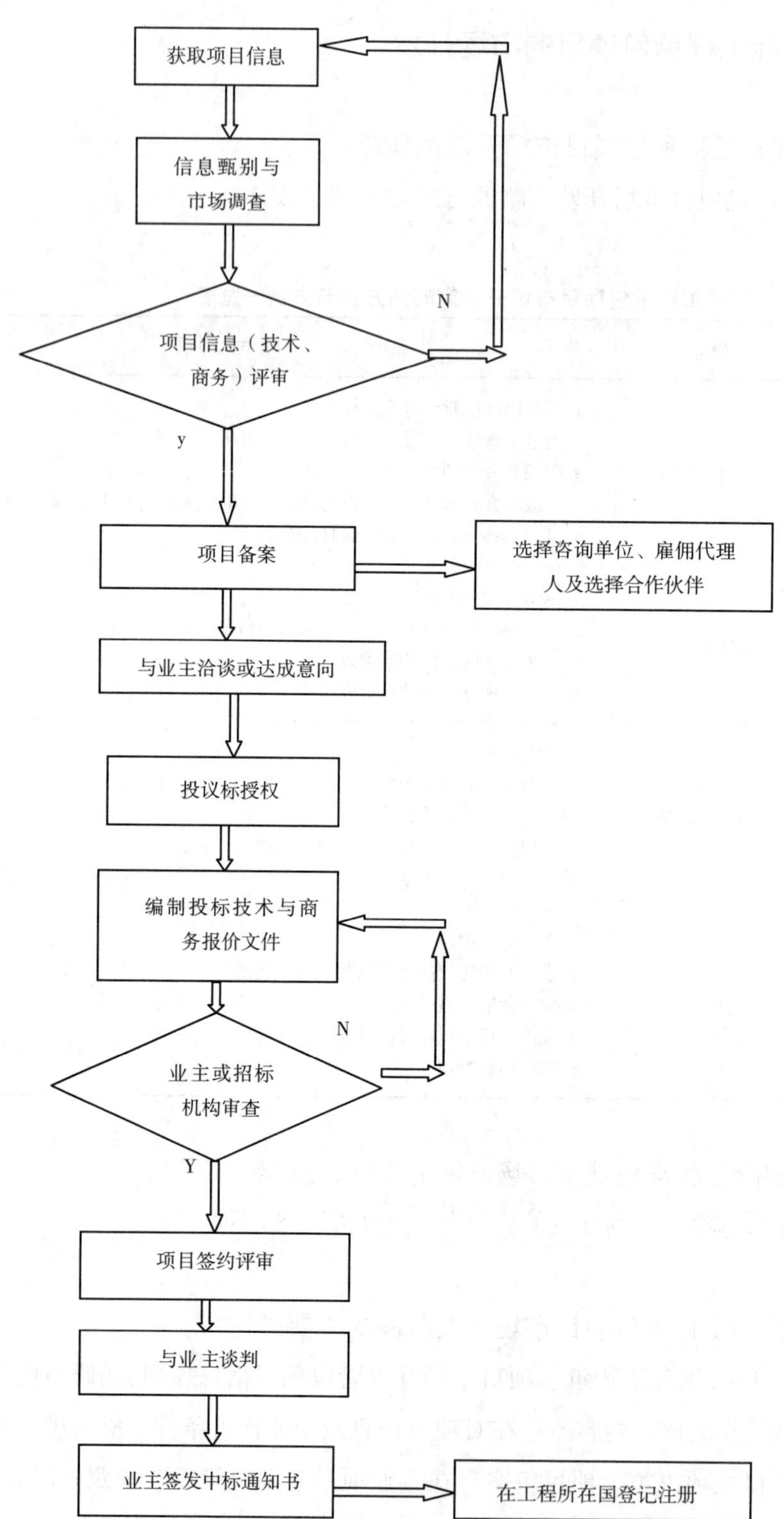

图2-5　国际工程承包项目的市场开发的工作程序与流程图

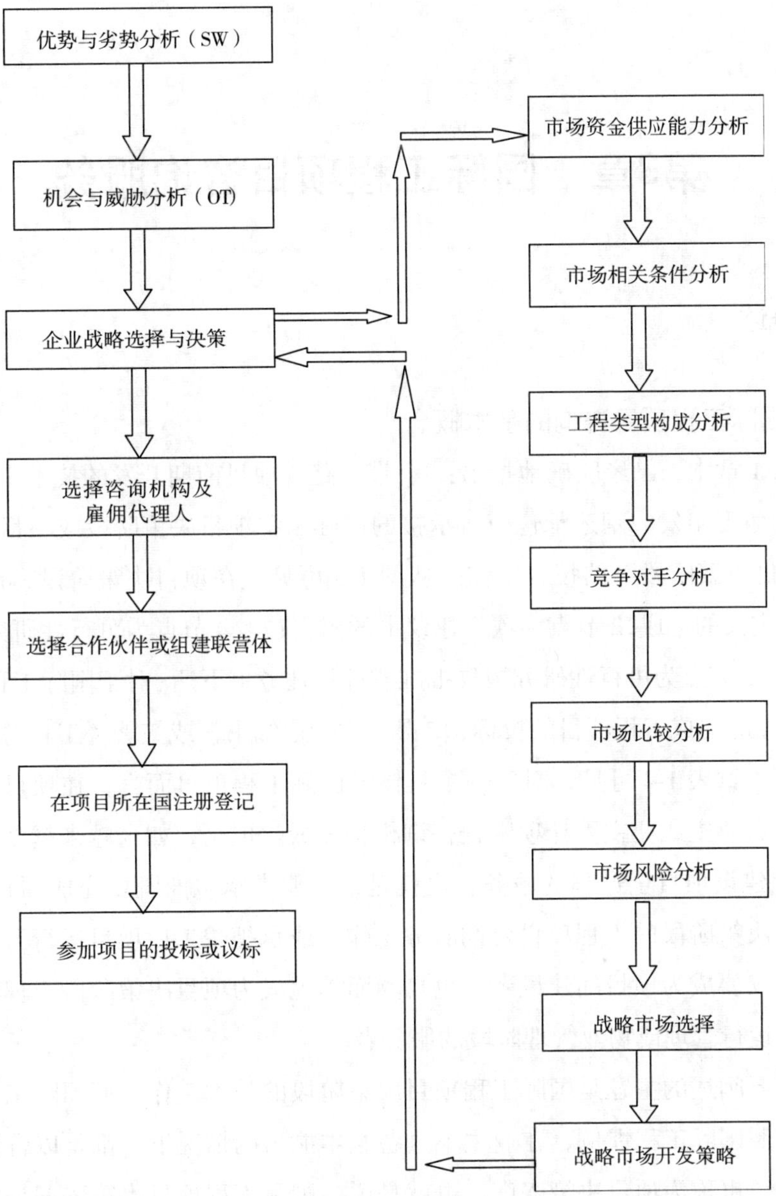

图2-6　国际工程承包项目市场开发的主要工作流程图

第3章　国际工程项目咨询服务

3.1　概述

3.1.1　国际工程项目咨询的基本概念

本书在第 1 章中，已经明确地指出："一带一路"项目前期开发的技术工作，就是从我国承包企业的角度出发，阐述承包商所承接的国际工程项目决策阶段或项目前期策划阶段（以下均称项目决策阶段）的技术工作。从图 1-3 可见，在项目决策阶段，1 ~ 2 节点为项目构思、概念定义的生成；2 节点为项目建议书的提出；2 ~ 3 节点为可行性研究与项目策划，完成概念设计。3 节点为可行性研究报告批准或计划任务书下达。对于国际工程承包商而言，通常在 3 节点，应完成工程项目的投标，取得《中标通知书》或签署《工程总承包合同书》。

从本书第 1 章表 1-4 可见，对于一个具体的国际工程项目而言，在项目决策阶段工作主体是业主，由业主或业主委托项工程咨询机构完成。但是，如今越来越多的业主要求承包商提供贯穿建设项目全过程的服务。也就是说，要求承包商既要完成项目的实施工作，也要承担项目决策阶段的工程项目咨询服务工作，或承担竣工后项目运行管理的任务。因此，承包商不仅要成为项目的建设者，也自然而然地成为项目决策阶段工程项目咨询服务的提供者，或运行管理或物业管理阶段的服务者。

由于本书要阐述的主题是国际工程项目决策阶段的技术工作，而国际工程项目决策阶段的工作，按照国际工程惯例，在业主不具备基本能力的情况下，都是以咨询服务的方式进行承发包的，也称为项目决策咨询。也就是说，国际工程项目决策咨询是国际工程项目咨询服务的组成部分。所以，本章在阐述国际工程项目项目决策阶段的技术工作之前，对国际工程项目咨询服务的基础知识做简略的介绍。

有关工程咨询、国际工程咨询服务的基本概念见表 3-1。

工程咨询、国际工程咨询服务等基本概念一览表　　　　**表 3-1**

序号	名称	基本概念
1	咨询	咨询是指运用知识、技能、经验、信息提供服务的脑力劳动，旨在为他人出谋划策，帮助解决疑难问题。因此咨询活动是一种智力活动，咨询服务是一种智力服务

续表

序号	名称	基本概念
2	工程咨询	工程咨询分为工程技术咨询和工程管理咨询，前者是从技术的角度提供咨询服务，后者是从工程管理的角度提供咨询服务。工程咨询是指受客户或业主与投资者的委托，遵循独立、公正、科学的原则，运用多种知识、经验、现代科学技术和管理方法，为政府部门、项目业主及其他各类客户或业主与投资者提供社会经济建设或工程项目投资决策与实施，提供咨询服务，以提高宏观和微观的经济效益的智力服务。 工程咨询的业务范围包括：①为国家、行业、地区、城镇、工业区等的经济发展提供规划和政策咨询或专题咨询；②为国内外各类工程项目提供全过程或分阶段的咨询；③为企业的技术改造和管理提供咨询；④为国内外客户提供投资选择、市场调查、概预算审查和资产评估等咨询服务
3	工程咨询单位	在我国工程咨询单位实行资质与资格管理，工程咨询单位是指从事工程咨询业务、具有法人资格和资格认定单位颁发的工程咨询资格等级证书的企业、事业单位
4	工程咨询业	工程咨询业是知识、技术密集的智力型服务业，属第三产业
5	国际工程咨询服务	国际工程咨询服务尚没有统一的定义，通常有三种解释：一是指为国际工程项目提供咨询服务的工作。二是指按照工程咨询服务的国际性定义。即：在国际范围内提供工程咨询服务的工作。三是指按地域性定义。即：对非本国的工程项目提供工程咨询服务的工作
6	国际工程咨询企业	国际工程咨询企业国际上也称为国际工程咨询设计企业，是指具有独立法人地位的经营实体，向客户、业主、投资者或需要工程咨询服务的机构，提供有偿的国际化专业咨询服务（包括为某一个具体的工程项目提供技术、设计、管理以及监督、培训等方面的服务，或专题研究等）。服务主要类型有：工程咨询服务、工程设计、项目管理。通常，我国大多数从事工程勘察设计的院所或从事国际工程总承包的大型企业都具有从事国际工程咨询服务的能力

3.1.2　国际工程项目咨询的主要任务

国际工程项目咨询的主要任务一览表　　**表 3-2**

序号	阶段名称	主要任务
1	项目决策阶段	进行一系列的调查研究，为业主或投资者的投资行为做出正确的决策
2	建设准备阶段	为项目进行施工建设做好各种准备工作
3	项目实施阶段	按合同进行项目的施工，达到预期的竣工、投产的各项指标，实现投资效益
4	竣工、验收、交付使用、总结	按程序组织竣工验收、交付使用，对项目的完成情况进行效益（社会、经济、环境）评价
5	运行管理或物业管理	按与业主合同的约定，对项目的运行或竣工后的房屋，实施投产后的运行管理或物业管理

3.2 国际工程项目咨询服务的工作内容

从业主或投资者的角度出发，国际工程项目咨询的目的，主要是确定项目的经济性和建设的可行性，侧重于工程项目的技术、经济评价及融资方案的确定。国际工程项目各阶段咨询服务工作的内容与程序见表 3-3。

国际工程项目各阶段咨询服务主要工作的内容与程序　　表 3-3

项目决策阶段	建设准备阶段	项目实施阶段	试生产、竣工验收、移交、总结阶段	运行（物业）管理阶段
项目规划 ↓ 项目选择 ↓ 项目决策、立项	设计大纲 ↓ 概念设计 ↓ 基本设计 ↓ 详细设计 ↓ 设计审查 ↓ 工程与设备采购 ↓ 招标代理	建筑安装技术咨询或项目代理 ↓ 验收、移交 业主委托监理或造价咨询 ↓ 设备监造与工程监理 ↓ 生产准备 ↓ 验收、移交准备	竣工咨询 ↓ 总结 ↓ 后评价	试生产合格 ↓ 投产运行（物业）管理咨询

3.2.1　项目决策阶段咨询服务工作的主要内容

从表 3-3 可见，项目决策阶段的主要工作内容包括项目规划咨询；项目选择咨询；项目决策咨询。有关项目决策阶段咨询服务工作的内容与工作的方式、方法，详见本书第 4 章的内容。

3.2.2　项目建设准备阶段咨询服务工作的内容

国际工程项目建设准备阶段咨询服务工作的内容见表 3-4。

国际工程项目建设准备阶段咨询服务工作的内容一览表　　　　**表 3-4**

<table>
<tr><th colspan="2">内容</th><th>深度</th><th>备注</th></tr>
<tr><td rowspan="3">工程设计</td><td>概念设计</td><td>概念设计是项目投资决策后，由咨询设计单位将可行性研究报告提出的意见和问题，经与业主和客户协商认可后，提出的具体开展的技术文件，概念设计的深度要求取决于可行性研究的结果和业主对项目任务的要求</td><td rowspan="3">工程设计的依据是，已经批准的可行性研究报告或工程项目设计大纲。工程设计是可行性研究的深入和继续，是可行性研究确定项目可行的条件下，怎样进行建设项目的具体工程技术、经济问题。因此，工作深度与可研明显不同。
咨询设计机构或总承包商的设计机构通过工程设计任务的完成，为项目建设制定一个完整的方案，编制一整套设计图纸及施工方法和实施规划</td></tr>
<tr><td>基本设计</td><td>基本设计相当于我国的初步设计。基本设计是详细设计的基础，是由总承包商的设计机构或总承包商委托设计单位编制的，许多国家以此作为招标文件使用。
基本设计的内容依照项目的类型而有所变化，一般来说，它是项目的宏观设计，即项目的总体设计、布局设计、主要工艺流程、设备选型和安装设计，土建工程量及费用估算等。
基本设计的深度应满足：设计方案的选择和确定；主要设备、材料订货；土地征用；基本建设投资控制；详细设计的编制要求；施工组织设计的编制；施工准备和生产准备等</td></tr>
<tr><td>详细设计</td><td>详细设计相当于我国的施工图设计。施工图设计的主要内容是根据批准的基本设计，绘制详细的建筑、安装图纸，包括建设项目各部分工程的详图和零部件结构、明细表及验收标准、方法、施工预算等。
详细设计主要工作是补充修正基本设计采购用的设备、部件技术规格书和数据表。
详细设计的深度应满足：设备材料的选择与使用安排；非标准设备的制作；施工图预算的编制；土建施工与设备安装的要求</td></tr>
<tr><td colspan="2">设计审查</td><td>设计审查是对已经完成的工程设计（概念设计、基本设计、详细设计）从项目目标、采用的设计标准与规范、工艺流程及基础数据的选取等方面进行审核</td><td></td></tr>
<tr><td colspan="2">工程与设备采购</td><td>工程与设备采购是指咨询设计机构帮助业主做好采购工作，为项目准备好所需要的设备、材料和施工力量。通常国际工程项目在工程设计阶段，就会将设备采购融入其中。在此阶段对于业主而言，咨询机构要协助业主做好工程与设备采购招标文件的编制与准备工作及评标；以及合同谈判等。对于承包商和设备供应商而言，则是编制招标文件</td><td></td></tr>
<tr><td colspan="2">工程招投标</td><td>略</td><td>对业主而言是工程招标；对承包商而言是投标</td></tr>
</table>

3.2.3　项目实施阶段咨询服务工作的内容

国际工程项目实施阶段的咨询服务，是指项目从开工到竣工投产这一阶段，咨询服务机构为项目实施建设所提供的工程咨询服务。在这个阶段咨询服务机构受业主或投资者及不同对象的委托，承担不同的咨询服务任务。主要是接受业主或投资者的委托，作为咨询工程师承担设备采购管理、工程施工监理、生产准备和竣工验收工作；或接受业主或承包商的委托承担项目施工管理工作。

项目实施阶段总的任务和目标是：保证项目按照设计、计划的进度、质量和投资预算，顺利的实施工程建设，最后达到预期的要求和目标。

项目实施阶段咨询服务工作的内容见表 3-5。

项目实施阶段的主要任务内容一览表　　表 3-5

主要任务		内容
项目实施阶段的主要任务是通过建设施工，设备采购、安装、调试，生产准备和工程验收，在预定的进度、质量、造价范围内；将设计要求和施工图（或称蓝图），高效率的变成项目实体和工程产品。 项目实施阶段管理的核心是合同管理	工程施工承包合同管理与施工监理	工程施工合同管理主要是通过施工监理来实现的。因此，施工监理在工程施工中占据非常重要的地位。 工程施工合同的管理，一般通称为施工监理。施工监理的主要工作内容，包括：合同管理、信息管理、质量控制、投资控制、进度控制与施工协调等。 监理工程师也称工程师，属于业主一方，是受业主的委托参与管理。根据合同授予他的职责，代表业主处理项目实施中的有关问题，同时也是业主和承包商之间必不可少的联系纽带
	设备采购合同管理	设备采购合同管理包括：设备质量控制，设备制造和供货进度控制，按进度控制付款，价格调整，决算后各种费用付款，越期供货、设备或其配件短缺和损坏的索赔等

3.2.4　项目总结阶段与项目运行（物业）管理阶段的咨询服务的内容

国际工程项目总结阶段与项目运行（物业）管理阶段的咨询服务的内容见表 3-6。

项目总结阶段与项目运行（物业）管理阶段的咨询服务的内容一览表　　表 3-6

阶段	定义	工作目的	内容
项目总结阶段	项目总结阶段也称项目的后评价。是指工程项目完成后，所作出的总结性评价，以区别于项目前期的评估。 通常咨询机构根据业主或承包商及客户的委托，对已经完成的项目、执行过程、效益、作用和影响，进行系统、客观的分析，通过检查总结，确定目标是否达到，项目是否合理有效，并通过可靠的信息反馈，为未来决策提供经验教训	项目总结阶段的基本目的是：①检查投资项目或活动实现目标的程度；②为新的宏观导向、政策和管理程序反馈信息	一般包括：过程评价、效益评价、影响评价、持续性评价和综合评价
运行（物业）管理阶段	运行（物业）管理阶段是指工业项目竣工验收、试车合格，企业管理者进入正常生产经营管理的阶段。对于房屋建筑项目而言，是指工程项目竣工验收、交付业主后，由物业管理企业进入日常维护、保养的管理的阶段	确保工业项目正常的生产经营，建立生产经营组织和经营战略目标，确保产品的生产质量与能力的实现。 在房屋建筑中，对业主共有的建筑物、设施、设备、场所、场地进行有效的管理。从而，保护业主的共同利益，为改善人民群众的生活和工作环境创造良好的条件	对工业项目提供生产经营管理方面的咨询服务。 对房屋建筑提供房屋的维护与修缮管理、绿化、卫生、治安、车辆交通、公用市政设施等方面管理的咨询服务

第4章 国际工程项目决策阶段的咨询服务

4.1 概述

4.1.1 项目决策

项目决策是在工程项目目标确定的基础上，进行工程项目的决策。项目决策也称为工程项目决策，是指为了完成既定的项目目标而提出的实现目标的各种项目可行方案，根据项目评估标准，对多个项目备选方案进行分析、评价和判断，最终由投资者或项目发起人、业主选择一个满意的项目方案。项目目标的制定与项目决策的工作流程与内容，见图 4-1 与图 4-2 所示。

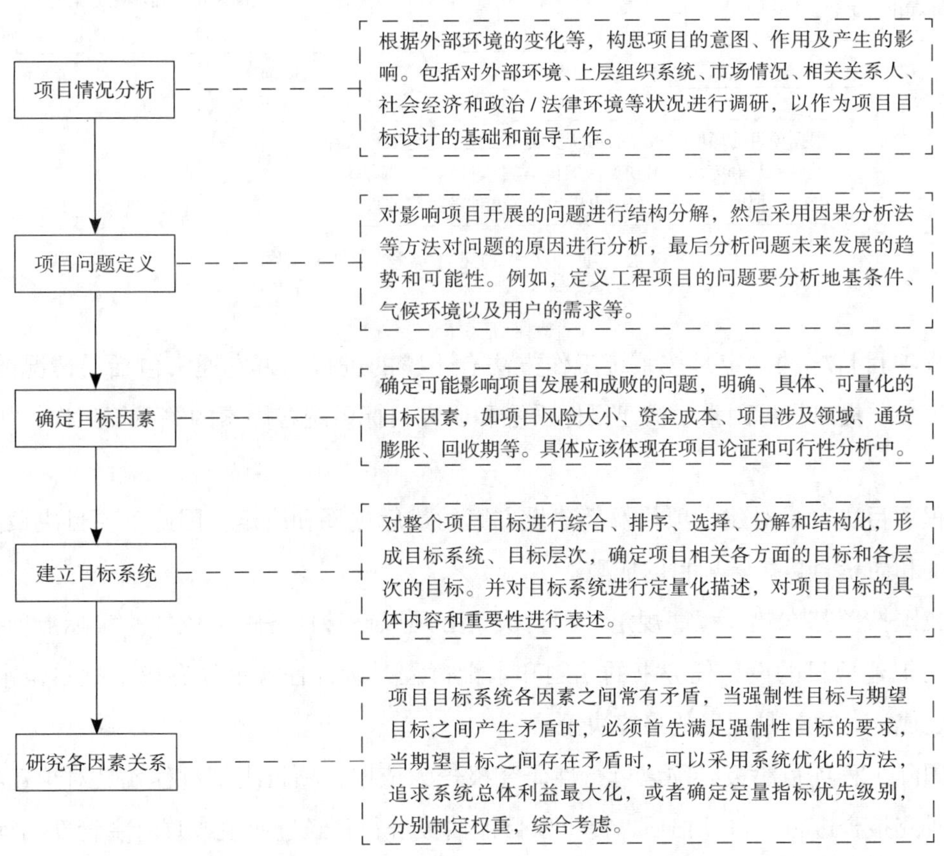

图4–1 项目目标制定的工作流程与内容图

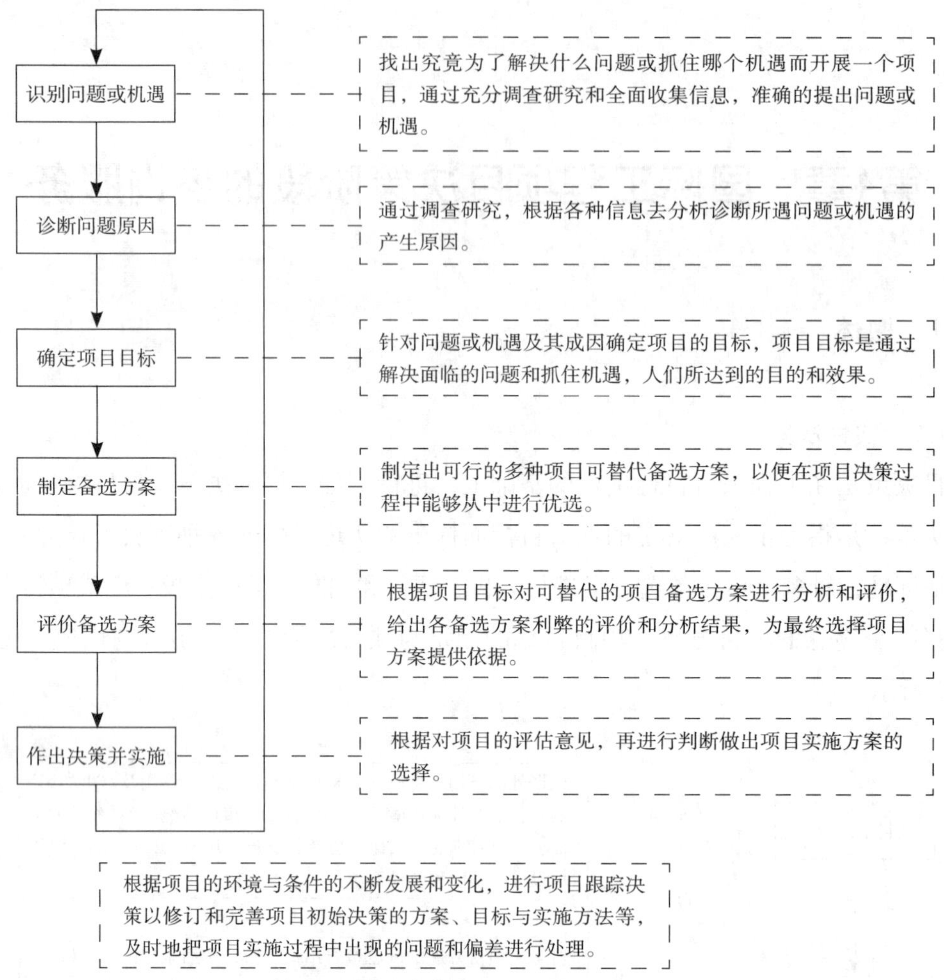

图4-2 项目决策的工作流程与内容简图

工程项目目标的确定是按系统工作方法有步骤的进行的，它通常包括对情况的分析、问题的定义、提出目标因素、构建目标系统和研究目标系统各因素的关系等工作，如图 4-1 所示。

工程项目决策是对建设项目及其建设方案的最后选择和决定。因此，项目决策阶段工作的深度和质量直接影响项目的成败。

在我国按照基本建设程序规定，项目决策必须以设计任务书为依据。实际上项目决策过程就是拟建项目的设计任务书的编制和审批过程，设计任务书经有权审批单位审批后，项目随之成立，也就是项目的最终决策。

而国际工程项目决策必须以可行性研究报告为依据，项目决策过程就是对拟建项目的可行性研究报告进行项目评估后，提出项目评估报告，并经过业主或政府主管部门审批后，项目取得立项决策。

4.1.2 项目前期策划

国际工程项目前期策划是从项目管理的角度提出的，是指把项目建设意图转换成定义明确、系统清晰、目标具体，且具有策略性运作思路的系统活动过程。具体来说是项目策划人员根据业主总的目标，通过对工程项目进行系统分析，对项目活动的整体战略进行运筹规划，以便在项目建设活动的时间、空间、结构、资源多维关系中选择最佳的结合点，并展开项目运作，为保证项目完成后获得满意的经济效益、环境效益和社会效益提供科学的依据。将项目从构思到项目批准，直至正式立项统称为项目的前期策划。

国际工程项目前期策划贯穿在项目决策阶段，要解决项目建设什么、为什么要建设的问题。主要工作是产生项目的构思，确立项目目标，并对目标进行论证，为项目的批准提供依据，是项目的决策过程。项目实施策划在项目建设准备阶段前完成，为业主的项目管理提供咨询服务，主要确定怎么建设，又称为项目评估，两者都称项目策划。

国际工程项目前期策划工作的内容、任务、作用与工作程序见表4-1。

项目前期策划工作的内容、任务、作用与工作程序一览表 表4-1

工作任务	工作内容	工作程序	作用
1. 对建设环境和条件的调查和分析； 2. 对项目建设目标论证与项目定义； 3. 项目功能分析与建筑面积或占地面积分配； 4. 与项目决策有关的组织、管理和经济方面的论证与策划； 5. 与项目决策有关的技术方面的论证与策划； 6. 项目决策的风险分析	项目的前期策划工作的主要内容是：产生项目的构思，确立项目的目标，并对项目的目标进行论证，为项目的批准提供依据	项目环境调查与分析 ↓ 工程项目构思 ↓ 项目目标（方案）设计 ↓ 项目的定义与定位 ↓ 项目系统构成 ↓ 项目策划报告	1. 明确项目系统的构建框架。工程项目策划的首要任务是根据项目建设意图进行项目的定义和定位，全面构思一个拟建的项目系统。 2. 为项目决策提供保证。投资决策建立在可行性研究基础上，可行性研究的前提是建设方案本身及其他所依据的社会经济环境、市场和技术水平，它必须通过专家的认真构思和具体的策划，才能使建设方案建立在可运作的基础上。 3. 全面指导项目管理工作。项目策划可直接成为指导项目实施和项目管理的基本依据

4.1.3 项目决策阶段咨询服务工作的主要内容、类型、目的及定义

国际工程项目决策阶段咨询服务工作的主要内容、类型、目的及定义见表4-2。

项目决策阶段咨询服务工作的主要内容、类型、目的及定义一览表　　表 4-2

主要内容	类型	目的	定义
规划咨询	区域开发	提出区域的中长期总体发展规划	区域发展规划是根据宏观整体的发展要求和本地区的实际情况，制定的本地区发展的总体战略目标
	部门与行业发展规划	提出部门与行业的总体发展规划	部门发展规划是制定本部门（行业）发展战略目标和产业政策，合理安排本部门的地区布局和重点建设项目等可持续发展的战略部署
项目选择咨询	机会研究	发掘投资机会，确定预可行性研究的重点和范围	机会研究也称投资机会研究，是为了寻求有利的投资方向的预备性调查研究，即在一个确定的地区或部门，通过对项目背景、发展趋势、资源条件、市场需求等方面的基础条件的分析，进行初步的调查研究和预测，以发现有利的投资机会
	预可行性研究	初步分析项目是否具有生命力，确定是否进行可行性研究报告	预可行性研究是对项目方案或初步方案进行初步的技术、经济分析，对项目的投资建议进行鉴别和估价
	辅助研究	弄清楚某些关键性问题	辅助研究是对一个项目的预可行性研究中，某些模糊不清而又关系重大的特定问题进行的研究
项目决策咨询	可行性研究报告	对项目方案的最终选择，确定是否具有可行性	可行性研究报告主要是通过对项目的主要内容和配套条件，如市场需求、资源供应、建设规模、工艺路线、设备选型、环境影响、资金筹措、盈利能力等，从技术 、经济、工程等方面进行调查研究和分析比较，并对项目建成以后可能取得的财务、经济效益及社会影响进行预测，从而提出该项目是否值得投资和如何进行建设的咨询意见，为项目决策提供依据的一种综合性的分析方法。 项目决策咨询是以可行性研究和评估为重点，内容涉及项目的目标；资源评价；建设条件分析；经济效益分析以及社会、环境影响评价等
	项目评估	校验和完善项目，为最终投资决策做出结论与决策	项目评估就是在直接投资活动中，在对投资项目进行可行性研究的基础上，从整体的角度对拟投资建设项目的计划、设计、实施方案进行全面的技术经济论证和评价，从而确定投资项目未来发展的前景。项目评估评价指标体系包含风险指标、财务指标两大类

4.1.4　咨询与策划的区别

为了更加深刻的理解国际工程项目决策阶段咨询服务工作与国际工程项目前期策划工作的区别，表 4-3 给出了咨询与策划的定义和区别。

咨询与策划的定义和区别一览表 表 4-3

序号	名称	定义	区别
1	咨询	咨询是指通过某些人头脑中所储备的知识经验和通过对各种信息资料的综合加工而进行的综合性研究开发。咨询产生智力劳动的综合效益，起着为决策者充当顾问、参谋和外脑的作用。咨询一词拉丁语为 consultatio，意为商讨、协商。在中国古代“咨”和“询”原是两个词，咨是商量，询是询问，后来逐渐形成一个复合词，具有询问、谋划、商量、磋商等意思。作为一项具有参谋、服务性的社会活动，在军事、政治、经济领域中发展起来，已成为社会、经济、政治活动中辅助决策的重要手段，并逐渐形成一门应用性软科学	1. 咨询是“业”，是专家集体行为；“业”是业态、行业，是各类专家队伍组成的群体组织，即咨询公司。 2. 咨询以专业性、科学性为依托；咨询人员一般都受过专业的教育和培训，专业性很强，学科性很强；因此，咨询更多的是帮助企业持久的强身健体，咨询是专家行为，更为规范。 3. 咨询往往有稳定长期的客户，咨询专业性强，因此所需工作时间也长，国外咨询公司的客户往往有几年、十几年甚至几十年关系稳定的
2	策划	策划是指通过实践活动获取更佳效果的智慧，它是一种智慧创造行为；企业管理理论认为：策划是一种程序，在本质上是一种运用脑力的理性行为；策划是一种对未来采取的行为做决定的准备过程，是一种构思或理性思维程序	1. 策划是“界”，是个人行为。“界”是指策划人个人组成的松散的同行，是“点子大王”们的个人行为。策划界是策划人。 2. 策划以智慧、创意而见长。而策划人往往是在商海社会摸爬滚打过多年的创意高手，他们依靠见多识广，善于应变，并以出奇制胜、一鸣惊人的方法打动用户的心。因此，而策划更多的是帮助企业一时扬名获利；策划是智者，体现为创意和点子。 3. 策划则往往是一次性、一时性活动。策划往往限定在具体实效的项目上，如公关活动、促销活动、广告活动、C I S 等，一次策划一二个月就能解决问题，所以策划的客户关系往往不一定稳定

从表 4-3 中，我们很容易的理解，国际工程项目决策阶段咨询服务工作与国际工程项目前期策划工作虽然在工作内容、工作方法与工作目标上有许多相同之处，但是，作为工程项目这一特殊的产品，是一个多学科交织的系统。尽管现在依然有许多学者或同行把国际工程项目决策阶段咨询服务工作称为国际工程项目前期策划工作。笔者认为：从咨询行业的角度研究和阐述国际工程项目决策阶段咨询服务工作的内容与方式、方法，则显得更为准确。另外，咨询业务来源于业主的工程项目建设，取决于业主的需要。所以，为便于读者有一个清晰的概念与认识，本章以业主或客户进行工程项目建设的过程为主线，阐述国际工程项目决策阶段咨询服务工作的内容与方式、方法。

4.2 规划咨询

4.2.1 规划咨询的范围与作用

规划咨询的工作范围比较宽。通常，一是为政府规划管理部门或机构提供区域发展规划、产业发展规划、行业发展规划、宏观或宏观专题研究、产业结构或产业政策等方面的咨询服务工作；二是为企业提供产品（包括工程产品或建筑产品）方案或市场的调研等。由于规划咨询属于宏观经济的咨询范畴，不是一个具体的项目前期咨询。一般情况下，国际工程项目决策阶段咨询服务工作不涉及这方面的内容。但是，工程咨询机构或总承包商在接受业主的委托，承接项目决策阶段咨询服务工作后，在一个具体的国际工程项目决策阶段咨询服务工作执行的过程中，则必须遵循和符合这些规划的要求，并把其作为一个具体的国际工程项目决策阶段咨询服务工作的基础资料和依据，也是一个具体的国际工程项目编制修建性规划的指导性依据。

因此，工程咨询机构或总承包商在接受业主的委托，承接国际工程项目决策阶段咨询服务工作后，必须熟悉和了解项目所在地、区域的中长期总体发展规划和项目所在国、部门与行业的总体发展规划。

4.2.2 规划咨询的内容

规划咨询工作的内容一般包括以下内容：

1. 发展战略目标

（1）经济目标：如 GDP、人均国民收入、经济增长速度、劳动生产率、生产能力和规模、产品产量、产业结构等。

（2）技术目标：如技术水平、装备水平、制造水平、人力资源开发、技术进步贡献率等。

（3）社会目标：如人口指标、人口自然增长率、就业机会、公平分配、扶贫、社会保险、医疗卫生、教育水平、文化宗教等。

（4）环境目标：如污染治理、生态平衡、环境质量、可持续发展等。

（5）管理目标：如体制改革、组织机构、管理制度、人员素质等。

2. 发展思路和开发方案

在规划目标基本确定之后，需要研究发展规划应遵循的规则，即原则、法规、依据等，明确发展思路。开发方案是指根据区域或行业发展的时序性和阶段性，划分近期、中期和远期的规划发展重点，通过优先发展重点，带动整个区域或整个行业的全面发展。

3. 发展规划的条件

发展规划的条件包括基本条件和发展条件两部分。

基本条件（现状条件）：地理条件（区域交通、地质地貌、气候和自然条件等）；经济基础条件（经济发展水平和发展空间、人均收入、产业结构、劳动生产率等）；社会人文条件（人口、就业、教育、社会保险、医疗卫生等）；行业基本条件（生产力布局现状、技术水平、市场开发程度、产品结构、行业优势、产权体制等）。

发展条件：资源条件（物质资源、资金资源、人力资源、技术资源、自然条件等）；社会和环境条件；基础设施条件；生产开发能力；管理制度更新等。

4. 产业结构和产业政策

在分析区域或行业产业结构现状的基础上，规划研究要预测发展演变的趋势，研究合理的产品结构和技术结构，判断优势产业，提出产业结构调整的目标、重点、实施方案和措施。以此为基础，提出区域或行业的产业政策，包括组织、结构、技术、保障等方面的内容。

5. 投资方案和备选项目

在规划目标清晰，发展条件分析充分，结构调整方向明确后，研究和制定投资方案和确定备选项目是规划研究的一项重要任务。在确定投资方案时，要充分研究规划实现的外部条件，从政策法规和外部协调方面提出对策意见，重视可能出现的风险。要建立规划的备选项目库，根据条件合理确定行业和地区的布局和重点，对重点项目应提出投资机会的研究报告以及重点项目的建设时序建议。

6. 规划评估咨询

规划评估就是咨询公司接受委托，对区域或行业提出的规划进行分析论证，提出意见和建议，为决策者提供咨询意见和服务。

4.3　项目选择咨询

4.3.1　定义

项目选择咨询也称为项目选定咨询，是指以某一个项目或已经明确的项目为对象，对其进行投资机会的研究，包括机会研究、预可行性研究等工作。

4.3.2　项目选择咨询的内容

项目选择咨询工作一般包括以下内容：

1. 投资机会研究

投资机会研究是进行预可行性研究之前的准备性调查研究，它把项目设想变为概略的项目投资建议，在一个确定的地区或部门，通过对项目的背景、发展趋势、资源条件、市场需求等方面的基础条件分析，进行初步的调查研究和预测，以发现有利的投资机会并初步确定项目的内容，以便进行下一步的深入研究。

机会研究是咨询工程师为业主提供咨询服务的重要业务领域，主要包括的内容有：自然资源条件、生产模式、市场需求预测、原料来源和供应、环境影响、投资相关法规、技术设备的可供性和可靠性，生产前后延伸的可能、合理经济规模、投资估算、工业政策及生产成本等。

机会研究通过分析投资活动、鉴别投资机会、论证投资方向和具体项目机会论证等步骤，对业主拟建设的工程项目的投资机会进行论证，并提出投资建议。

2. 预可行性研究

预可行性研究也称初步可行性研究或项目建议阶段，是经过投资机会研究，项目业主认为某工程项目的设想具有一定的生命力，但尚未掌握足够的数据去进行详细可行性研究，或对项目的经济性有疑问，尚不能确定项目的取舍时进行的。为了避免花费过多或费时过长，有时还需要对某些关键性的问题做一些辅助研究，从而深入地判断项目的获利性。

预可行性研究的主要目的是：判断项目是否有希望，以便决定投入资金进行下一步研究；判断项目的设想是否有生命力，并据以作出是否进行投资的初步决定；确定是否需要通过市场初步分析、地质勘探、科学实验、工厂实验等研究。

预可行性研究主要从宏观上考察项目建设的必要性和主要建设条件是否具备，通过研究，明确两方面的问题：一是项目的构成，包括产品方案、生产规模、原料来源、工艺路线、设备选型、厂址比选和建设实施方案；二是比较粗略地估算经济指标，进行经济效益分析。以联合国工业发展组织为例，咨询工程师在预可行性研究中主要从以下内容和要求进行研究和论证：

（1）实施纲要；

（2）项目背景（项目发起人、项目历史、已经进行的研究）；

（3）产业在国民经济中的地位以及相关产业政策；

（4）市场分析和销售设想（项目目标和战略、需求预测和供应分析、销售目标和战略、生产规划）；

（5）主要投入物（原材料、辅助材料、公用工程）；

（6）建厂条件（厂址外部环境、厂址条件、环境影响）；

（7）工程设计（工厂生产能力、工艺和设备、土建工程）；

（8）组织与管理；

（9）人力资源；

（10）进度安排；

（11）投资估算和财务分析（固定资产投资、流动资金、资金筹措、生产成本估算、财务评价）；

（12）国民经济评价（项目国民经济效益、外汇效果、就业影响、有效保护）。

4.4　项目决策咨询

4.4.1　定义

项目决策咨询是指对已经初步选定的项目，进行深入、全面的研究，包括可行性研究、厂址（或建设位置）或规划方案（也称总平面布置）比选，并进行项目评估或评价，以便于最后决策是否投资建设该项目的工作过程，称为项目决策咨询。

4.4.2　项目决策咨询的内容与工作

项目决策咨询是项目决策阶段咨询服务工作的核心，也是国际工程项目前期开发技术工作的重点，内容涉及项目的目标（包括市场需求、发展规划和运营策略等）；资源评价（包括物资资源、资金资源、技术资源和人力资源等）；建厂条件分析（包括基础设施条件、厂址条件等）；经济效益分析（包括财务评价、经济评价等）；以及社会效益、环境效益和环境影响评价等。

项目决策咨询的内容一般包括以下内容：

1. 可行性研究

可行性研究是通过对项目主要内容和配套条件，如市场需求、资源供应、建设规模、工艺路线、设备选型、环境影响、资金筹措、盈利能力等，从技术、经济、工程等方面进行调查研究和分析比较，并对项目建成后可能取得的财务、经济效益及社会环境影响进行预测，从而提出该项目是否值得投资和如何进行建设的咨询意见，是为项目决策提供依据的一种综合性的系统分析方法。可行性研究应具有预见性、公正性、可靠性和科学性的特点。

工程咨询公司为业主开展可行性研究成果一般都是业主对项目投资决策的依据，是资金筹措和申请贷款的依据，是协调原材料供应、产品销售和运输等问题的依据，也是开展下一步项目工程建设或开展项目总承包工作的依据性文件。总之，可行性研究报告是工程项目前期阶段的一份非常关键性的文件，是工程项目建设启动的首要文件。

（1）可行性研究的依据和要求

1）依据国家有关规划、政策、法规；各种技术资料；业主合同要求等。

2）要求可行性研究报告要客观公正；内容深度要达到规定的深度，内容要基本完整；应给予咨询公司合理的和足够的工作周期，以免因工作时间不够造成可行性研究报告的质量不能保证。

（2）可行性研究的主要内容

1）投资的必要性：主要根据市场调研及预测的结果，以及有关的产业政策等因素，论证项目投资建设的必要性。

2）技术可行性：主要从项目实施的技术角度，合理设计技术方案，并进行比选和评价。

3）财务可行性：主要从项目及投资者的角度，设计合理的财务方案，测算项目的财务盈利能力，评价投资的安全性及还款能力。

4）组织可行性：制定合理的项目实施进度计划、设计合理的组织机构、选择经验丰富的管理人员、建立良好的协作关系、制定合适的培训计划等，保证项目顺利执行。

5）经济可行性：主要从资源配置的角度衡量项目的价值，评价项目在增加供应、创造就业、提高人民生活等方面的效益。

6）环境可行性：主要从环境保护和可持续发展的角度，评价项目在控制污染、生态平衡、自然资源利用、环境质量改善等方面的效益。

7）社会可行性：主要分析项目对社会的影响，包括政治体制、方针政策、经济结构、法律道德、宗教民族、妇女儿童及社会稳定性等。

8）风险因素及对策：主要对项目的市场风险、技术风险、财务风险、组织风险、法律风险、经济及社会风险等风险因素进行评价，制定规避风险的对策。

（3）咨询工程师在可行性研究中的主要工作

在可行性研究中，咨询工程师应根据项目的特点，合理确定可行性研究的范围和深度，应按照下列步骤开展咨询工作：

1）了解业主意图；

2）明确研究范围；

3）组成项目小组；

4）收集资料；

5）现场调研；

6）方案比选和评价；

7）编写报告。

咨询工程师在可行性研究中的主要工作如下：

1）市场分析和营销战略研究

市场分析和营销战略是项目是否可行的基础，是决定投资的目标、范围、规模、工艺技术、厂址选择的关键。通过市场分析，制定销售规划和营销战略，发现新的市场机会，是咨询工程师在可行性研究中的重要工作内容。

市场分析是对有关产品市场及市场环境的资料进行系统的分析和预测，主要包括：市场划分、消费行为、竞争者实力、竞争性产品和销售手段及其相互之间的依赖性；产品生命周期；对社会因素、生态因素和经济因素的影响。通过市场分析，发掘产品已有的和潜在的市场。

营销战略则要根据项目的目标，提出切实可行的产品销售范围、销售手段、销售数量及价格、销售网络、销售计划和费用预算等。

2）建设条件和厂址选择

建设条件包括：项目所需原材料供应的来源、数量、质量、供应年限、运输、成本及供应的稳定性；项目所需的公用工程（水、电、通信、气、汽、燃料等）供应的来源、数量、质量、供应年限、运输、成本及供应的稳定性；社会环境条件、场地条件、交通运输条件、安全消防条件、公共设施条件、洪水等灾害的防护条件等。

厂址选择是否合理能够影响到项目的成败。可行性研究阶段要通过现场地质勘察，收集水文、气象、地质资料，最终具体确定项目所在的厂址。厂址选择主要考虑的因素包括：自然环境、地理条件和项目要求；评价项目对生态环境的影响；当地社会经济环境；基础设施条件；项目发展和营销战略要求。厂址选择要分析厂址对建设投资和生产成本的影响，包括土地费用、建筑工程、厂外工程等，通过建设投资的比较，对厂址方案进行优化。

3）工艺技术方案

对工艺路线，技术评价重点为：先进性原则、适应性原则、安全可靠性原则、法规适应性原则；对土建工程，技术方案应当提出和研究所需的土建工程内容并估算其成本，包括厂址准备及整治、厂房和其他房屋建筑、公用设施、运输、三废的排放及处理、厂区道路、消防以及其他基础设施；对工厂布置，要根据工艺要求和厂址条件，合理布置各个生产车间和公用设施及服务设施。

4）项目实施计划与运营组织

项目实施计划：可行性研究要提出切实可行的项目实施进度计划，包括前期工作周期、技术谈判周期、开展项目定义设计（基础设计）周期、工程和咨询服务采购周期、设备采购周期、施工和安装周期、开车周期等。按照网络计划原理，各项工作应该合理交叉，尽量使总工期最短，以缩短建设时间，节省建设投资（建设期利息），使项目早日建成投产，早日获得投资效益。

运营组织：可行性研究要根据项目建成后的需要，合理配备生产、技术和管理定员，提出项目的组织机构设想。运营组织要求精简高效、人员结构合理、人数恰当。组织机构的设置构成项目投资和生产成本的一部分，应明确相关费用和成本。

5）环境影响的分析评价

可行性研究要对项目可能产生的环境影响进行全面、综合、系统、实际的评价，这种评价对项目的社会、经济、技术和财务上的可行性往往十分重要。

项目环境影响评价应以项目所在国的法规、三废排放标准为基础进行评价，在环境背景调查的基础上，分析项目的实施对当地环境的影响，采取必要和可行的环保措施，使项目对环境造成的影响最小。如果经过了所有的努力，项目对环境造成的影响还是超出了允许的范围，则该项目就是不可行的了。

6）社会影响评价

可行性研究要通过社会影响评价，分析项目为实现国家和地区的社会发展目标所作的贡献及影响，以及项目与社会的相互适应性。主要内容涉及人口、就业、移民安置、公平分配、文化历史、妇女、民族宗教、居民生活水平和质量、社会基础设施等。评价的重点是项目周围社区，同时还应考虑项目对技术进步、促进地区和部门发展、改善经济布局和产业结构等的影响。

7）投资估算和财务评价

投资估算是根据项目的工程内容（包括生产装置、配套公用工程和辅助设施、厂外设施和生活设施等），按照投资估算的相关规定和办法，估算出项目所需的全部投资，包括固定资产、无形资产、递延资产，以及必要的不可预见费用、建设期利息和流动资金等。

投资估算还要研究资金来源方案，一方面要落实资金来源，另一方面还要研究筹资的成本，通过合理分配股本金和贷款比例，合理使用资金，使项目的投资成本最低。

财务分析通过对项目所需的投入物、未来的产出物以及项目的净收益进行测算、分析和评价。其范围包括分析所预测数据的可靠性；分析投资和成本结构；确定对项目有重大影响的关键变量；测算并评价财务比率；研究与时间有关的价格、投资以及在不确定条件下的风险等。财务分析的过程和结果都是通过对会计报表的计算处理并表述出来的。

根据项目投资方案现金流量，编制固定资产投资估算表、流动资金估算表、主要产出物和投入物价格表、单位产品生产成本表、固定资产折旧表、无形资产及递延资产摊销估算表、经营成本估算表、销售收入及销售税金计算表等，编制出项目投资现金流量表，计算出各年的税前利润，评价项目投资的财务盈利能力，进行投资决策。在财务评价中，应对各种风险因素对财务评价指标的影响进行不确定性和风险分析，包括盈亏平衡分析、敏感性分析、概率分析等。

8）国民经济评价

国民经济评价从资源配置的角度评价项目的费用和效益，分析项目的经济可行性。

国民经济分析和财务评价分析的主要区别是：角度不同，财务评价是从企业的角度出发分析项目对企业的财务效益，而国民经济评价是从国家整体的角度出发分析项目对国民

经济的效益；成本效益的界定不同，财务分析的基本指标是企业的利润，以行业基准收益率或项目的贷款综合利率为对比基准，而国民经济评价的基本指标是项目带来的国民收入，以社会折现率或国家公布的贴现率为衡量标准；适用的参数不同，财务评价以投入物和产出物的市场价格来估算成本和效益，而国民经济评价则运用反映资源真实价值的机会成本；测算基准不同，财务评价的现金流量包括全部的支出和收入，而国民经济评价的现金流量中不包括国民经济内部的转移项目，如税金、折旧和补贴，也不含沉没成本；方法不同，财务评价一般采用"前后法"，而国民经济评价则采用"有无对比法"。

9）风险分析

在项目决策阶段，项目应考虑的风险包括：投资环境风险、地质风险、设计和技术风险、资源风险、市场风险、原材料风险、布局安全风险、工程建设风险、人力资源风险、资金风险、汇率风险和不可抗拒力风险等。

项目的风险分析就是通过对项目风险的识别、研究和提出规避风险的办法，通过对风险的管理，使项目获得成功，为项目的实施创造一个平静、稳定的环境，降低项目风险成本，避免损失和浪费，最大限度地减少或消除外部干扰，使项目顺利实施，并发挥其效益。

对于一般工程项目而言，可行性研究的工作流程及主要内容如图 4-3 所示。

2. 项目评估

在许多国家，私人和公共投资项目，必须在得到项目所在国或地区政府批准后才能实施。政府通常要对项目进行评估，评估拟建项目是否符合政府的发展目标、开发规划，项目对本国或当地经济、社会、环境等的影响及经济效益。另一方面，投资者在完成项目可行性研究后，为了分析其可靠性，进一步完善项目方案，往往也聘请另一家独立的咨询机构对可行性研究报告进行评估。而对项目的贷款银行，评估则是其贷款决策的必要程序，评估结论是发放贷款的重要依据。项目评估是项目决策阶段投资者、贷款者最重要的工作之一，一般需要委托第三方进行独立的评估。

（1）项目评估的概念

项目评估是根据客户的要求，在可行性研究的基础上，按照一定的目标，对投资项目的可靠性进行分析判断、权衡各种方案的利弊，向业主提出明确的评估结论。项目评估要从委托者的角度出发，对拟建项目进行全面的技术经济论证和评价，预测项目未来的发展前景，从正反两个方面提出建议，为决策者选择项目和组织实施提供多方面的咨询意见，并力求准确、客观地将项目执行的有关资源、市场、技术、财务、经济和社会等方面的基本数据资料和实际情况，真实、完整地呈现于决策者面前，以便其作出正确、合理的投资决策，同时也为项目的组织实施提供依据。

项目评估应解决的关键问题是：

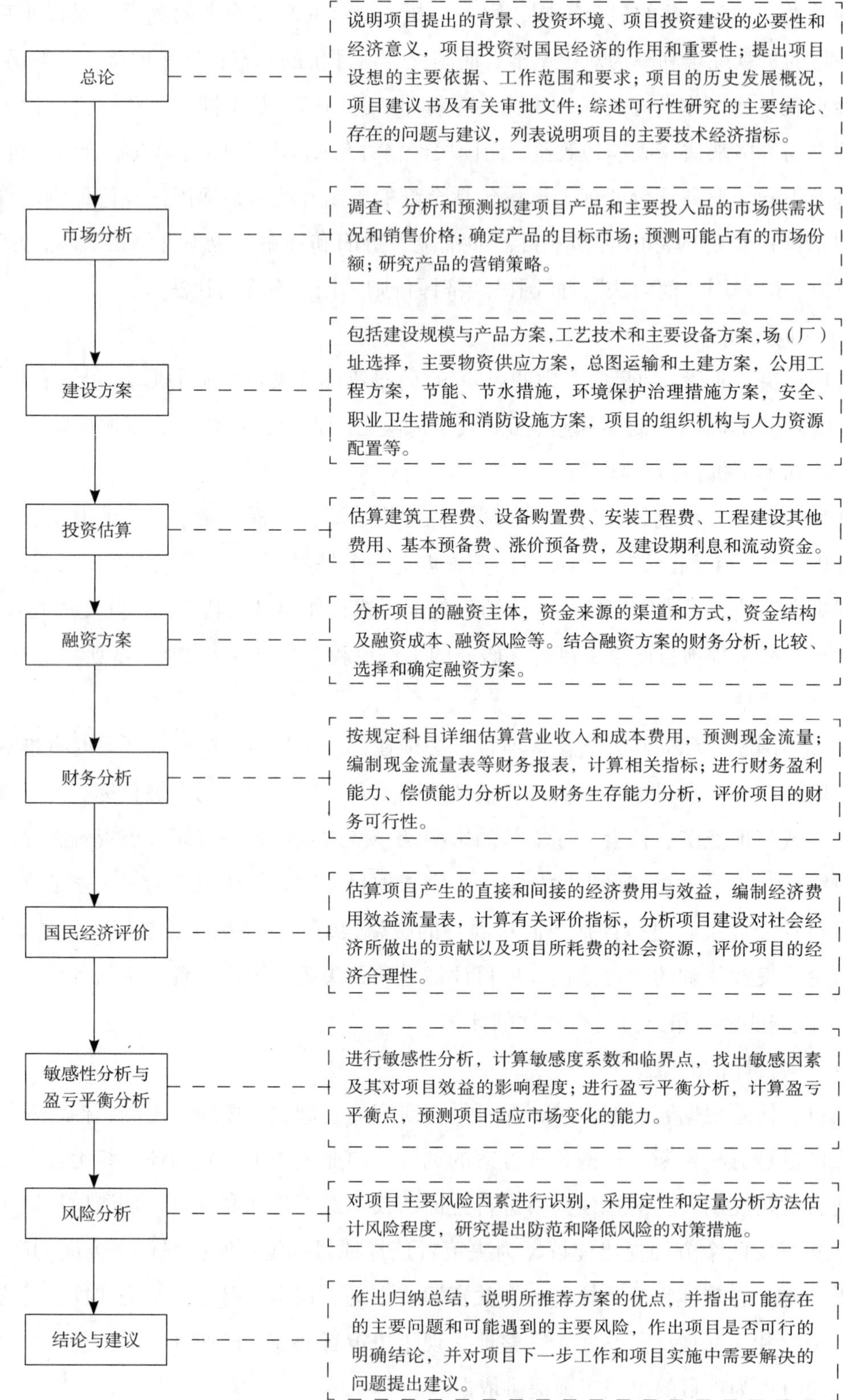

图4-3　可行性研究的工作流程及主要内容

1）对可行性研究中项目目的和目标的分析评价，即从项目的直接目的、长远目标和宏观影响分析项目的可能性和必要性，确定项目的目的和目标。

2）对项目可研报告的效益进行分析评价，即从项目的投入产出关系，评价其技术、经济、环境、社会和管理等方面效益指标的可靠性和准确性，判断项目的可行性。

3）对项目可研报告中的风险进行分析评价，即从项目投入—产出—目的—目标之间的重要外部条件进行分析，判断项目风险的大小和性质，提出正确的评估咨询意见。

项目评估应坚持系统分析的原则，利用统一的指标、合理的价格、科学的方法，进行独立、客观、公正的科学论证，力求选择出最优方案。

（2）项目评估的工作程序

项目评估一般分为评估前准备、组织评估小组、制定评估计划、调查收集资料、分析测算和编写评估报告等六个阶段。

（3）项目评估的内容和方法

一般一个完整的项目评估报告应包括以下内容：

1）对项目投资建设的必要性和市场预测的结果进行评估，分析项目存在的必要性。

2）对项目建设条件和技术工艺方案进行评估，分析项目实施的资源和技术保证条件。

3）对项目的财务、经济、环境、社会的影响进行评估，提供判别项目取舍的依据。

4）对影响投资效益的经济政策和管理体制进行评估，为项目的顺利实施提出合理化建议。

第5章　国际工程项目前期开发工作的基本知识

5.1　国际标准与中国国家标准

5.1.1　基本概念

1. 标准的定义

按照我国《标准化工作指南第 1 部分：标准化和相关活动的通用术语》GB/T 20000.1-2014 中，对标准的定义是：通过标准化活动，按照规定的程序经协商一致制定，为各种活动或其结果提供规则、指南或特性，供共同使用和重复使用的文件。

2. 标准的分类

标准的制定和类型按使用范围划分有国际标准、区域标准、国家标准、专业标准、地方标准、企业标准；按内容划分有基础标准（一般包括名词术语、符号、代号、机械制图、公差与配合等）、产品标准、辅助产品标准（工具、模具、量具、夹具等）、原材料标准、方法标准（包括工艺要求、过程、要素、工艺说明等）；按成熟程度划分有法定标准、推荐标准、试行标准、标准草案。

3. 标准的制定

国际标准由国际标准化组织（ISO）理事会审查，ISO 理事会接纳国际标准并由中央秘书处颁布；中国国家标准由国务院标准化行政主管部门制定，行业标准由国务院有关行政主管部门制定，企业生产的产品没有国家标准和行业标准的，应当制定企业标准，作为组织生产的依据，并报有关部门备案。法律对标准的制定另有规定，依照法律的规定执行。制定标准应当有利于合理利用国家资源，推广科学技术成果，提高经济效益，保障安全和人民身体健康，保护消费者的利益，保护环境，有利于产品的通用互换及标准的协调配套等。

5.1.2　国际标准与国际工程常用标准、规范体系

1. 国际标准

国际标准的定义与内容　　表 5-1

定义与内容	ISO/IEC 指南 2	中国国家质量监督检验检疫总局于 2001 年 12 月 4 日颁布的《采用国际标准管理办法》
对定义的描述	国际标准化（标准）组织正式表决批准的并且可公开提供的标准	国际标准是指国际标准化组织（ISO）、国际电工委员会（IEC）和国际电信联盟（ITU）制定的标准，以及国际标准化组织确认并公布的其他国际组织制定的标准
国际标准的内容	1. 由 ISO、IEC、ITU 这三大国际标准化组织制定的标准，分别称为国际标准化组织（ISO）标准、国际电工委员会（IEC）标准和国际电信联盟（ITU）标准； 2. ISO 认可并在 ISO 标准目录上公布的其他国际组织制定的标准； 3. ISO 公布的 40 多个国际组织制定的部分标准视为国际标准	

国际标准的表现形式与划分　　表 5-2

序号	划分的方法	ISO 国际标准类文件	IEC 国际标准类文件	备注
1	按标准的表现形式划分	共分为 6 类：国际标准、可公开提供的技术规范（PAS）、技术规范（TS）、技术报告（TR）、工业技术协议（ITA）和指南（GUIDE）	共分为 6 类：国际标准、可公开提供的技术规范（PAS）、技术规范（TS）、技术报告（TR）、工业技术协议（ITA）和指南（GUIDE）	ISO、IEC 按标准的表现形式划分，两者相同。国际标准类文件共分为 6 类
2	按标准的专业领域划分	ISO 标准共分为 9 类：通用、基础和科学标准；卫生、安全和环境标准；工程技术标准；电子、信息技术和电信标准；货物的运输和分配标准；农业和食品技术标准；材料技术标准；建筑标准；特种技术标准	IEC 标准共分为 8 类：基础标准；原材料标准；一般安全、安装和操作标准；测量、控制和一般测试标准；电力的产生和利用标准；电力的传输和分配标准；电信和电子元件及组件标准；电信、电子系统和设备及信息技术标准	ISO、IEC 按标准的专业领域划分，两者不同。其中：ISO 标准共分为 9 类；IEC 标准共分为 8 类

国际标准机构简介 表 5-3

序号	名称与英文缩写	标准代号	机构简介
1	国际标准化组织（ISO）（英文名称：International Organization for Standardization）	ISO	国际标准化组织（ISO）是目前世界上最大、最有权威性的国际标准化专门机构。1946 年 10 月 14 日至 26 日，中、英、美、法、苏的二十五个国家的六十四名代表集会于伦敦，正式表决通过建立国际标准化组织。1947 年 2 月 23 日，ISO 章程得到 15 个国家标准化机构的认可，国际标准化组织宣告正式成立。参加 1946 年 10 月 14 日伦敦会议的 25 个国家，为 ISO 的创始人。ISO 是联合国经社理事会的甲级咨询组织和贸发理事会综合级（即最高级）咨询组织。此外，ISO 还与 600 多个国际组织保持着协作关系。国际标准化组织的目的和宗旨是："在全世界范围内促进标准化工作的发展，以便于国际物资交流和服务，并扩大在知识、科学、技术和经济方面的合作"。其主要活动是制定国际标准，协调世界范围的标准化工作，组织各成员国和技术委员会进行情报交流，以及与其他国际组织进行合作，共同研究有关标准化问题。 按照 ISO 章程，其成员分为团体成员和通信成员。团体成员是指最有代表性的全国标准化机构，且每一个国家只能有一个机构代表其国家参加 ISO。通信成员是指尚未建立全国标准化机构的发展中国家(或地区)。通信成员不参加 ISO 技术工作，但可了解 ISO 的工作进展情况，经过若干年后，待条件成熟，可转为团体成员。ISO 的工作语言是英语、法语和俄语，总部设在瑞士日内瓦。ISO 现有成员 138 个。ISO 现有技术委员会(TC)187 个和分技术委员会(SC)552 个。截止到 2000 年 12 月底，ISO 已制定了 13025 个国际标准。1978 年 9 月 1 日，我国以中国标准化协会（CAS）的名义重新进入 ISO。1988 年起改为以国家技术监督局的名义参加 ISO 的工作，近期将改为以中国国家标准化管理局的名义参加 ISO 的工作。中国现在是 ISO 145 个技术委员会和 356 个分委员会的积极（P）成员，是 49 个技术委员会和 238 个分委员会的观察（O）成员。我国目前还承担了 ISO 的一个技术委员会和五个分委员会的秘书处工作。中国曾任 ISO 理事会、技术管理局成员，目前我国是 ISO 理事会成员（今年年底到期）。1999 年 9 月，我国在京承办了 ISO 第 22 届大会。 中国还是 ISO/DEVCO（发展中国家事物委员会）、CASCO（合格评定委员会）、INFCO（信息系统和服务委员会）、COPOCO（消费者政策委员会）和 REMCO（参考物质委员会）等几个专门政策委员会的成员。同时也是 PASC（太平洋地区标准大会）、APEC（亚太经济合作组织）、IAF（国际认可论坛）等国际或区域组织的积极成员

续表

序号	名称与英文缩写	标准代号	机构简介
2	国际电工委员会（IEC）（英文名称：International Electrotechnical Commission）	IEC	国际电工委员会（IEC）成立于1906年，至今已有90多年的历史。它是世界上成立最早的国际性电工标准化机构，负责有关电气工程和电子工程领域中的国际标准化工作。 IEC的宗旨是，促进电气、电子工程领域中标准化及有关问题的国际合作，增进国家间的相互了解。为实现这一目的，IEC出版了包括国际标准在内的各种出版物，并希望各成员在本国条件允许的情况下，在本国的标准化工作中使用这些标准。近20年来，IEC的工作领域和组织规模均有了相当大的发展。今天IEC成员国已从1960年的35个增加到60个。他们拥有世界人口的80%，消耗的电能占全球消耗量的95%。目前IEC的工作领域已由单纯研究电气设备、电机的名词术语和功率等问题扩展到电子、电力、微电子及其应用、通信、视听、机器人、信息技术、新型医疗器械和核仪表等电工技术的各个方面。IEC标准已涉及了世界市场中的35%的产品，到21世纪末，这个数字可达50%。 IEC标准的权威性是世界公认的。IEC每年要在世界各地召开一百多次国际标准会议，世界各国的近10万名专家在参与IEC的标准制订、修订工作。IEC现在有技术委员会（TC）89个；分技术委员会（SC）107个。IEC标准在迅速增加，1963年只有120个标准，截止到2000年12月底，IEC已制定了4885个国际标准。 我国1957年参加IEC，1988年起改为以国家技术监督局的名义参加IEC的工作，中国现在是IEC的89个技术委员会和107个分委员会的P成员。近期将改为以中国国家标准化管理局的名义参加IEC的工作。目前，我国是IEC理事局、执委会和合格评定局的成员。1990年我国在京承办了IEC第54届年会，2002年10月在京承办IEC第66届年会
3	国际电信联盟（ITU）（英文名称：International Telecommunication Union）	ITU	国际电信联盟（ITU）是联合国的一个专门机构，也是联合国机构中历史最长的一个国际组织，简称“国际电联”或“电联”。这个国际组织成立于1865年5月17日，是由法、德、俄等20个国家在巴黎会议为了顺利实现国际电报通信而成立的国际组织，定名“国际电报联盟”。 1932年，70个国家代表在西班牙马德里召开会议，决议把“国际电报联盟”改写为“国际电信联盟”，这个名称一直沿用至今。 1947年在美国大西洋城召开国际电信联盟会议，经联合国同意，国际电信联盟成为联合国的一个专门机构。总部由瑞士伯尔尼迁至日内瓦。另外，还成立了国际频率登记委员会（IFRB）。 1972年12月，国际电信联盟在日内瓦召开了全权代表大会，通过了国际电信联盟的改革方案，国际电信联盟的实质性工作由三大部门承担，它们是：国际电信联盟标准化部门（ITU）国际电信联盟无线电通信部门和国际电信联盟电信发展部门。其中电信标准化部门由原来的国际电报电话咨询委员会（CCITT）和国际无线电咨询委员会（CCIR）的标准化工作部门合并而成，主要职责是完成国际电信联盟有关电信标准化的目标、使全世界的电信标准化。ITU目前已制定了2024项国际标准。 我国于1920年加入了国际电报联盟，1932年派代表参加了马德里国际电信联盟全权代表大会，1947年在美国大西洋城召开的全权代表大会上被选为行政理事会的理事国和国际频率登记委员会委员。中华人民共和国成立后，我国的合法席位一度被非法剥夺。1972年5月30日在国际电信联盟第27届行政理事会上，正式恢复了我国在国际电信联盟的合法权利和席位，我国由信息产业部代表中国参加国际电信联盟的各项活动

国际标准化组织（ISO）确认并公布的其他国际标准组织 表 5-4

序号	标准代号	名称及英文缩写	序号	标准代号	名称及英文缩写
1	BIPM	国际计量局（BIPM）	21	IGU	国际煤气工业联合会（IGU）
2	BISFN	国际人造纤维标准化局（BISFN）	22	IIR	国际制冷学会（IIR）
3	CAC	食品法典委员会（CAC）	23	ILO	国际劳工组织（ILO）
4	CCSDS	空间数据系统咨询委员会（CCSDS）	24	IMO	国际海事组织（IMO）
5	CIB	国际建筑结构研究与改革委员会（CIB）	25	ISTA	国际种子检验协会（ISTA）
6	CIE	国际照明委会员（CIE）	26	ITU	国际电信联盟（ITU）
7	CIMAC	国际内燃机理事会（CIMAC）	27	IUPAC	国际理论与应用化学联合会（IUPAC）
8	FDI	国际牙科联合会（FDI）	28	IWTO	国际毛纺组织（IWTO）
9	FID	国际信息与文献联合会（FID）	29	OIE	国际兽医局（OIE）
10	IAEA	国际原子能机构（IAEA）	30	OIML	国际法制计量组织（OIML）
11	IAEA	国际航空运输协会（IATA）	31	OIV	国际葡萄与葡萄酒局（OIV）
12	ICAO	国际民航组织（ICAO）	32	RILEM	材料与结构研究实验所国际联合会（RILEM）
13	ICC	国际谷类加工食品科学技术协会（ICC）	33	TraFIX	贸易信息交流促进委员会（TraFIX）
14	ICID	国际排灌委员会（ICID）	34	UIC	国际铁路联盟（UIC）
15	ICRP	国际辐射防护委员会（ICRP）	35	UN/CEFACT	联合国经营、交易和运输程序和实施促进中心（UN/CEFACT）
16	ICRU	国际辐射单位与测量委员会（ICRU）	36	UNESCO	联合国教科文组织（UNESCO）
17	IDF	国际乳品业联合会（IDF）	37	WCO	国际海关组织（WCO）
18	IETF	因特网工程特别工作组（IETF）	38	WHO	世界卫生组织（WHO）
19	IFTA	国际图书馆协会与学会联合会（IFTA）	39	WIPO	世界知识产权组织（WIPO）
20	IFOAM	国际有机农业运动联合会（IFOAM）	40	WMO	世界气象组织（WMO）

2. 国际工程常用标准、规范体系

国际工程标准、规范常用体系包括国际标准、区域标准、国家标准、行业标准或专业标准和企业标准等。在国际工程项目中常用的标准、规范除国际标准外，主要有美国标准体系、英国标准体系和欧洲标准体系。其中：美国试验与材料协会（ASTM）标准、美国混凝土协会（ACI）标准在土木建筑、房屋建筑类的工程项目中是比较常见的。而在工业

建筑、电力与能源类等工程项目中，则经常涉及美国机械工程师协会（ASME）标准。

美国、英国、欧洲标准体系简介　　表 5-5

序号	国家标准名称	简介
1	美国标准体系	美国尚有近 400 个专业机构和学会、协会团体制定和发布各自专业领域的标准，而统一协调和管理各团体机构的标准化组织是美国标准学会。该学会是非营利性质的民间标准化团体，它协调并指导全国的标准化活动，给制定、研究和使用单位以帮助，提供国内外标准化情报，是联邦政府和民间标准化系统之间的桥梁与纽带。 在美国标准化体系中，比较有影响的组织与团体及标准名称见表
2	英国标准体系	英国标准学会负责英国标准的制定，该组织是世界上最早设立的国家标准化机构，它设有 300 多个技术委员会和分委员会。英国标准在世界上有较大的影响，在世界上许多国家和地区得到广泛的使用
3	欧洲标准体系	欧洲标准主要以法国标准与规范为基础，结合欧盟各国的标准与规范体系组成演变而成

部分国家标准组织及标准代号　　表 5-6

代号	标准名称	代号	标准名称
ANSI	美国国家标准	FDA	美国食品与药物管理局标准
API	美国石油学会标准	JIS	日本工业标准
ASME	美国机械工程师协会标准	NF	法国国家标准
ASTM	美国试验与材料协会标准	SAE	美国汽车工程师协会标准
IEEE	美国电子电气工程师学会标准	NFPA	美国全国防火协会标准
IPC	美国印刷电路学会标准	ACI	美国混凝土协会标准
BS	英国国家标准	TIA	美国电信工业协会标准
DIN	德国国家标准	VDE	德国电气工程师协会标准

ASTM 标准、ACI 标准、ASME 标准的类型、内容一览表　　表 5-7

名称	简介	标准的内容
美国试验与材料协会（ASTM）标准	美国试验与材料协会（ASTM）主要制定材料、产品、系统、服务等领域的特性和性能标准、试验方法和程序标准。 该协会的标准制定工作是由该协会中的 132 个技术委员会和下设的 2004 个分技术委员会完成的	ASTM 标准主要分为六种类型，内容包括标准试验方法、标准规范、标准惯例、标准术语、标准指南、标准分类。 ASTM 标准体系的资料主要有技术规范、指南、试验方法、分类法、标准实践、术语、定义
美国混凝土协会（ACI）标准	美国混凝土协会（ACI）主要制定混凝土结构的设计、施工、养护、维护的标准和规范	ACI 标准主要包括操作指南、规范、法规等 400 多份技术文档和报告
美国机械工程师协会（ASME）标准	美国机械工程师协会（ASME）成立于 1880 年，它领导了全世界机械标准的发展，制定了最初的螺纹标准到现在覆盖工业、机械行业、制造业的众多标准	ASME 标准拥有工业、机械、制造行业的 600 多项标准。这些标准已经被世界上 90 多个国家采用，特别是电力能源、设有管道、压力容器等类工程项目，得到普遍采用

5.1.3 中国国家标准及行业标准

1. 国家标准

我国国家标准的代号由大写汉语拼音字母构成。其中：

强制性国家标准的代号为“GB”，推荐性国家标准的代号为“GB/T”。

国家标准的编号由国家标准的代号、国家标准发布的顺序号和国家标准发布的年号（即发布年份的后两位数字）构成。示例：

GB ×××××-××

GB/T ×××××-××

中国国家标准代号 表 5-8

标准代号	标准名称	标准代号	标准名称
GB	强制性国家标准	GHZB	国家环境质量标准
GB/T	推荐性国家标准	GWKB	国家污染物控制标准
GBn	国家内部标准	GWPB	国家污染物排放标准
GBJ	工程建设标准	JJF	国家计量技术规范
GJB	国家军用标准	JJG	国家计量检定规程

2. 行业标准

我国行业标准分为强制性标准和推荐性标准。行业标准的编号由行业标准代号、标准顺序号及年号组成。

（1）强制性行业标准编号

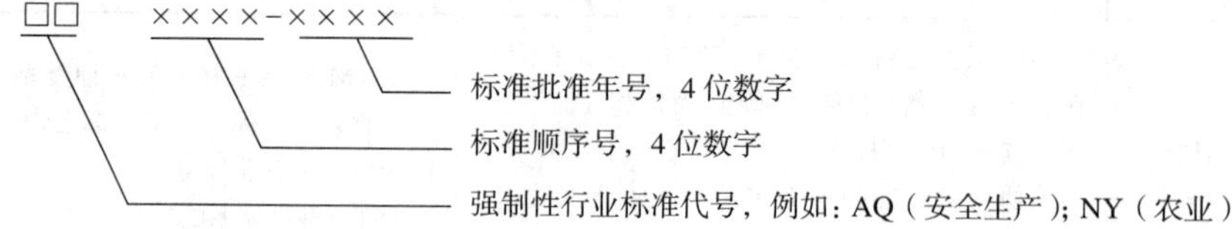

（2）推荐性行业标准编号

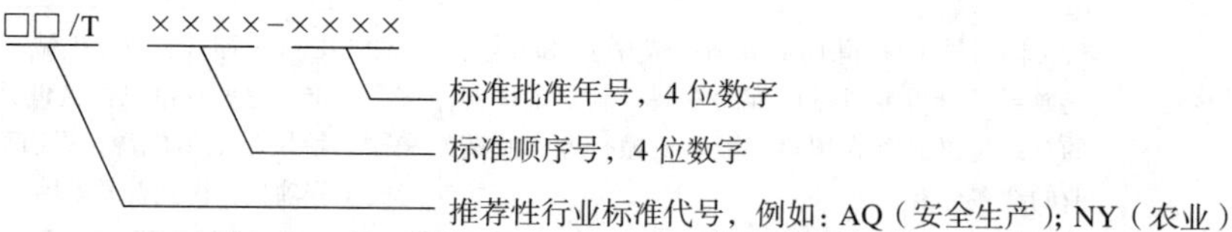

中国国家行业标准代号 表 5-9

代号	标准名称	代号	标准名称	代号	标准名称
AQ	安全生产行业标准	JC	建材行业标准	SL	水利工程行业标准
BB	包装行业标准	JG	建筑工业行业标准	SN	商检行业标准
CB	船舶行业标准	JR	金融行业标准	SY	石油天然气行业标准
CH	测绘行业标准	JT	交通行业标准	TB	铁道行业标准
CJ	城镇建设行业标准	JY	教育行业标准	TD	土地管理行业标准
CY	新闻出版行业标准	LB	旅游行业标准	TY	体育行业标准
DA	档案行业标准	LD	劳动和劳动安全行业标准	WB	物资管理行业标准
DB	地震行业标准	LS	粮食行业标准	WH	文化行业标准
Dl	电力行业标准	LY	林业行业标准	WJ	民工民品行业标准
DZ	地质矿产行业标准	MH	民用航空行业标准	WM	外经贸行业标准
EJ	核工业行业标准	MT	煤炭行业标准	WS	卫生行业标准
FZ	纺织行业标准	MZ	民政行业标准	WW	文物保护行业标准
GA	公共安全行业标准	NY	农业行业标准	XB	稀土行业标准
GH	供销合作行业标准	QB	轻工业行业标准	YB	黑色冶金行业标准
GY	广播电影电视行业标准	QC	汽车行业标准	YC	烟草行业标准
HB	航空行业标准	QJ	航天行业标准	YD	通信行业标准
HG	化工行业标准	QX	气象行业标准	YS	有色冶金行业标准
HJ	环境保护行业标准	SB	商业行业标准	YY	医药行业标准
HS	海关行业标准	SC	水产行业标准	YZ	邮政行业标准
HY	海洋行业标准	SH	石油化工行业标准	ZY	中医药行业标准
JB	机械行业标准	SJ	电子行业标准		

3. 中国国家标准采用国际标准的程度与对应关系

采用国际标准的我国标准，分为等同采用及修改采用。一般在在编制说明中，都比较详细地说明采用该标准的目的、意义，标准的水平，我国标准同被采用标准的国际标准的主要差异及其原因等。我国标准与国际标准的对应关系除等同、修改外，还包括非等效。非等效不属于采用国际标准，只表明我国标准与相应国际标准有对应关系。非等效指与相应国际标准在技术内容和文本结构上不同，它们之间的差异没有被清楚地标明。非等效还包括在我国标准中只保留了少量或者不重要的国际标准条款的情况。

中国国家标准采用国际标准的程度与对应关系　表 5-10

程度代号	对应关系名称	定义	表示方法
IDT	等同采用（identical）	等同采用是采用国际标准的基本方法之一，指我国标准与国际标准在技术内容和文本结构上相同，或者与国际标准在技术内容上相同，只存在少量编辑性修改	等同采用国际标准的我国标准采用双编号的表示方法。 例：GB×××××-××××/ISO×××××：××××
MOD	修改采用（modified）	修改采用是采用国际标准的基本方法之一，指我国标准与国际标准之间存在技术性差异，并清楚地标明这些差异以及解释其产生的原因，允许包含编辑性修改。修改采用不包括只保留国际标准中少量或者不重要的条款的情况。修改采用时，我国标准与国际标准在文本结构上应当对应，只有在不影响与国际标准的内容和文本结构进行比较的情况下才允许改变文本结构	修改采用国际标准的我国标准，只使用我国标准编号。 例：GB×××××-××××（MOD ISO×××××-××××）
NEQ	非等效（not equivalent）	我国标准与国际标准的对应关系除等同、修改外还包括非等效。非等效不属于采用国际标准，只表明我国标准与相应国际标准有对应关系。非等效指与相应国际标准在技术内容和文本结构上不同，它们之间的差异没有被清楚地标明。非等效还包括在我国标准中只保留了少量或者不重要的国际标准条款的情况	非等效采用：NEQ（no equivalent） 例：GB×××××-××××（NEQ ISO×××××-××××）

（注：三种采用程度在我国国家标准封面和首页上表示。在国际工程承包业务中，通常所说的标准是指工程建设标准。）

5.2 世界气候带与气候类型

在工程建设领域，气候与工程设计、材料的选择以及工程工期密切相关。所以，国际工程项目前期开发工作中，必须了解项目所在国、所在地的气候情况。通常，国际上按气候带分为三类。其中：Ⅰ类：包括热带、亚热带；Ⅱ类：包括温带；Ⅲ类：包括亚寒带、寒带（通常主要是指高原气候和山地气候）。世界气候带与气候类型详见表 5-11。

世界气候带与气候类型一览表　表 5-11

气候带	纬度	气候类型	分布地区	气候特点
热带	大致在南北纬 30°之间	热带雨林气候	大致在南北纬 10°之间，主要位于非洲刚果河流域，南美亚马逊河流域，亚洲印度尼西亚等地	处在赤道低压带控制下，盛行赤道气团，高温多雨。全年皆夏，年平均气温在 26℃左右；年降水量大都在 2000 毫米以上，且全年分配比较均匀

续表

气候带	纬度	气候类型	分布地区	气候特点
热带	大致在南北纬 30°之间	热带草原气候	大致在南北纬 10° 至南北回归线之间，如非洲中部大部分地区，澳大利亚大陆北部和东部，南美巴西等地	处在赤道低压带和信风带交替控制地区，干季湿季明显交替。当赤道低压带控制时，盛行赤道气团，形成闷热多雨的湿季；信风控制时，盛行热带大陆气团，形成干旱少雨的干季。全年降水量在 750 ~ 1000 毫米之间
		热带季风气候	大致在南北纬 10° 至南北回归线之间的大陆东岸，以亚洲中南半岛、印度半岛最为显著	一年中风向随季节转变非常明显。夏季风来临时，赤道气团带来大量降水；冬季风来临时，降水明显减少。全年气温高，年平均气温在 20℃以上，年降雨量大都在 1500 ~ 2000 毫米之间
		热带沙漠气候	大致在南北回归线至南北纬 30° 之间的大陆内部和西岸，如非洲北部大沙漠区，亚洲阿拉伯半岛和澳大利亚大沙漠区	在副热带高压带或信风带控制下，盛行热带大陆气团，常年干旱少雨，年降水量不足 125 毫米。日照强烈，气温极高
亚热带	大致在南纬或北纬 30 ~ 40° 之间	亚热带季风气候和季风性湿润气候	主要位于大陆东岸，如我国秦岭—淮河以南，北美大陆，南美大陆和澳大利亚大陆东南部等地	亚热带季风气候夏热冬温，季节变化明显，盛行夏季风时，热带海洋气团带来大量降雨；盛行冬季风时，受极地大陆气团影响，降雨减少。季风性湿润气候冬夏温差较小，一年中降水分配也较均匀
		地中海气候	主要位于大陆西岸，如地中海沿岸，南北美纬度 30 ~ 40° 之间的大陆西岸，澳大利亚大陆和非洲大陆西南角等地	就北半球而言，夏季因副热带高压带北移控制这里，受热带大陆气团影响，干旱炎热；冬季受西风带控制，多气旋活动，暖湿多雨。年降水量在 300 ~ 1000 毫米之间
温带	大致在南纬或北纬 40 ~ 60° 之间	温带季风气候	主要分布于亚洲大陆东部，如我国华北、东北，俄罗斯远东地区，日本和朝鲜半岛	冬夏季风向明显交替。冬季风时，受极地大陆气团控制，寒冷干燥；夏季风时，受极地海洋气团影响，暖热多雨。年降水量在 500 ~ 600 毫米之间
		温带大陆性气候	主要分布于亚欧大陆和北美大陆的内陆地区	终年受大陆气团控制，干旱少雨。冬季严寒，夏季炎热，气温年变化很大
		温带海洋性气候	主要分布在西欧、北美和南美大陆西海岸狭长地带	终年盛行西风，受海洋气团影响，终年湿润，冬雨较多。冬不冷夏不热，气温年变化较小。年降水量一般在 700 ~ 1000 毫米之间
亚寒带	南北极圈附近	亚寒带大陆性气候	主要分布在欧洲、亚洲大陆和北美大陆的北部	主要受极地大陆气团和极地海洋气团控制。冬季漫长而严寒，暖季短促；降水量少，而且集中在夏季

续表

气候带	纬度	气候类型	分布地区	气候特点
寒带	极地附近	苔原气候	主要分布在亚欧大陆和北美大陆的北冰洋沿岸	全年严寒，皆为冬季。最热月气温仅达 1～5℃。降水少，多云雾，蒸发极弱
		冰原气候	主要分布于南极大陆和格陵兰内陆地区	全年酷寒，各月气温皆在 0℃以下，是全球年平均气温最低的地区。南极大陆年均气温约在 -29～-35℃，北极地区在 -22℃以下
		高原气候和山地气候	主要分布在高大的山地、高原地区，如青藏高原、南美安第斯山等	随着高度增加，气候垂直变化非常明显。如气温随高度增加而降低；日照强，风力也大

5.3 建筑工程项目的组成

1987 年英国皇家特许测量师学会发布了第七版《建筑工程标准计量规则》（简称 SMM7），该计量规则采用英国"建筑工程之章节通用分类法"（CAWS）对工程项目进行了分解，把建筑工程分解为 23 个子项。我国国家建设部于 2003 年发布的《建筑安装工程费用项目组成》（建标 [2003]206）和《建设工程工程量清单计价规范》GB50500-2008，规定了工程项目的划分结构，从而标志着我国建筑工程项目（或工程单元）的划分基本上与国际工程项目单元的划分方式基本接轨。

我国建筑工程项目可分为单位（子单位）工程、分部（子分部）工程和分项工程。

1. 单位（子单位）工程

单位工程是指具备独立施工条件并能形成独立使用功能的建筑物及构筑物。单位工程通常指一个单体建筑物或构筑物。对民用建筑工程而言，可能包括一栋以上同类设计、位置相邻、同时施工的房屋建筑工程，或一栋主体建筑及其附属辅助建筑物。

对于建筑规模较大的单位工程，可将其能形成独立使用功能的部分作为一个子单位工程。

具有独立施工条件和能形成独立使用功能是单位（子单位）工程划分的基本要求。在施工之前，应由业主、项目管理单位和施工单位商议确定。

2. 分部（子分部）工程

分部工程是单位工程的组成部分，按专业性质、建筑部位进行划分。当分部工程较大或较复杂时，可按材料种类、施工特点、施工程序、专业系统及类别等将其划分为若干子分部工程。

3. 分项工程

分项工程是分部工程的组成部分，由一个或若干检验批组成。也是计量工程用工、用

料和机械台班消耗的基本单元。分项工程按主要工种、材料、施工工艺、设备类别等进行划分。

建筑工程的分部（子分部）、分项工程可按表5-12采用。

4. 检验批可根据施工及质量控制和专业验收需要按楼层、施工段、变形缝等进行划分。

5. 室外工程可根据专业类别和工程规模划分单位子单位工程。如表5-13所示。

建筑工程分部工程、分项工程划分 表5-12

序号	分部工程	子分部工程	分项工程
1	地基与基础	无支护土方	土方开挖、土方回填
		有支护土方	排桩，降水、排水、地下连续墙、锚杆、土钉墙、水泥土桩、沉井与沉箱，钢及混凝土支撑
		地基处理	灰土地基、砂和砂石地基、碎砖三合土地基，土工合成材料地基，粉煤灰地基，重锤夯实地基，强夯地基，振冲地基，砂桩地基，预压地基，高压喷射注浆地基，土和灰土挤密桩地基，注浆地基，水泥粉煤灰碎石桩地基，夯实水泥土桩地基
		桩基	锚杆静压桩及静力压桩，预应力离心管桩，钢筋混凝土预制桩，钢桩，混凝土灌注桩（成孔、钢筋笼、清孔、水下混凝土灌注）
		地下防水	防水混凝土，水泥砂浆防水层，卷材防水层，涂料防水层，金属板防水层，塑料板防水层，变形缝构造，喷锚支护，复合式衬砌，地下连续墙，盾构法隧道；渗排水、盲沟排水，隧道、坑道排水；预注浆、后注浆，衬砌裂缝注浆
		混凝土基础	模板、钢筋、混凝土，后浇带混凝土，混凝土结构缝处理
		砌体基础	砖砌体，混凝土砌块砌体，配筋砌体，石砌体
		劲钢（管）混凝土	劲钢（管）焊接，劲钢（管）与钢筋的连接，混凝土
		钢结构	焊接钢结构、栓接钢结构，钢结构制作，钢结构安装，钢结构涂装
2	主体结构	混凝土结构	模板，钢筋，混凝土，预应力、现浇结构，装配式结构
		劲钢（管）混凝土结构	劲钢（管）焊接，螺栓连接，劲钢（管）与钢筋的连接，劲钢（管）制作、安装，混凝土
		砌体结构	砖砌体，混凝土小型空心砌块砌体，石砌体，填充墙砌体，配筋砖砌体
		钢结构	钢结构焊接，紧固件连接，钢零部件加工，单层钢结构安装，多层及高层钢结构安装，钢结构涂装，钢网架结构安装，压型金属板
		木结构	方木和原木结构，胶合木结构，轻型木结构，木构件防护
		网架和索膜结构	网架制作，网架安装，索膜安装，网架防火，防腐涂料

续表

序号	分部工程	子分部工程	分项工程
3	建筑装饰装修	地面	整体面层：基层，水泥混凝土面层，水泥砂浆面层，水磨石面层，防油渗面层，水泥钢（铁）屑面层，不发火（防爆的）面层；板块面层：基层砖面层（陶瓷锦砖、缸砖、陶瓷地砖和水泥花砖面层），大理石面层和花岗岩面层，预制板块面层（预制水泥混凝土、水磨石板块面层），料石面层（条石、块石面层），塑料板面层，活动地板面层，地毯面层；木竹面层：基层、实木地板面层（条材、块材面层），实木复合地板面层（条材、块材面层），中密度（强化）复合地板面层（条材面层），竹地板面层
		抹灰	一般抹灰，装饰抹灰，清水砌体勾缝
		门窗	木门窗制作与安装，金属门窗安装，塑料门窗安装，特种门安装，门窗玻璃安装
		吊顶	暗龙骨吊顶，明龙骨吊顶
		轻质隔墙	板材隔墙，骨架隔墙，活动隔墙，玻璃隔墙
		饰面板（砖）	饰面板安装，饰面砖粘贴
		幕墙	玻璃幕墙，金属幕墙，石材幕墙
		涂饰	水性涂料涂饰，溶剂型涂料涂饰，美术涂饰
		裱糊与软包	裱糊、软包
		细部	橱柜制作与安装，窗帘盒、窗台板和暖气罩制作与安装，门窗制作与安装，护栏和扶手制作与安装，花饰制作与安装
4	建筑屋面	卷材防水屋面	保温层，找平层，卷材防水层，细部构造
		涂膜防水屋面	保温层，找平层，涂膜防水层，细部构造
		刚性防水屋面	细石混凝土防水层，密封材料嵌缝，细部构造
		瓦屋面	平瓦屋面，油毡瓦屋面，金属板屋面，细部构造
		隔热屋面	架空屋面，蓄水屋面，种植屋面
5	建筑给水、排水及采暖	室内给水系统	给水管道及配件安装，室内消火栓系统安装，给水设备安装，管道防腐，绝热
		室内排水系统	排水管道及配件安装，雨水管道及配件安装
		室内热水供应系统	管道及配件安装，辅助设备安装，防腐，绝热
		卫生器具安装	卫生器具安装，卫生器具给水配件安装，卫生器具排水管道安装
		室内采暖系统	管道及配件安装，辅助设备及散热器安装，金属辐射板安装，低温热水地板辐射采暖系统安装，系统水压试验及调试，防腐，绝热

续表

序号	分部工程	子分部工程	分项工程
5	建筑给水、排水及采暖	室外给水管网	给水管道安装，消防水泵接合器及室外消火栓安装，管沟及井室
		室外排水管网	排水管道安装，排水管沟与井池
		室外供热管网	管道及配件安装，系统水压试验及调试、防腐，绝热
		建筑中水系统及游泳池系统	建筑中水系统管道及辅助设备安装，游泳池水系统安装
		供热锅炉及辅助设备安装	锅炉安装，辅助设备及管道安装，安全附件安装，烘炉、煮炉和试运行，换热站安装，防腐，绝热
6	建筑电气	室外电气	架空线路及杆上电气设备安装，变压器、箱式变电所安装，成套配电柜、控制柜（屏、台）和动力、照明配电箱（盘）及控制柜安装，电线、电缆、电缆穿管和线槽敷设，电缆头制作、导线连接和线路电气试验，建筑物外部装饰灯具、航空障碍标志灯和庭院路灯安装，建筑照明通电试运行，接地装置安装
		变配电室	变压器、箱式变电所安装，成套配电柜、控制柜（屏、台）和动力、照明配电箱（盘）安装，裸母线、堵塞母线、插接式母线安装，电缆沟内和电缆竖井内电缆敷设，电缆头制作、导线连接和线路电气试验，接地装置安装，避雷引下线和变配室接地干线敷设
		供电干线	裸母线、堵塞母线、插接式母线安装，桥架安装和桥架内电缆敷设，电缆沟内和电缆竖井内电缆敷设，电线、电缆导管和线槽敷设，电线、电缆穿管和线槽敷线，电缆头制作、导线连接和线路电气试验
		电气动力	成套配电柜、控制柜（屏、台）和动力、照明配电箱（盘）及控制柜安装，低压电动机、电加热器及电动执行机构检查、接线，低压电气动力设备检测、试验和空载运行，桥架安装和桥架内电缆敷设，电线、电缆导管和线槽敷线，电线、电缆穿管和线槽敷线，电缆头制作、导线连接和线路电气试验，插座、开关、风扇安装
		电气照明安装	成套配电柜、控制柜（屏、台）和动力、照明配电箱（盘）安装，电线、电缆导管和线槽敷设，电线、电缆导管和线槽敷线，槽板配线，钢索配线，制作、导线连接和线路电气试验，普通灯具安装，专用灯具安装，插座、开关，风扇安装，建筑照明通电试运行
		备用和不间断电源安装	成套配电柜、控制柜（屏、台）和动力、照明配电箱（盘）安装，柴油发电机组安装，不间断电源的其他功能单元安装，裸母线、堵塞母线、插接式母线安装，电线、电缆导管和线槽敷设，电线、电缆导管和线槽敷设，电线、电缆导管和线槽敷线，电缆头制作、导线连接和线路电气试验，接地装置安装
		防雷及接地安装	接地装置安装，避雷引下线和变配电室接地干线敷设，建筑物等电位连接，接闪器安装
7	智能建筑	通信网络系统	通信系统，卫星及有线电视系统，公共广播系统
		办公自动化系统	计算机网络系统，信息平台及办公自动化应用软件，网络安全系统
		建筑设备监控系统	空调与通风系统，变配电系统，照明系统，给排水系统，热源和热交换系统，冷冻和冷却系统，电梯和自动扶梯系统，中央管理工作站与操作分站，子系统通信接口

续表

序号	分部工程	子分部工程	分项工程
7	智能建筑	火灾报警及消防联动系统	火灾和可燃气体探测系统，火灾报警控制系统，消防联动系统
		安全防范系统	电视监控系统，入侵报警系统，巡更系统，出入口控制（门禁）系统，停车管理系统
		综合布线系统	缆线敷设和终接，机柜、机架、配线架的安装，信息插座和光缆芯线终端的安装
		智能化集成系统	集成系统网络，实时数据库，信息安全，功能接口
		电源与接地	智能建筑电源，防雷及接地
		环境	空间环境，室内空调环境，视觉照明环境，电磁环境
		住宅（小区）智能化系统	火灾自动报警及消防联动系统，安全防范系统（含电视临近系统、门禁系统、楼宇对讲系统、住户呼救系统、停车管理系统），物业管理系统（多表现场计量及与远程传输系统、建筑设备监控系统、公共广播系统、小区网络及信息服务系统、物业办公自动化系统），智能家庭信息平台
8	通风与空调	送排风系统	风管与配件制作，部件制作，风管系统安装，防排烟风口、常闭正压风口与设备安装，风管与设备防腐，风机安装，系统调试
		防排烟系统	风管与配件制作，部件制作，风管系统安装，防排烟风口、常闭正压风口与设备安装，风管与设备防腐，风机安装，系统调试
		除尘系统	风管与配件制作，部件制作，风管系统安装，除尘器与排污设备安装，风管与设备防腐，风机安装，系统调试
		空调风系统	风管与配件制作，部件制作，风管系统安装，空气处理设备安装，消声设备制作与安装，风管与设备防腐，风机安装，风管与设备绝热，系统调试
		净化空调系统	风管与配件制作，部件制作，风管系统安装，空气处理设备安装，消声设备制作与安装，风管与设备防腐，风机安装，风管与设备绝热，高效过滤器安装，系统调试
		制冷设备系统	制冷机组安装，制冷机管道及配件安装，阀门及冷却塔安装，水泵及附属设备安装，管道与设备的防腐与绝热，系统调试
		空调水系统	管道冷热（媒）水系统安装，冷却水系统安装，冷凝水系统安装，阀门及部件安装，冷却塔安装，水泵及附属设备安装，管道与设备的防腐与绝热，系统调试
9	电梯	电力驱动的曳引式或强制式电梯安装	设备进场验收，土建交接检验，驱动主机，导轨，门系统，轿厢，对重（平衡重），安全部件，悬挂装置，随行电缆，补偿装置，电气装置，整机安装验收
		液压电梯安装	设备进场验收，土建交接检验，液压系统，导轨，门系统，轿厢，对重（平衡重），安全部件，悬挂装置，随行电缆，电气装置，整机安装验收
		自动扶梯、自动人行道安装	设备进场验收，土建交接检验，整机安装验收

室外工程划分　　**表 5-13**

单位工程	子单位工程	分部（子分部）工程
室外建筑环境	附属建筑	车棚，围墙，大门，挡土墙，垃圾收集站
	室外环境	建筑小品，道路，亭台，连廊，花坛，场坪绿化
室外安装	给排水与采暖	室外给水系统，室外排水系统，室外供热系统
	电气	室外供电系统，室外照明系统

5.4　设计阶段与设计深度

国际工程项目的设计阶段划分与我国国家规定的划分略有不同，按照我国建设部《建筑工程设计文件编制深度规定》，我国将工程设计分为方案设计、初步设计和施工图设计三个阶段，对于比较复杂的大型工程项目，也可在初步设计完成后，加入扩初设计阶段。

英国皇家建筑师协会将工程设计划分为设计描述、概念设计、详细设计、技术设计四个阶段。

但是，在以英国、美国设计管理体系为主的国家，通常把一个具体的工程项目设计，一般划分为概念设计（相当于我国的方案设计）、基本设计（类似于英国的详细设计，相当于我国初步设计，其深度相当于我国的扩初设计）、施工图设计（类似于英国皇家建筑师协会的详细设计，相当于我国的施工图设计）和深化设计（类似于英国皇家建筑师协会的技术设计；在我国只有智能建筑专业实施深化设计）。表 5-14 分别给出了我国工程项目设计阶段划分及设计深度与国际常用的设计阶段划分及设计深度的比较。

另外，在国际工程中，对于电力、能源、水利等项目，在项目决策、正式立项之前，业主均需要由咨询机构或总承包商完成项目的可行性研究报告；有的还需要在立项后，由咨询机构或总承包商提交项目的设计描述（或称设计大纲）。

在国际工程项目中，特别是在业主负责的工程设计中，所提供给承包商的施工图，设计深度远远不能满足施工总承包模式下指导现场施工的需要，承包商必须配备比较完整的设计团队，在建设准备阶段完善和深化施工图设计或者在施工建设阶段一边施工，一边完善和深化设计，一边履行报批。这种由工程师主持的对深化设计图纸的审查、批准，是国际工程项目管理程序中，比较严格的制度，承包商只有在完成各项或某一项深化设计图纸审批的情况下，才能进行现场施工或某一工序的施工。而对于 EPC 总承包项目，只有完成全部施工图设计，获得业主或工程师批准后，取得项目所在国或所在地政府主管部门颁发的施工许可后，才能开始和进行施工建设。

国内外工程项目设计阶段划分及设计深度比较表 表 5-14

国际上常用的做法		中国的规定	
设计阶段	设计深度与成果	设计阶段	设计深度与成果
概念设计	1. 方案设计图纸； 2. 功能配置； 3. 文字描述	方案设计	1. 规划总平面布置图及建筑设计图纸（平、立、剖面图）； 2. 透视图、鸟瞰图及建筑模型等； 3. 各专业设计说明； 4. 投资估算
基本设计	1. 各专业图纸； 2. 建筑平面、立面、剖面图； 3. 初步计算书和构件图； 4. 技术说明； 5. 完成建筑许可或建筑报批。（设计深度高于我国的初步设计）	初步设计	1. 设计总说明及各个专业说明； 2. 各专业设计图； 3. 主要材料与设备明细表； 4. 工程概算书； 5. 各个专业计算书
施工图设计	1. 各个专业设计图； 2. 确定了设备与材料； 3. 设计说明比较详细； 4. 明确了施工工艺与施工方法	施工图设计	1. 各个专业详细设计图纸； 2. 材料与设备表； 3. 各专业计算书； 4. 施工图预算书
深化设计	1. 构配件加工图和安装图； 2. 管线细部节点图及交界面处理图等； 3. 详细的施工方法、顺序及材料信息； （深化设计工作在项目实施阶段以加工、安装、施工单位为主）	深化设计	

5.5 "一带一路"沿线地区常用的承发包模式

随着国际工程业务的发展，工程投融资、特许经营等规则的不断完善，F+EPC、BT、BOT、PPP 等承发包模式已经越来越多的被各国业主采用。因此，对于国际工程承包商的投融资能力、项目管理能力、资源整合能力都提出了越来越高的要求。所以，对于一个合格的国际工程承包商而言，在进入目标市场和开发、承接一个具体的工程项目前，必须根据自身的优势，审时度势地选择合理的、适合自身能力的承发包模式，做出正确的战略决策。表 5-15 是根据"一带一路"实施以来，采用统计与模糊数学评判方法，总结出的"一带一路"沿线地区常用的承发包模式。

"一带一路"沿线地区常用的承发包模式一览表 表 5-15

地区名称	工程项目类型	承发包模式	备注
中东欧（产油国）	中、小型基础设施工程与房屋建筑或公共建筑工程	施工总承包	

续表

地区名称	工程项目类型	承发包模式	备注
中东欧（产油国）	电力、能源、石化工程或大型基础设施工程	设计—建造/EPC总承包或F+EPC总承包	或采用F+EPC总承包+特许经营权模式
东南亚	中、小型基础设施工程与大型房屋建筑或公共建筑工程	施工总承包	
	大型基础设施工程与大型房屋建筑或公共建筑工程	设计—建造/EPC总承包或F+EPC总承包	或采用F+EPC总承包+特许经营权模式
	电力、能源、石化工程	设计—建造/EPC总承包或PPP模式	或采用F+EPC总承包+特许经营权模式
西欧、北欧	大型基础设施工程	PPP模式或特许经营权模式	或采用F+EPC总承包+BT、BOT混合模式

5.6　国际工程咨询服务合同与协议

5.6.1　基本概念

1. 定义

如前所述，咨询服务是以信息为基础，依靠专家的知识、经验和技能对委托人委托的技术、经济、法律等问题进行分析和研究，提出建议、方案和措施，并在需要时协助实施的一种高层次、智力密集型的服务。咨询服务也是咨询机构或相关专家付出智力劳动获取回报的过程。是一种有偿服务的知识性商品。它的特点是人才和智力的密集性，也就是说咨询工程师提供的服务对整个工程项目的质量、工期和成本有着极为重要的影响力。因此，委托人选择咨询专业人员的原则不同于选择承包商的原则，首先考虑的不是价格因素，而咨询人员的专业技术水平、经验与能力才是影响委托人选择的决定性因素。

近年来，在国际工程承包市场上咨询服务业发展很快，市场对咨询服务的需求范围越来越广泛，涵盖了与工程建设相关的政策与技术建议、机构改革、项目管理、勘察设计、工程与技术服务、施工监理、法律、财务、采购、社会和环境研究等各个方面。能够提供咨询服务的，既有各种咨询机构或顾问公司，也有各个专业的专家、学者与咨询工程师。

在国际工程承包市场上，从事国际工程咨询服务的专家或工程咨询专业人员一般称为“咨询工程师”，但在世界银行的相关文件中，中译文本的习惯译法，也称为“咨询顾问”。

2. 国际咨询服务合同的类型

国际咨询服务合同可以按不同的标准进行分类，按照工作内容大体上可分为以下几类：

（1）咨询合同

咨询合同是指供方以其拥有的技术知识和经验向受方提供咨询意见、建议方案或具体服务，而由受方接受咨询意见、建议方案或具体服务并支付报酬（咨询费）的协议。咨询服务所提供的服务范围很广，涉及工业、农业、矿业、商业、邮电通信、交通运输、桥梁工程等方面，内容也相当复杂。根据咨询合同的工作范围和内容，咨询合同一般可分为：

1）工程咨询合同

如工程的规划和设计、可行性研究、技术方案与施工技术等以及设备选购、工程建设项目的管理服务等。工程咨询服务合同按照工作内容分类，又可以分为投资前咨询服务合同、勘察合同、设计合同、施工监理合同、后评价合同等。

2）管理咨询合同

是指有关企业经营管理、生产管理和销售管理等方面的咨询服务合同，其咨询服务的工作范围包括发展规划、可行性研究、机构设置、人员配备、经济和财务分析以及各种管理制度和办法等等。

3）技术咨询合同

有些专业技术工作比较复杂，不易了解和掌握的，需要通过专业技术力量强和经验丰富的咨询公司提供技术咨询服务，来解决某些有关技术方面的疑难问题，或听取其意见和建议。这样做有利于减少风险、防止浪费和提高效益。

以上三种合同咨询业务，其服务方式都是供方向需方提供技术方面的知识、经验和意见。

（2）承担和进行可行性研究，制订计划或方案，进行设计、制图等技术服务项目的合同

在这类合同中，需方应向供方或其派遣的专家提出项目应当达到的技术经济指标，并向需方提供供方为完成工作任务所必需的资料与数据，其中包括水文地质资料、地形图、交通运输条件、主要建筑物和设备的情况、原材料、能源、供水情况、职工和技术力量状况等。如果承担部分方案设计或提供设计描述（或称设计大纲），双方要相互提供有关资料，协调工作进度，明确双方相互提供资料的内容、数量和时间。技术服务应保证符合双方约定的要求，如达不到规定的技术经济指标时，应由供方予以补救。对于方案设计或提供设计描述（或称设计大纲）等应由双方约定的审定办法予以审定。

（3）提供技术情报和资料的合同

这是指由供方在一定期限内通过一定方式，向需方提供普通技术资料或情报，需方取得供方提供的资料或情报，并支付约定费用的合同。

（4）提供监理服务的合同

这是由供方负责对需方对外承包的工程设计或工程施工进行监督、管理或检验的合同。监理工程师或称工程师除具有对施工中的工期、质量、成本进行控制的权利外，还有权参加所监理项目招标文件的审查及参与开标、评价和书面合同的签订，同时具有签发开工、付款凭证及下达停工、返工指令的权利。

（5）技术培训合同

这是指供方对需方指定的人员进行技术培养和训练，使之达到约定的技术、操作水平，并收取培训费用的合同。供方对需方人员进行技术培训通常有两种方式：

1）派遣专家或技术人员到需方的合同工厂传授技术知识、指导实际操作、进行现场培训；

2）需方将自己的技术人员派往供方或供方指定的工厂、车间、实验室等场所，在供方的专家或技术人员指导下进行实习培训。

3. 国际咨询服务合同的特点

（1）国际咨询服务合同是双务、有偿、诺成的合同；

（2）根据国际咨询服务合同，双方当事人的基本权利和义务是：供方以其掌握科学技术知识的智力劳动为需方完成一定工作任务，提供咨询服务意见。如进行项目的可行性研究；进行工程设计、提出工程计划、编制施工方案；派遣专家指导施工生产、培训技术；派出经济与管理人员、就企业的工程建设的质量的控制和项目管理提供咨询意见，并按约定获取报酬。需方按照合同规定检查验收，取得供方所提供的工作成果，接受咨询意见，并付给约定的报酬。

（3）供方所提供的是某种技术性的智力劳务，而这里所指的“技术”是指既不具有工业产权的技术，又不具有保密性的技术，它是发明专利技术、实用新型专利技术、外观设计专利技术和专有技术以外的技术。

4. 国际工程咨询服务合同

（1）定义

国际工程咨询服务合同是指一方当事人用自己的智力劳务，跨越国界地为另一方当事人完成一定的工作任务，或者跨越国界地派遣专家或以书面方式向另一方当事人提供咨询意见，并收取报酬；另一方当事人接受工作成果或者取得咨询意见并付给报酬的书面协议。

（2）内容

在国际工程咨询服务市场中，常见的国际工程咨询服务合同的内容主要包括以下几个方面：

1）投资前研究

投资前研究，也就是本书所阐述的项目决策阶段的咨询服务。它是指在确定项目决策之前进行的调查与研究。其目的在于确定投资的优先性和投资的基本原则与方针，明确项目的基本特性及其可行性。

2）准备性服务

准备性服务是指明确项目内容和准备实施项目所需要的技术、经济和其他方面的工作，通常包括：编制详细的投资概算和营运费用概算、工程设计、编制交钥匙工程合同的实施规范以及土建\安装工程和设备的招标采购文件等。另外还包括与编制设备、材料的采购文件等有关的服务，如保险要求的确定，专利人和承包（分包）商的资格预审，参与评标，分析投标书并且提出评标建议等。

3）执行服务

执行服务是指项目管理或设计、施工监理，包括合同管理、进度管理、质量管理、造价管理以及协调工作等管理与技术性服务。

4）技术援助

技术援助服务涉及为国际金融机构的借款人提供开发计划、行业规划和机构建设等服务以及工程建设中出现的紧急技术、经济情况的鉴定预处理以及包括组织和管理方面的研究。

（3）类型

一般情况下，国际工程咨询市场则是以咨询服务费的支付方式来划分咨询服务合同的类型，通常可以分为如下几种：

1）总价合同

总价合同是委托人和咨询专家针对一项咨询任务协商确定一揽子付费的合同方式，常用于项目的工作范围和工作量十分明确的服务。例如：详细工程设计任务。这种计费的内容包括工资、管理费、非工资性费用、不可预见费、投资资本的利息补偿、服务态度奖励和一定数额的利润。

对某些项目的有关设计方面的服务可以采用总价法计费，也可以利用估算项目施工造价的百分比来计算费用额度，我国国内工程咨询业经常采取后一种做法。

采用总价的工程咨询服务合同应明确说明提供服务的具体时间期限，以及由于咨询专家无法控制的原因而耽搁时如何补偿、调整的规定。

总价合同的支付方式是：在咨询服务期间，一般按议定的时间表定期（通常是每月一次）向咨询专家支付报酬，每次支付的数额一般根据咨询专家完成的工作量计算。

2）计时制合同

计时制合同的价格计算包括下列两种方法。

a. 人月费单价法

人月费单价法是国际工程咨询中最常用、最基本的以时间为基础的计费方法，它通常是按酬金加上其他非工资性开支（即可报销费用）来计算的。

酬金是指人月费单价，主要包括工资、社会福利费、上级（企业）管理费、利润、特别津贴，这五项费用总计求和即得出人月费率。

以高级咨询专家为例，不同类型的国家和地区的人月费率取值范围大致如下：

发达国家：15000 ~ 25000 美元

较发达国家：9000 ~ 15000 美元

发展中国家：2000 ~ 8000 美元

可报销费用是指在执行项目期间发生的、可以据实报销的费用，是未包括在公司正常管理费中的直接成本。如：国际旅费及其他旅行开支和津贴、通信费用、各种资料的编制、复印和运输、办公设备用品费用等。

不可预见费是为了解决不可预见的工作量的增加和由于价格调整而发生的费用上涨。该项费用通常取酬金和可报销费用之和的 5%~ 15%。

对于工程咨询服务期限超过一年的工程咨询合同，人月费率和可报销费用应规定每年作一定幅度的价格调整。这类计费方法广泛用于一般性的项目计划和可行性研究、工程设计和施工监理以及技术援助任务。

b. 按日计费法

按日计费法也是一种以时间为基础的计费方法。这是按咨询人员工作时间（日数）计费的方法。“按日”是指以一天工作 8 小时为一日来计算天数。

采用按日计费法时，咨询人员为该项工作付出的所有时间，包括旅行和等候时间。都应作为有效工作日计算。咨询人员出差时发生的旅费、食宿费和其他杂费由委托人直接补偿，这些直接费用不包括在按每日费率计算的报价里。

由个人直接提供服务的工作通常用按日计费的方法计费。这种方法特别适合管理咨询、专家论证、其他由个人单独提供服务或间断性工作等类型的报酬计算，如 DAB 专家的报酬，一般除了每月支付的少许固定工资外，去现场调解争议所花费的全部时间（包括来往路途时间及在现场工作的时间）均按日计费，而旅费、食宿费等也由委托人另行支付。

按日计费法中每日费率与咨询服务项目的重要性、风险性和复杂程度有关，也与咨询工程师的专业水准、资历和工作经验有关。咨询工程师被要求出席有关活动时。其服务费应按出席有关活动的全天计算。当需要加班工作时，咨询工程师应与委托人协商达成一致，相应地提高日计费的费率。

国际上一些咨询公司的高级咨询专家的每日费率在 600 美元到 1500 美元之间，另外再加上直接费用。其他各类人员的平均费率大约是公司高级专家费率的 75%。

3）成本加固定酬金合同

成本加固定酬金是在对咨询专家为完成项目任务提供的所有服务和投入用品的费用给予补偿的基础上，再加一笔固定酬金的方法来计算费用。成本包括以下三项费用：

a. 工资性费用，即基本工资和各种社会福利；

b. 上级（企业）管理费，与人月费率中的上级（企业）管理费内容相同；

c. 可报销费用，与人月费率中的可报销费用内容相同。

固定酬金是一笔用于补偿咨询专家的不可预见费、投资资本的利息、服务态度奖励和利润的费用。

使用成本加固定酬金收费的前提是：工作范围、成本估算和固定酬金已在委托人与咨询专家之间的协议中加以明确。在协议条款中还应补充说明，如果咨询服务工作量发生了重大改变时，应重新协商固定酬金。

固定酬金的数额大小依据服务的范围和复杂程度不同而异。一般以成本费用的百分比来计算，它至少要占成本费用的 15%~20%，固定酬金与项目的施工造价没有直接关系。

采用这种工程咨询服务合同，应规定补偿一切会发生的与项目直接或间接有关的费用，项目费用中可补偿部分的清单应尽可能完整详细。

4）百分比合同

百分比合同是按工程建设总费用的百分比来计算咨询专家费用的合同，广泛用于比较标准化项目的规划、设计服务、拟建项目中有关的各种非标准设备的制图、规格制定和其他合同文件等咨询服务。

表 5-16 给出了国际工程咨询项目实施中总结出来的费用估算的经验数据，可供采用这种方法计费报价时参考。

咨询服务费占工程造价的百分比估算经验数据表 表 5-16

咨询、服务项目名称	服务费占工程造价的百分比（%）	备注
一、基础设施类项目：		
可行性研究	0.5 ~ 2	
详细设计	3 ~ 6	
二、建筑工程项目		
建筑设计或项目管理	3 ~ 5	
三、工业项目		
可行性研究	3 ~ 5	
概念设计	1 ~ 3	
详细设计或施工监理	8 ~ 12	
四、采购服务		
采购服务	采购货物成本的 1 ~ 5	

5）顾问费合同

当委托人希望确保在某一时间内随时要求某个咨询工程师或咨询公司提供咨询服务时，可以采用顾问费的方式计算咨询服务费。计价也是以时间为基础，但不是按单价，而是一揽子确定的。此种计费方式用于持续时间较长的诉讼活动，或时断时续的工作，如业务开发。

顾问费的数额与工程咨询服务的性质和价值有关，也与咨询专家的经验、专业知识和技术水平有关。顾问费的支付方式可以按月支付，也可以按双方事先商定的其他方式支付。

此类合同还有一种变形，即顾问费加成功费合同。当咨询专家为某项工作提供咨询服务，并且该项工作的成功与否与咨询专家的参与有直接关系时，常采用这种合同。酬金中的成功费通常为咨询项目的价格的一定百分比。

虽然上述各类国际工程咨询服务合同在实践中都存在，但最常用的主要是计时制和总价合同两种类型。

（4）国际工程咨询服务合同的内容与格式

根据国际惯例，国际工程咨询服务合同的内容与格式，通常由下列几部分构成：

1）合同格式或协议书

2）合同的通用条件

合同的通用条件主要约定双方的权利和义务，具体包括关键术语的定义，服务内容，适用的法律和语言，沟通管理，服务的开始、执行、调整和终止，费用支付以及争议的解决等。

3）合同的专用条件

合同的专用条件主要是对通用条件的具体化、修改和补充。

附件的数量取决于咨询工作的性质和复杂程度，一般有工作大纲或服务范围；关键咨询人员的简历以及拟参与本项目的工作时间；委托人为咨询专家提供的各类便利条件；咨询费用的分解等。

5.6.2　三种标准国际工程咨询服务合同

在国际工程承包领域和国际工程咨询服务业，世界银行以时间为基础的咨询任务和总价包干的咨询任务两种标准的工程咨询合同以及FIDIC的咨询服务合同（简称白皮书）得到了广泛的应用。在实际工作中，委托人常常使用世界银行和FIDIC的咨询服务合同范本稍加修改后，就可以适用于大多数工程咨询服务项目。为此，由于篇幅的原因，本节简要地介绍世界银行的咨询服务合同范本以及FIDIC的“白皮书”。

1. 世界银行的工程咨询合同

世界银行制定的工程咨询服务合同有两套：一套用于合同额超过二十万美元的复杂咨询工作；另一套用于合同额为二十万或低于二十万美元的简单咨询工作。每套合同又按计价方式不同分为基于时间支付的合同和总价支付合同。这些合同格式所适用的情况均在其前言中说明。总价支付合同多用于以质量和费用为基础的选择方法、固定预算的选择方法、最低费用选择方法；而基于时间支付的合同则多用于以质量为基础的选择方法。

下面主要以基于时间支付的咨询服务合同（2008 年修订版）为例介绍合同内容。

基于时间支付的咨询服务合同共包括四方面的内容：合同格式、通用条件、专用条件及合同附件。

（1）合同格式

1）合同封面

标准的封页应写明咨询服务项目名称、委托人和咨询顾问正式名称及合同签订日期。

2）合同格式

用法律性文字简明地概述双方签约日期、资金来源、合同包含的全部文件、合同双方应承担的义务和权利，最后是合同双方授权代表签字。如果聘请的咨询顾问不止一家，那么所有公司的授权代表都需在此签字。

全部合同文件的组成部分包括：

a. 合同的通用条件；

b. 合同的专用条件；

c. 附录：

附录 A：服务综述

附录 B：报告要求

附录 C：人员和分包咨询顾问——关键人员和时间

附录 D：外汇成本估算

附录 E：当地货币成本估算

附录 F：委托人的责任

附录 G：预付款保函

（2）合同通用条件

通用条件共包括八条，每条又包括若干子款，下面依次介绍每个条款的内容。

1）总则

总则是对合同中一般事项的总说明，包括 11 个子款。

a. 用语和措辞的定义

对适用法律、世行、咨询顾问、合同、日期、生效日期、外币、通用条件、政府、当地币、成员、合同方、人员（含外籍人员和当地人员、关键人员）、可报销支出、专用条件、服务、咨询分包人、第三方和书面，进行了解释说明。

b. 合同各方的关系

（略）

c. 合同主导的法律

（略）

d. 语言

本合同已按专用条件中所述的语言签订，有关本合同的含义或解释均受此语言约束和支配。

e. 标题

标题不应限制、改变或影响本合同的含义。

f. 通知

本合同要求的或任何给出的通知、请求或同意均应采用书面形式。任何这类通知由一方亲自递交给通知写明的对方授权代表，或送到专用条件中规定的通信地址，即认为已经提交。如改变其接受通知的地址应书面通知对方。

g. 地点

服务应在合同附录 A 所述的地点完成，如果任务没有特定的地点，即在政府、国家或者其他地方，在委托人批准的地点完成。

h. 牵头方的职权

如果咨询顾问是由一方以上的实体组成的联营体，各方应授权专用条件中所述的实体作为牵头方代表各方行使全部权利并履行本合同项下委托人委托的全部义务，接受委托人的指示和支付。

i. 授权代表

本合同项下委托人所要求采取的行动或咨询顾问被允许采取的行动，以及委托人所要求签署的文件或咨询顾问经许可签署的文件，可由专用条件所述的高级职员作为授权代表采取行动或签署。

j. 税金和关税

咨询顾问、分包咨询顾问及有关人员应按照专用条件所述的适用法律缴纳税收、关税费用和其他税费。

k. 欺诈和腐败

定义了“腐败活动”、“欺诈活动”、“串通活动”、“胁迫行为”、“阻碍行为”，说明了世行查证出在采购或执行该合同的过程中有欺诈和腐败的行为后将采取的措施，要求咨询顾问披露佣金或代理费用的相关情况（与“二、咨询顾问须知”中内容相同）。

2）合同的开始、完成、修改及终止

本条共包括下面 9 个子款：

a. 合同生效

从委托人通知咨询顾问开始履行服务之日起合同开始生效。通知之前应确保专用条件中规定的生效条件已经得到满足。

b. 合同因未能生效而终止

在双方签字后，如果合同在专用条件中规定的时间内没有生效，则一方可以在书面通知另一方 21 天后宣布合同无效，而另一方不得提出任何索赔要求。

c. 开始工作

咨询顾问应在合同生效以后，在专用条件中规定的时间内开始工作。

d. 合同期满

除非根据合同通用条件 2）~ 9）款中的规定提前终止合同，否则应在专用条件中规定的合同期满时终止。

e. 全部协议内容

本合同包含了双方同意的所有契约、规定和条款。任何一方的代理人或代表都无权做出任何本协议内容规定以外的声明、讲话、允诺或协议。

f. 修改

对合同条件的任何修改必须以双方书面同意的方式进行，并在得到世界银行的同意后才有效。

g. 不可抗力

包括不可抗力的定义，在此情形下对并非违约的解释，发生不可抗力时受影响的一方应采取的必要措施等。

h. 暂停

在合同执行期间，如果委托人认为咨询方未履行义务，可以通知咨询顾问暂时中止合同并暂停支付，说明理由并要求咨询顾问在收到委托人通知 30 天内采取补救措施。如咨询顾问仍未按合同履行义务，委托人可以以书面形式终止对咨询顾问的所有支付。

i. 终止

说明委托人和咨询顾问各自在什么情况下，以何种方式终止与对方的咨询服务；权利和义务的终止；服务的终止；合同终止之前及以后费用如何处理；因合同终止产生争议时的解决办法。

3）咨询顾问的义务

a. 总则

总则应包括对咨询顾问行为规范及服务所适用的法律法规的要求以及注意当地风俗习惯等。

b. 利益冲突

要求咨询顾问及其分包商、代理人在合同执行期间，除合同正当支付外，不得收取任何合同规定之外的报酬（如佣金、回扣等）。遵守贷款方的采购指南。咨询顾问及其有关团体、分包商等均不得参与与本工程合同咨询服务有关的采购活动及其他相关商业活动。

c. 保密

在任何时间内，没有委托人书面同意咨询顾问及其相关人员不得向外泄露任何与服务有关的秘密信息。

d. 咨询顾问的责任

除非专用条件中有附加规定，咨询顾问应承担的责任以适用法律中界定的为准。

e. 咨询顾问投保

咨询顾问应按委托人批准的条件，就专用条件中规定的风险进行投保，或要求其分包商进行投保，并向委托人提交已投保的证明材料。

f. 会计、检查和审计

要求咨询顾问按国际通行的会计准则进行会计工作，并妥善保管所有准确的、系统的会计资料，允许委托人或其指定代表和/或世行，可以定期在合同期满或终止后五年内检查和复印所有会计资料，并接受委托人或世行指定的审计人员的审计。

g. 须得到委托人事先批准的咨询顾问行为

咨询顾问在任命附录C中关键人员、分包商，签订分包合同及履行专用条件中规定的其他行为时，必须得到委托人书面批准。

h. 报告义务

咨询顾问应按附录B（报告要求）中的规定向委托人提交有关的报告和文件。

i. 咨询顾问准备的文件属于委托人的财产

咨询顾问根据合同要求为委托人准备的所有计划、图纸、规范、设计、报告、其他文件及软件均属于委托人的财产。咨询顾问需在合同期满或终止时或之前将文件清单一起交给委托人。在专用条件中规定咨询顾问在什么条件下能继续使用这些资料的复印件。

j. 委托人提供的设备、车辆和材料

在合同执行期间，委托人提供给咨询顾问的或用委托人资金购买的设备、车辆和材料均归委托人所有。合同期满或终止时，咨询顾问应向委托人提交详细的设备、车辆和材料清单或者根据委托人指示加以处理。咨询顾问应对这些设备、车辆和材料投保，保险费由委托人承担。

k. 咨询顾问提供的设备和材料

咨询顾问及其人员带入委托人国家为本项目或个人使用的设备和材料是咨询顾问或其人员所有的财产。

4）咨询顾问的人员和分包咨询者

a. 总体要求

咨询顾问可以根据服务需要雇用或提供合格、有经验的人员和分包咨询者。

b. 人员情况说明

在附录 C 中应详细描述所列关键人员的职务、工作内容、资历和估计工作时间等。如果有关工作时间有所变动，且这种变动不超出原来时间的 10% 或一周（两者取时间长的），则不会导致总的合同支付超过限额，咨询顾问只需书面通知委托人即可。任何其他改变必须得到委托人的书面批准。

c. 人员的批准

附录 C 中写明了关键人员的职务和姓名。如果咨询顾问还提议雇佣其他人员服务，则应将这些人员的简历送委托人审查和批准。如果委托人在收到这类资料 21 个日历日之内没有书面反对意见，则表明委托人已批准。

d. 工作时间、加班、休假等

附录 C 中规定了关键人员的工作时间和假期，加班及休假的有关支付在附录 C 中规定。其他人员的休假应事先得到咨询顾问批准，咨询顾问应保证人员休假不影响咨询服务。

e. 人员的调动和 / 或替换

非经委托人同意，不应变更人员。如确有需要，咨询顾问应提供具有同样资历的替代人员。如果委托人发现任何有关人员有严重失误、被指控为有犯罪行为或有理由不满意其提供的服务，可以要求咨询顾问替换相应人员。替换人员的报酬水平不应超过替换人员的水平，且应事先征得委托人的书面同意，任何额外费用由咨询顾问承担。

f. 驻现场项目经理

一般在专用条件中有明确要求，咨询顾问应向委托人确保在合同执行期间派一位委托人可接受的驻现场项目经理负责其所有业务。

5）委托人的义务

a. 协助与豁免

除非专用条件另有规定委托人应尽力确保政府提供有利条件帮助咨询顾问完成咨询服务，包括提供咨询顾问所需要的资料，咨询顾问人员进出委托人所在国的签证手续，清关

手续，外汇的提取和汇出以及必要的其他帮助。同时还应协助咨询人员获得在委托人国家从业登记或必须申请许可证的豁免权。

b. 进入工作地点

委托人应确保咨询顾问能免费到达任何咨询服务需要的任何地点。

c. 与税金和关税有关的适用法律的变更

如果合同适用法律在合同执行期间有所变更，由此引起咨询顾问费用的增减，委托人有责任根据双方之间协议相应增减对咨询顾问的支付。

d. 委托人的服务、设施和财产

委托人应按附录 F（委托人职责）中的规定向咨询顾问及其人员提供执行合同所必需的服务、设施和财产。如果由于委托人的原因没有及时提供，咨询顾问可以要求延长服务时间，或自己采购所需的设施而要求委托人支付相应的额外费用。

e. 支付

委托人应按通用条件规定及时对咨询顾问予以支付。

f. 相应的人员

委托人应按附录 F 规定向咨询顾问提供相应的专业人员和辅助人员，这些人员在咨询顾问领导下工作。如果相应的人员不能适当地履行职责，咨询顾问可以要求替换，没有合理理由，委托人不能无理拒绝这种要求。如委托人未按规定提供相应的人员，则由此产生的额外费用应由委托人支付。

6）对咨询顾问的支付

a. 成本估算、最高限额

以外币计算的成本估算和以当地币计算的成本估算分别列在附录 D 和 E 中。除非另有规定，否则不论以外币还是当地币的支付都不得超过专用条件中规定的最高支付限额。如果根据通用条件第 5）条第 c、d 或 f 款规定需要支付额外费用，限额也应相应增长。

b. 报酬和报销费用

委托人应支付咨询顾问限额以内的报酬和合理的报销费用。如专用条件中有特别规定，给咨询顾问的报酬还应包括价格调整内容。

c. 支付货币

在专用条件中对哪些费用由外币支付，哪些费用由当地币支付应有详细的规定。

d. 记账和支付方式

（a）预付款

委托人应向咨询顾问提供预付款。咨询顾问在申请预付款时应按附录 G 规定的格式或委托人书面批准的格式向委托人提供一份可接受的银行保函，在咨询顾问未全部还清所有预付款之前，保函将一直有效。

（b）每月支付

咨询顾问应在每个日历月月底后 15 天内或专用条件中规定的间隔时间结束后 15 天内将支付报表及有关的证明材料（发票、收据凭证等）提交给委托人申请支付。支付报表中应列明以外币支付和以当地币支付的金额，并区分开哪些是报酬，哪些是需要报销的费用。委托人应在收到咨询顾问的支付月报 60 天内给予支付。如果发现实际发生的费用与合同规定的金额有所出入，委托人可以从相应的支付中增减。

（c）最终支付

在咨询顾问已经完成合同规定的所有服务，向委托人提交了最终报告，并且委托人在收到报告后 90 个日历日之内。对报告无异议并批准该报告后，委托人应按咨询顾问提交的最终支付报表给予支付。

7）公平和守信

a. 守信

双方应互相尊重对方在本合同项下的权利并采取所有合理措施确保合同目标的实现。

b. 合同执行

在合同执行期间，双方都应本着公平、不损害对方利益的原则，共同排除不利于合同执行的所有因素。

8）争议解决

a. 友好解决

产生的争议应通过书面方式通知对方，并附详细的支持材料，在一方收到另一方争议通知的 14 天内解决。如果不能解决，则适用 b 条。

b. 提交仲裁

当争议不能按照 a 条友好解决时，则根据专用条件中的规定提交仲裁解决。

（3）合同的专用条件

专用条件是根据不同项目的具体情况，对合同通用条件相应条款的补充、修改和具体化，是合同不可分割的组成部分，一般是合同谈判的主要内容。

（4）附件

附件也是合同的组成部分，包括：

1）附录 A：服务描述

给出所提供咨询服务的详细描述、各种任务完成的日期、不同任务进行的地点、委托人批准的特殊任务等。

2）附录 B：报告要求

包括报告格式、频率及内容、接收报告的人员、递交日期等。如果不需要递交报告，应在此处注明“不适用”。

3）附录 C：关键人员和咨询分包人、关键人员工作小时

包括人员的姓名、职务、详细的工作描述以及已经获得批准的咨询分包人名单。列出关键人员的工作小时、外方人员往返工程所在国的旅行时间、有关加班费、病假工资、节假日工资等的规定。

4）附录 D：外币费用估算（Cost Estimate in Foreign Currency）。包括外方人员（关键人员和其他人员）和以外币支付的当地人员的月费率，各种报销费用，如津贴、交通费、通信费、打印费、设备购置费及其他费用等。

5）附录 E：当地币费用估算

主要包括当地人员（关键人员和其他人员）的月付费率，各种报销费用，如补贴、津贴、交通费、其他当地服务、租房、设施的费用，以及由咨询顾问进口的应由雇主付款的指定设备和材料的采购费。

6）附录 F：委托人的义务

包括委托人应提供给咨询顾问的服务、设施和财产以及委托人应提供给咨询顾问的相应的人员。

7）附录 G：预付款银行保函格式。

2. FIDIC 咨询服务合同

FIDIC 在 1979 年和 1980 年分别编写了三本《委托人 / 咨询工程师服务协议书》的范本。其中：一本是被推荐用于投资前研究及可行性研究（简称 IGRA 1979 P.1）；另一本被推荐用于设计和施工管理（简称 IGRA 1979 D&S）；第三本被推荐用于项目管理（简称 IGRA 1980 PM）。FIDIC 又于 1990 年、1998 年、2006 年先后编制分别出版了第二版、第三版和第四版《委托人 / 咨询工程师服务协议书》范本（简称白皮书），并在 2001 年出版了第三版的《委托人 / 咨询工程师协议书（白皮书）指南》对该咨询协议书文件作出了有关注释。

“白皮书”的适用范围包括投资前与可行性研究、设计、施工管理以及项目管理。本节简要地介绍 2006 年第四版“白皮书”的组成与内容。

2006 年第四版《委托人 / 咨询工程师服务协议书》范本（简称白皮书）共由四部分组成，包括：协议书格式、通用条件、专用条件以及附件。

（1）协议书

协议书是委托人和咨询工程师达成咨询服务协议的一个总括性的文件。协议书主要包括：通用条件中措辞和词组的定义适用于协议书中的全部文件、协议书包括的各种文件、签订协议书的约因等。

通用条件对任何类型的咨询服务都适用，一般在使用时不能被修改；而专用条件则是针对某一具体咨询服务项目的典型环境和地区将有关内容具体化，并可对通用条款进行修改和补充。

附件包括四个：

附件1——服务范围；

附件2——委托人提供的职员、设备、设施和其他服务；

附件3——报酬与支付；

附件4——服务进度表。

这四个附件要根据每个服务项目的具体情况编制。

（2）通用条件

共包含八条。

1）总则

a. 定义

定义对15个措辞或词组赋予了定义：协议书、项目、服务、工程、国家、一方与各方、委托人、咨询工程师、FIDIC、开工日期、完工时间、日与年、书面、当地币和外币、商定的补偿。

b. 解释

组成协议书的各文件应可相互解释。

c. 通信交流

无论何时任何人员颁发的任何通知、指示或其他通信信息（除非另有规定），均应按照专用条件中规定的语言书写，且不应被无理取消或拖延。

d. 法律和语言

在专用条件中规定了协议书的一种或几种语言、主导语言以及协议书所遵循的法律。

e. 立法的变动

如果在订立本协议书之后，因委托人要求的服务所在国的立法发生了变动或增补而引起服务费用或服务持续时间的改变，则应相应地调整商定的报酬和完成时间。

f. 转让和分包合同

除款项的转让外，没有委托人的书面同意，咨询工程师不得转让本协议书涉及的任何利益。没有对方的同意，委托人或咨询工程师均不得转让本协议书规定的义务。没有委托人的书面同意，咨询工程师不得开始或终止任何为履行全部或部分服务的分包合同。

g. 版权

咨询工程师拥有其编制的所有文件的设计权、其他知识产权和版权，但委托人有权为

了工程和预定目的使用或复制此类文件，而不需要取得咨询工程师的许可。

h. 通知

本协议书的有关通知应为书面形式。并从在专用条件中写明的地点收到该通知时生效。通知可由人员递送，或传真通信，但随后要有书面回执确认；或通过挂号信或电传，但随后要用信函确认。

i. 出版

除非在专用条件中另有规定，咨询工程师可单独或与他人合作出版有关服务项目的资料。但如果在服务完成或终止后两年内出版，则须得到委托人的批准。

j. 受贿和欺诈

在履行协议书义务时，咨询工程师和他的代表和雇员应当遵守所有适用法律、法规、规章和适用管辖区的法令，包括经济合作与发展组织关于打击在国际商务中贿赂外国公职人员的公约。

咨询工程师在此表示、保证并承诺他将既不会接受，也不会提供、支付或答应支付（包括直接和间接）任何有价值物品给一个与本协议书范围内的市场机会有关的“公职人员”。并且一旦发现任何公职人员非法索取时，咨询工程师应立即书面通知委托人所有细节。

公职人员是指：

（a）任何政府机构或政府所有或控制企业的任何官员或雇员；

（b）执行公共职能的任何人员；

（c）公共国际组织（如世界银行）的任何官员或雇员；

（d）任何政治机构的候选人；

（e）任何政治党派或政治党派的官员。

2）委托人

a. 资料

委托人应在合理的时间内免费向咨询工程师提供他能够获取的并与服务有关的一切资料。

b. 决定

为了不耽搁服务，委托人应在合理的时间内就咨询工程师以书面形式提交给他的一切事宜做出书面决定。

c. 协助

在项目所在国，按照具体情况，委托人应尽一切力量对咨询工程师、他的职员和家属提供如下协助：

（a）用于入境、居留、工作以及出境所需的文件；

（b）服务所需要的畅通无阻的通道；

（c）个人财产和服务所需物品的进出口，以及海关结关；

（d）发生意外事件时的遣返；

（e）允许咨询工程师因服务目的和其职员或个人使用的需要将外币带入该国；允许将履行服务中所赚外币带出该国；

（f）提供与其他组织联系的渠道，以便咨询工程师收集其要获取的信息。

d. 委托人的资金安排

委托人应当在收到咨询工程师要求后的 28 天内，提交合理的证据表明已做出了可持续的资金安排，并保证委托人可以按附件 3[支付与报酬] 的规定支付咨询工程师费用。如果委托人想对其资金安排作出任何实质性改变，应书面通知咨询工程师并附细节说明。

e. 设备和设施

委托人应为服务的目的，免费向咨询工程师提供附件 2[委托人提供的职员、设备、设施和其他服务] 中所规定的设备和设施。

f. 委托人职员的提供

在与咨询工程师协商后，委托人应按照专用条件的规定，自费从其雇员中为咨询工程师挑选并提供职员。在执行与服务相关的规定时，此类雇员只听从咨询工程师的指示。委托人提供的职员以及将来必要的人事变动，均应得到咨询工程师的批准。

如果委托人未能提供其应提供的职员，而双方均认为需要提供这些人员时，咨询工程师应安排提供此类人员，并作为一项附加服务。

g. 委托人代表

为了执行本协议书，委托人应指定一位官员或个人作为其代表。

h. 其他人员的服务

委托人应按附件 2[委托人提供的职员、设备、设施和其他服务] 的说明，自费安排其他人员提供服务。咨询工程师应配合此类服务的提供者，但不对此类人员和其他行为负责。

i. 服务的支付

委托人应当按照本通用条件第 5 条或附件 3 的规定对咨询工程师的服务给予支付。

3）咨询工程师

a. 服务范围

咨询工程师应按附件 1[服务范围] 履行与项目有关的服务。

b. 常规的、附加的和额外的服务

常规的和附加的服务是指附件 1[服务范围] 中所述的那类服务。

额外的服务是指那些既不是正常的也不是附加的，但根据第 4）条第 h 条款咨询工程

师必须履行的服务。

c. 认真尽职和行使职权

除了本协议书中的其他规定和遵守该国法律要求或其他司法规定外，咨询工程师承担的职责就是应在根据协议书履行其义务时，运用合理的技能、谨慎勤奋地工作。

若咨询工程师承担的是按照委托人与任何第三方签订的合同条件中的授权或要求的义务时，咨询工程师要尊重委托人和第三方之间签订的合同，如果相关的未包括在附件 1 中的权利和义务他可以接受，则应书面同意；作为一名独立的专业人员（而不是仲裁员）在委托人与第三方之间进行证明、决定或处理事件时应持公平的态度；如果委托人授权，咨询工程师可变更第三方的义务。但若变更对费用、质量和时间有重大影响时，除紧急情况外，咨询工程师应事先从委托人处得到批准。

d. 委托人的财产

任何由委托人提供或支付费用以供咨询工程师使用的物品都是委托人的财产，并应标明。

e. 职员的提供

由咨询工程师派往项目所在国工作的职员的资质和经验一定要得到委托人的认可。

f. 咨询工程师代表

为了执行本协议书，咨询工程师应指定一位高级职员或个人作为其代表；如委托人要求，咨询工程师应指定一人与项目所在国内的委托人代表联络。

g. 职员的更换

如果有必要更换咨询工程师提供的任何人员，咨询工程师应安排一位具有同等能力的人员代替，更换费用由提出更换的一方承担。如果委托人一方书面说明理由要求更换人员，但经查实此人既没有渎职也能胜任工作，则更换费用由委托人承担。

4）开始、完成、变更与终止

a. 协议书生效

协议书生效日期以下述两个日期中较晚者为准：

咨询工程师收到委托人发给他的中标函之日，或正式协议书最后签字之日。

b. 开始和完成

服务应在开工日期开始，根据附件 4[服务进度表] 进行，并在完工时间（包括协议书给予的延长）内完成。

c. 变更

当任何一方提出申请并经各方书面同意时，可对本协议书进行变更。

如果委托人书面要求，咨询工程师应当提交变更服务的建议书。建议书的准备和提交应被视为附加的服务。

委托人书面同意关于变更服务的相关费用后，才可以要求咨询工程师开始变更服务。

d. 延误

如果由于委托人或其承包商的原因，服务受到阻碍或延误，以致增加了服务的范围、费用或时间，则咨询工程师应将此情况与可能产生的影响通知委托人，增加的服务应视为附加的服务，完工时间应相应地予以延长。

e. 情况的改变

如果出现不应由委托人和咨询工程师负责的情况，而致使咨询工程师不能负责或不能履行全部或部分服务时，他应立即通知委托人。如果因而不得不暂停某些服务时，则该类服务的完成期限应予以延长，直到此种情况不再持续。还应加上用于恢复服务的一个合理期限（最多 42 天）。如果因此不得不降低服务的速度，则服务的完成期限也应予以延长。

f. 撤销、暂停或中止

（a）委托人有权暂停全部或部分服务或中止协议，但应至少提前 56 天通知咨询工程师。此时咨询工程师即应安排停止服务并将开支减至最小。

（b）如果委托人认为咨询工程师没有正当理由而未履行其义务时，他可通知咨询工程师并指出该问题。若在 21 天内委托人未收到满意的答复，他可在第一个通知发出后 35 天内发出进一步的通知，终止本协议。

（c）如果发生下述两种情况：

a）当已超过咨询工程师的发票的应支付日期 28 天而尚未支付，并且委托人未对之提出书面异议时；

b）暂停服务期限已超过 182 天时。

咨询工程师可至少提前 14 天向委托人发出通知指出上述问题，他可以决定在至少 42 天后向委托人发出进一步的通知，终止服务协议；或在不损害其终止权利的前提下暂停或继续暂停履行部分或全部服务。

g. 腐败和欺诈

如果咨询工程师违反第 1）条第 j 款的要求，即便咨询工程师已受到工程所在国法律或其他地方规定的惩罚和制裁，委托人方仍有权依据第 4）条第 f 款终止协议。

h. 额外服务

如果咨询工程师不能履行服务不是委托人和咨询工程师的原因造成的，或撤销、暂停或恢复服务时，或未根据第 4）条第 f 款（b）的情况终止本协议时，除常规的或附加的服务之外，咨询工程师需做的任何工作或支出的费用应被视为额外的服务。咨询工程师履行额外的服务时有权得到所需的额外的时间和费用。

i. 各方的权利和责任

本协议书的终止不应损害或影响各方应有的权利或索赔以及债务。协议书终止后，第 6）条第 c 款的规定仍有强制力。

5）支付

a. 对咨询工程师的支付

委托人应按合同条件和附件 3[报酬和支付] 规定的细则向咨询工程师支付常规服务的报酬，并按照或参照附件 3 规定的费率和价格来支付附加服务的报酬，也可按第 4）条第 c 款商定的费用支付。

委托人应向咨询工程师支付额外服务的报酬，包括额外用于附加服务的时间和额外开支的净成本。

委托人要求咨询工程师任命指定的分包咨询工程师时，由咨询工程师对分包咨询工程师进行支付，这笔费用加在咨询工程师的支付费用中。

b. 支付的时间

除非专用条件中另有规定，委托人应在收到咨询工程师的发票后 28 天内，支付该笔到期款项。如果在上述规定的时间内咨询工程师没有收到付款时，则应按照专用条件规定的利率对其支付商定的补偿，自发票注明的应付日期起计算复利。委托人若因故拖延对咨询工程师的支付，需在规定支付时间前 4 天内说明原因。如果委托人没有事先说明原因便拖延支付，则咨询工程师对该笔支付具有强制性的合同权利。

c. 支付的货币

适用于本协议书的货币为附录 3[报酬和支付] 中规定的货币。

如果在服务期间，委托人的国家发生了与协议书的规定相反的下述情况：

（a）阻止或延误咨询工程师把为委托人服务收到的当地货币或外币汇出国外；

（b）在委托人所在国内限制得到或使用外币；

（c）在咨询工程师为了用当地币开支，从国外向委托人所在国汇入外币，而随后把总额相同的当地货币带出国外时，对其征税或规定不同的汇率，从而阻止咨询工程师履行服务或使他受到财务损失。

此时若没有做出其他令咨询工程师满意的财务安排，委托人应保证此种情况适用于第 4）条第 e 款的规定。

d. 第三方对咨询工程师的收费

除在专用条件或附录 3[报酬和支付] 中规定外，还有如下规定：

（a）委托人应无条件地为咨询工程师及其通常不居住在项目所在国内的人员就协议书中该国政府或授权的第三方所要求的支付款项办理豁免，包括：

a）他们的报酬；

b）除食品和饮料外的进口的物品；

c）进口的用于服务的物品；

d）文件。

（b）当委托人未能成功地办理上述豁免时，他应偿付咨询工程师合理支付的此类款项。

（c）当不再需要上述物品用于服务，且这些物品不属于委托人财产时，规定：

a）没有委托人的批准，不得将上述物品在项目所在国内卖掉；

b）在没有向委托人支付从政府或授权的第三方处可回收并收到的退款或退税时，不得出口上述物品。

e. 有争议的发票

如果委托人对咨询工程师提交的发票中的某一部分提出异议，委托人应立即发出通知说明理由，但不得延误支付发票中的其他款项。第5）条第b款应适用于最终支付给咨询工程师的所有有争议的金额。

f. 独立的审计

咨询工程师应保存能清楚地证明有关时间和费用的全部记录，并在需要时向委托人提供。

除固定总价合同外，服务完成后12个月内，委托人可指定一家有声誉的会计事务所对咨询工程师申报的任何金额进行审计。

6）责任

a. 双方之间的责任和补偿

双方之间的责任：如果咨询工程师未按协议要求认真工作，或委托人违背了他对咨询工程师的义务时，均应向对方赔偿。赔偿的原则如下：

（a）此类赔偿应限于由违约所造成的，可合理预见到的损失或损害的数额；

（b）在任何情况下，赔偿的数量不应超过第6）条第c款中的赔偿限额；

（c）如果任一方与第三方共同对另一方负有责任时，则负有责任的任一方所支付的赔偿比例应限于由其违约所负责的那部分比例。

b. 责任的期限

除了法律的规定外，如果不在专用条件中规定的期限内正式提出索赔，则任一方均不对由任何事件引起的任何损失或损害负责。

c. 赔偿的限额

任一方向另一方支付的赔偿不应超过专用条件中规定的限额。但此限额不包括逾期未向咨询工程师付款而应支付的利息和双方商定的其他赔偿。如果赔偿额度总计超过上述规

定的限额，则另一方应放弃超出部分的索赔要求。

d. 保障

如果适用的法律允许，则委托人应保障咨询工程师免受一切索赔所造成的不利影响，包括由本协议书引起的或与之有关的第三方在第 6）第 b 款责任的期限终止后提出的此类索赔，除非在第 7）条第 a 款保险中包括此类索赔。

e. 例外

c 款和 d 款不适用于由下列情况引起的索赔：

（a）故意违约、欺骗或欺诈性的错误表述、粗心渎职；

（b）与履行合同义务无关的事宜。

7）保险

a. 对责任的保险和保障

委托人可以书面形式要求咨询工程师：对第 6）条第 a 款规定的咨询工程师的责任进行保险；对公共的或第三方的责任进行保险；并在委托人第一次邀请咨询工程师为服务提交建议书之日进行保险的基础上，对上述两项保险追加保险额；并应进行委托人要求的其他各项保险。

在任命时已知的第 7）条第 a 款下的保险费用应当算在咨询工程师的费用内。

在已达成一致意见后，对第 7）条第 a 款规定任何保险额的增加和变更费用由委托人负担。

b. 委托人财产的保险

咨询工程师应尽一切合理的努力，按委托人的书面要求对下列各项进行保险：

（a）根据第 2）条第 e 款委托人提供或支付的财产发生的损失或损害；

（b）由于使用该财产而引起的责任。

在任命时已知的第 7）条第 a 款下的保险费用应当算在咨询工程师的费用内。

在已达成一致意见后，根据第 7）条第 b 款规定任何保险额的增加和变更费用由委托人负担。

8）争议和仲裁

a. 争议的友好解决

如果涉及履行协议引发了争议，双方授权的处理争议的代表应该在 14 天内由一方向另一方递交书面请求并进行善意的会谈，应尽最大努力解决争议。如果会谈无法解决争议，则应采用调解方法解决争议。

b. 调解

除非双方另达成协议或在专用条件中说明，双方应从专用条件中指定的独立调解中心提供的专家表中选定中立的调解人。如果14天内双方不能够就选定一个调解人达成一致，则任何一方均有权请求FIDIC主席指定一调解人，该人对双方均有约束力。

如果对调解人的雇用已确定，任一方便可以书面形式通知另一方开始调解，调解在收到通知后的21天内开始。

调解应该按照指定调解人要求的程序进行。如果专用条件已对程序作出规定，则应该依照该程序，但调解人可随时提出供双方参考的其他程序。

调解中所有的协商和讨论都应秘密进行，并与现进行或随后的诉讼无关，除非另有书面协议。如果双方接受了调解人的建议或另就争议的解决达成一致，均应做出书面协议，当代表签字后，便对双方产生了约束力。

如果无法达成一致意见，任一方可要求调解人就争议向双方给出无约束力的书面意见。除非双方此前已书面同意，此类意见不能作为任何正在进行或随后诉讼的证据。

双方应各自承担准备证据和向调解人提交证据产生的费用。调解和调解服务的费用应该由双方平摊，但双方另有约定的情况除外。

只有双方已尝试通过调解解决争议，或调解终止，或一方无法参加调解，才可将涉及履行协议引起的争议申请仲裁。但如果争议未在发出调解通知后的90天内解决，任一方均有权申请仲裁。

c. 仲裁

如果调解失败，双方应联合草拟一份书面说明来记录双方一致认同的争议事项。提交随后的仲裁。最迟在仲裁开始前，调解人应结束其工作。仲裁过程中，调解人既不可作为证人出庭，也不可提供任何调解期间的附加证据。

除非专用条件另有说明，否则涉及履行协议书引发的仲裁应依据国际商会仲裁准则，指定一名或数名仲裁员执行。

3. 业主 / 咨询工程师标准服务协议书

《业主 / 咨询工程师标准服务协议书》是国际咨询工程师联合会（FIDIC）编制的，目前依然得到了国际工程咨询业的使用，主要适用于国际工程中的投资前研究、可行性研究、设计与施工管理、项目管理等。在国际工程的项目调研决策阶段，当采取业务外包工作模式，委托或招标选择国际工程咨询顾问公司或咨询工程师，承担国际工程承包市场调查研究与项目可行性研究任务时，只要结合具体的工程咨询业务的特点对该合同文本进行修改或调整就可以形成咨询服务协议书。

《业主 / 咨询工程师标准服务协议书》的许多条款是普遍适用的，但有些条款则须考虑要履行服务的环境和地区而作必要的变更。它们将一起编入构成协议书的文件中，被称为第一部分——标准条件的通用条款已被编排在本文件中。

由条款的相应顺序编号把标准条件与被称为第二部分的特殊应用条件相联系起来，这样第一部分和第二部分共同构成确定各方权利和义务的条件。

第二部分的内容必须专门拟定，以适应每一单独的协议书和服务类型。应将必须完成的第二部分的内容刊印在活页纸上，以便在增编附加条款时可将其撤换。

FIDIC 预计不久将出版《咨询协议书文件注释》，该书将包括对标准服务协议书条款的解释以及对编制附件 A 及 C（“服务范围” 及 “报酬和支付”）的注释。

使用者参阅 FIDIC 的其他出版物也可能是有益的，如：

《为工程服务的独立咨询工程师使用指南》；

《根据能力进行选择》；

《咨询工程师在项目中的作用》。

《业主/咨询工程师标准服务协议书》文案如下：

协议书

本协议书于________年____月__日由________（下简称“业主”）为一方与________（以下简称“咨询工程师”）为另一方签订。

鉴于业主欲请咨询工程师履行某些服务，即________并已接受咨询工程师为履行该类服务所提出的建议书。

兹就以下事项达成本协议：

1. 本协议书中的措辞和用语应与下文提及的“业主/咨询工程师标准服务协议书条件”中分别赋予它们的含义相同。

2. 下列条件应被认为是组成本协议书的一部分，并应被作为其一部分进行阅读和理解，即：

（1）中标通知书；

（2）业主/咨询工程师标准服务协议书条件（第一部分——标准条件和第二部分——特殊应用条件）；

（3）附件，即：

附件 A——服务范围

附件 B——业主提供的职员、设备、设施和其他人员的服务

附件 C——报酬和支付

____

____

3. 考虑到下文提及的业主对咨询工程师的支付，咨询工程师应按照本协议书的条款在此答应业主去履行服务。

4. 业主在此同意按本协议书注明的期限和方式，向咨询工程师支付根据协议书规定应支付的款项，以此作为履行服务的报酬。

本协议书仅于前文所说明之年月日，由立约双方根据其有关的法律签署并开始执行。特此证明。

由________在场的情况下	由________在场的情况下
业主的具有约束力的签名	咨询工程师具有约束力的签名
如需要时	如需要时
盖章:________________	盖章:________________
姓名:________________	姓名:________________
签字:________________	签字:________________
地址:________________	地址:________________

附件：

业主/咨询工程师标准服务协议书条件

第一部分　标准条件

定义及解释

1. 定义

除上下文另有要求外，以下各词和用语，应具有如下的含义：

(1)"项目"是指第二部分中指定的并为之建造的工程项目。

(2)"服务"是指按照协议书咨询工程师履行的服务，包括正常的服务、附加的服务和额外的服务。

(3)"工程"是指完成项目而实施的永久工程(包括提供给业主的物品和设备)。

(4)"业主"是指本协议书中所指的雇用咨询工程师的一方及业主的合法继承人和允许的代理人。

(5)"咨询工程师"是指本协议书中所指的，由业主雇用的作为一个独立的专业公司去履行服务的一方及咨询工程师的合法继承人和允许的代理人。

(6)"一方"和"各方"是指业务和咨询工程师。"第三方"是指上下文要求的任何其他当事人或实体。

（7）“协议书”是指包括业主——咨询工程师标准服务协议书的第一部分和第二部分条件以及附件A（服务范围），附件B（业主提供的职员、设备、设施和其他人员的服务），附件C（报酬和支付），中标通知书和正式协议书（若已签订），或在第二部分中的其他规定。

（8）“日”是指任何一个午夜至下一个午夜的时间段。

（9）“月”是指按公历从一个月份中任何一天开始的一个月的时间段。

（10）“当地货币”（LC）是指项目所在国的货币，“外币”（FC）是指任何其他的货币。

（11）“商定的补偿”是指根据协议书支付在第二部分中所规定的款项。

2. 解释

（1）本协议书中的标题不应在其解释中使用。

（2）视上下文需要，本文中词的单数包含复数的含义，阳性包含阴性的含义，反之亦然。

（3）如果协议书条款中有相互矛盾之处，则按时间顺序以最后编写的为准。

咨询工程师的义务

3. 服务范围

咨询工程师应履行与项目有关的服务。在附件A中已规定了服务的范围。

4. 正常的、附加的和额外的服务

（1）在附件A中所述的那类服务称为正常服务。

（2）在附件A中所述的那类服务或通过双方的书面协议另外附加于正常服务的那类服务称为附加服务。

（3）那些既不是正常的也不是附加的，但按照第28条款咨询工程师需履行的服务称之为额外服务。

5. 认真地尽职和职权的行使

（1）咨询工程师应运用合理的技能，认真和勤奋地履行本协议书规定的义务。

（2）当服务包括行使权力或履行授权的或业主和任何第三方签订的合同条款要求的职责时，咨询工程师应：

①根据合同进行工作，如果该权力和职责的详细规定未在附件A中加以说明，则这些详细规定应是他可以接受的。

②如果授权的话，应在业主和第三方之间公正地开证明，决定或行使自己的处理权，但不是作为仲裁人而是作为一名独立的专业人员根据自己的职能和判断进行工作。

③如果授权后的话，可变更任何第三方的义务。但对费用或质量或时间可能有重大影响的任何变更，则须事先征得业主的同意（除非发生任何紧急情况，此时咨询工程师应尽快地通知业主）。

6. 业主的财产

由业主提供或支付的供咨询工程师使用的任何物品均属于业主的财产，在实际可行时应加以标明。当服务完成或终止时，咨询工程师应将履行服务中未使用的物品库存清单提交给业主，并按业主的指示移交此类物品。此类移交应视为附加的服务。

业主的义务

7. 资料

业主应在一个合理的时间内免费向咨询工程师提供他能够得到的与服务有关的所有资料以不耽误服务。

8. 决定

业主应在一个合理的时间内就咨询工程师以书面形式提交给他的一切事情作出书面决定，避免耽误服务。

9. 协助

在项目所在国，对咨询工程师和他的职员及下属，业主应尽一切努力按照具体情况提供以下协助：

（1）入境、居留、工作和出境所需的文件条款；

（2）在服务所需要的任何地方提供畅通无阻的通道；

（3）个人财产和服务所需物品的进口、出口以及海关结关；

（4）发生意外事件时的遣返；

（5）允许咨询工程师因服务目的和他的职员因个人使用将外币带入该国以及允许将履行服务中所赚外币带出该国的权力的条款；

（6）为了方便咨询工程师收集他要获取的信息，应提供与其他组织相联系的渠道。

10. 设备和设施

为了服务的目的，业主应免费向咨询工程师提供附件B中所规定的设备和设施。

11. 业主的职员

在与咨询工程师协商后，业主应根据附件B的规定，自费从其雇员中为咨询工程师挑选和提供职员。此类职员在涉及服务时只应从咨询工程师处接受指示。

12. 其他人员的服务

业主应按附件B的说明，自费安排其他人员的服务供给。咨询工程师应与此类服务的提供者合作，但不对此类人员或他们的行为负责。

职员

13. 职员的提供

由咨询工程师派往项目所在国工作的职员应接受体格检查并应能适应他们的工作，同时他们的资格应得到业主的认可。

根据第 11 条款，由业主提供的职员应得到咨询工程师的认可。

如果业主未能提供他应负责提供的业主的职员或其他人员的服务，而双方都认为有必要提供此类服务以便于满意地履行服务时，则咨询工程师可安排此类服务的提供，并作为附加的服务。

14. 代表

每一方应指定一位职员或个人作为其代表以便于本协议书的管理。

如果业主要求的话，咨询工程师应指定一人与项目所在国的业主代表建立联络关系。

15. 职员的更换

如果有必要更换任何人员，则负责任命的一方应立即安排一位具有同等能力的人员来替换。

除非此类更换由另一方提出，否则，这类更换的费用应由负责任命的一方承担。

（1）这要求应以书面形式提出并申述更换理由；

（2）如果不能把渎职或不能圆满地执行任务作为理由成立的话，则提出要求的一方应承担更换费用。

责任和保险

16. 双方之间的责任

（1）咨询工程师的责任

如果确认咨询工程师违背了第 5 条款第（1）子款，则他应仅对由本协议书引起的或与此有关的事情负责向业主赔偿。

（2）业主的责任

如果确认业主违反了他对咨询工程师的责任，则业主应负责向咨询工程师赔偿。

（3）赔偿

如果认为任何一方对另一方负有责任时，则仅对下列条件进行支付赔偿：

①这类赔偿应限于由此违约造成的可合理预见到的损失或遭受的损害的数额，而对其他则不予赔偿；

②在任何情况下，这些赔偿数额应限于第 18 款第（1）项规定的数额；

③如果认为任一方与第三方共同对另一方负有责任时，负有责任的任一方所支付的赔

偿比例应限于由其违约所应负责的那部分比例。

17. 责任的期限

无论是业主还是咨询工程师都不应对由任何事件引起的任何损失或损害负责，除非第二部分规定的相应时段终止之前或法律可能规定的更早日期之前，正式向业主或咨询工程师提出索赔。

18. 赔偿的限额和保障

（1）赔偿的限额

根据第 16 条款有关责任方面的款项，任何一方向另一方支付赔偿的最大数额应限于第二部分中规定的数额。此限额不影响按第 31 条款第（2）子款规定的或本协议书另外规定的任何商定的补偿。

在可能另外支付的赔偿总计超过应支付的最大数额的情况下，则每一方均应同意放弃对另一方的所有索赔要求。

如果任何一方向另一方提出索赔要求而该要求不能确立的话，则提出索赔者应对由于该索赔所引起对方的各种费用完全补偿。

（2）保障

如果适用的法律允许，则业主应保障咨询工程师免受由索赔造成的不利影响，包括由本协议书引起的或与之有关的第三方提出的这类索赔：

①除非这类索赔已包括在按第 19 条款规定办理的保险范围内；

②在第 17 条款提及的责任期终止后提出的这类索赔。

（3）例外

第（1）和（2）款不适用于由下列情况引起的索赔：

1）故意违约或粗心引起的渎职；

2）与本协议书规定义务的履行无关的情况。

19. 责任的保险与保障

业主可以书面的形式要求咨询工程师：

（1）对第 16 条款第（1）项规定的咨询工程师的责任进行保险；

（2）在业主首次邀请咨询工程师为服务提交建议书之日，对按 16 款第（1）项规定的咨询工程师的责任进行保险的基础上，对其追加保险额；

（3）对公共的或第三方进行责任保险；

（4）在业主首次邀请咨询工程师为服务提交建议书之日，对公共的或第三方责任进行保险的基础上，对其追加保险额；

（5）对其他各项进行保险。

如果这样要求的话，在业主可接受的条件下，咨询工程师应做出一切合理努力，让此类保险或追加保险额由承保人来办理。

业主应负担此类保险的费用或追加保险额的费用。

20. 业主财产的保险

除非业主有另外的书面要求，咨询工程师应按业主可接受的条件尽一切合理的努力，进行下列各项保险：

（1）按第6条款提供或支付的业主财产的损失或损害；

（2）因使用该财产而产生的责任。

业主应负担此类保险的费用。

协议书的开始、完成、变更与终止

21. 协议书生效

协议书从咨询工程师收到业主对其建议发出中标通知书之日或完成正式协议书所需的最后签字之日（如有时）的较晚的那个日期起生效。

22. 开始和完成

除根据协议书可延期外，服务必须在第二部分所规定的时间或期限内开始和完成。

23. 更改

当任何一方提出申请并经双方书面同意后，可对本协议书进行更改。

24. 进一步的建议

如果业主以书面的形式提出要求的话，则咨询工程师应提交变更服务的建议。这类建议的准备和提交应视为附加的服务。

25. 延误

如果业主或其承包商使服务受到阻碍或延误，导致增加服务工作量或服务时间，则：

（1）咨询工程师应将此情况及此可能产生的影响通知业主；

（2）此增加部分应作为附加的服务；

（3）服务的完成时间应相应在予以延长。

26. 情况的改变

如果出现根据本协议书咨询工程师不应负责的情况，以及该情况使咨询工程师不负责或不能履行全部或部分服务时，他应立即通知业主。

在这种情况下，如果某些服务不得不暂停时，则此类服务的完成期限应予以延长，直到这种情况不再持续。为了恢复服务还应加上一个不超过42天的合理期限。如果某些服务履行的速度不得不减慢，则完成该类服务的期限因此情况而须给予延长。

27. 撤销、暂停或终止

（1）业主的通知

①至少在56天前业主可通知咨询工程师暂停全部或部分服务或终止本协议书，咨询工程师应立即对停止服务且将支出减到最小的事宜作出安排。

②如果业主认为咨询工程师没有正当理由而未履行其义务时，他可通知咨询工程师并说明发出该通知的原因。如果有21天内业主未收到满意的答复，则他可发出进一步的通知终止本协议书，但该进一步的通知应在业主第一个通知发出后35天内发出。

（2）咨询工程师的通知

在下列①、②情况下，当咨询工程师向业主发出通知至少14天后，咨询工程师可发出进一步的通知，在进一步通知发出至少42天后，他才能终止本协议书，或在不损害其终止权利的情况下，可自行暂停或继续暂停履行全部或部分的服务。

①当支付单据应予支付的日期后30天，他仍未收到届时未提出书面异议的那一部分款项时；

②按第26条或第27款第（1）项当服务已暂停且暂停期限已超过182天时。

28. 额外的服务

当发生第26条款所述情况时，或撤销或暂停或恢复服务时，或并不按第27款第（1）项第②子款终止本协议书时，咨询工程师需做的任何工作或支出的费用除正常的或附加的服务之外应视为额外的服务。

咨询工程师有权获得履行额外的服务所需的额外的时间和费用。

29. 各方的权利和责任

本协议书的终止不应损害或影响各方应有的权利或索赔及责任。

支付

30. 对咨询工程师的支付

（1）根据合同条件和附件C中规定的细则业主应向咨询工程师支付正常的服务报酬，并按附件C的规定费率和价格或基于此费率和价格支付附加的服务报酬，只要此费率和价格适用，否则根据第23条款商定的费率和价格支付。

（2）业主应就有关额外的服务向咨询工程师支付下列款项，除非另有书面协定。

①在履行服务当中，咨询工程师的职员所花费额外的时间用于附加服务的报酬；

②由咨询工程师花费的所有其他额外开支的净成本。

31. 支付的时间

（1）应迅速支付给咨询工程师的到期款项。

（2）咨询工程师在第二部分规定的时间内未收到付款时，则应根据第二部分规定的利率向其支付商定的补偿，每月将该补偿加到过期未支付的金额中，此补偿以过期未付金额的货币从发票注明的应支付之日起计算。

该商定的补偿不应对第27款第（2）项所规定的咨询工程师的权利产生影响。

32.支付的货币

（1）适用于本协议书的货币是第二部分中所规定的货币。

如果使用其他货币支付，则应按第二部分规定的汇率计算并支付未加扣除的净额。业主应保证咨询工程师能将其在业主所在国内收到的与履行服务有关的那部分当地货币或外币迅速汇往国外，除非在附件C中另有规定。

（2）如果在签订本协议书之日或服务履行期间，业主所在国内的情况与协议书中规定的情况可能相反时，如：

①阻止或延误咨询工程师将业主国内收到的当地货币或外币汇往国外；

②在业主所在国内限制外币的有效或使用；

③当咨询工程师因用当地货币开支而从国外向业主所在国汇入外币，以及随后将总额相等的当地货币再汇往国外时，对其征税或规定不同汇率，从而阻止咨询工程师的服务的履行或导致他财务上的损失。

这时，若在财务上未作出其他令咨询工程师满意的安排，业主应保证此情况是适用于按第26款所规定的情况。

33.有关第三方对咨询工程师的收费

除在第二部分或附件C中规定以外：

（1）对咨询工程师及其通常不居住在项目所在国内的职员因本协议书引起的，为该国政府或授权的第三方所要求的支付款，业主在任何可能时都应为他们办理豁免，包括：

①他们的报酬；

②他们进口的物品，除食品和饮料以外；

③用于服务的进口物品；

④文件。

（2）如果业主未能成功地办理上述豁免，则他应偿付合理支付的此类款项给咨询工程师。

（3）当不再需要上述物品用于服务且上述物品不是业主的财产时，规定：

①未经业主批准，不得在项目所在国内将上述物品处理掉；

②未向业主支付从政府或授权的第三方处加收并收到的退款或退税时，不得将上述物品出口。

34. 有争议的发票

如果业主对咨询工程师提交的发票中的任何项目或某项目的一部分提出异议，则业主应立即发出通知说明理由，但他不得延误支付发票中的其他项目。第 31 条款第（2）项应适用于最终支付给咨询工程师的一切有关争议的金额。

35. 独立的审计

咨询工程师应保存能清楚证明有关时间和费用的最新的记录。

除协议书规定固定总价支付外，在完成或终止服务后 12 个月内，业主可在发出通知不少于 7 天要求由他指定一家有声誉的会计事务所对咨询工程师申报的任何金额进行审计，并应在正常工作时间保存记录的办公室内进行该审计工作。

一般规定

36. 语言和法律

协议书的一种或几种语言、主导语言及协议书所遵循的法律在第二部分中作了规定。

37. 立法的变动

除第二部分指明的咨询工程师的业务总部所在地外，若在订立本协议书以后，因履行服务所在的任何国家的法规发生变动或增加从而引起服务费用或服务期的改变，则商定的报酬和完成时间应作相应的调整。

38. 转让和分包合同

（1）未经业主书面同意，除支付款的转让外，咨询工程师不得将本协议书涉及的利益转让出去。

（2）未经对方书面同意，无论业主或咨询工程师均不得将本协议书规定的义务转让出去。

（3）未经业主书面同意，咨询工程师不得开始实施、更改或终止履行全部或部分服务的任何分包合同。

39. 版权

咨询工程师拥有由他编制的所有文件的版权。业主仅有权为工程和预定的目的使用或复制此类文件，为此目的使用而复制这类文件时不需经咨询工程师的许可。

40. 利益的冲突

咨询工程师及其职员不应有也不应接受协议书规定以外的与项目有关的利益和报酬，除非业主另外书面同意。

咨询工程师不得参与可能与协议书中规定的业主的利益相冲突的任何活动。

41. 通知

本协议书的有关通知应用书面的形式，并从在第二部分写明的地点收到时生效。通知

可由人员递送，或传真通讯，但要有书面回执确认；或通过挂号信，或电传，但随后要用信函确认。

42. 出版

咨询工程师可单独或与他人联合出版与工程和服务有关的材料，除非在第二部分中另有规定。但若在服务完成或终止后两年内出版有关材料时，则须经业主批准。

争端的解决

43. 对损失或损害的索赔

因违反或终止协议书而引起的对损失或损害的任何赔偿，按第17条款的规定，应在业主与咨询工程师之间达成一致意见。如未达成一致，则应按第44条的规定，提交仲裁。

44. 仲裁

由协议书引起的或与之有关的任何争议或索赔，或违约、终止协议书或使之无效，均应按第二部分所订的，在协议书生效日期的规则，通过仲裁解决。

双方同意遵守裁决的结果，并放弃他们的任何形式的上诉权，只要这种弃权实际有效。

第二部分　特殊应用条件

A. 参阅第一部分条款

1. 定义

(1) 项目的＿＿＿＿＿＿＿＿＿＿

17. 责任的期限＿＿＿＿＿＿＿＿＿＿

计算起自＿＿＿＿＿＿＿＿＿＿

18. (1) 赔偿的限额＿＿＿＿＿＿＿＿＿＿

22. 开始＿＿＿＿＿＿＿＿＿＿

完成＿＿＿＿＿＿＿＿＿＿

31. (2) 支付的时间

当地货币＿＿＿＿＿＿＿天

外币＿＿＿＿＿＿＿天

用于过期应付款项

商定的补偿每天＿＿＿＿＿＿＿%

32. 协议书规定的货币

支付的货币			
协议书中货币的汇率			

36. 协议书的语言

主导语言____________________

协议书遵循的法律____________________

37. 业务总部所在地____________________

41. 通知

业主的地址____________________

电传号码____________________

传真电话号码____________________

咨询工程师的地址____________________

电传号码____________________

传真电话号码____________________

44. 仲裁地及规则____________________

B. 附加条款

5.6.3 咨询服务协议书与技术服务合同文案范例

如前所述，咨询服务是一方当事人（或称受委托方）以技术、经济、法律方面的知识为另一方当事人（或称委托方）提供解决特定的技术、经济、法律方面问题，进行技术、经济、法律方面的方案论证比较、调查、咨询、培训等活动的总称。在国际工程承包中，我国承包商往往采取委托国内的工程咨询公司的方式，为其国际工程中的某些业务提供咨询服务。咨询服务协议书就是按照我国《合同法》的规定就一方当事人（或称服务方）为另一方当事人（或称委托方）提供国际工程技术、经济、法律方面的服务，为明确双方责任、权利、义务而订立的合同文书。在我国从事工程技术、经济、法律方面咨询服务的企业应当是具有工程咨询资格的企业法人，其从业人员多为具有国家注册执业资格的咨询工程师或特定执业资格的专业人员。

我国工程承包商在国际工程的项目调研决策阶段，当采取业务外包工作模式，委托或招标选择国内工程咨询公司或相应咨询公司，承担国际工程承包市场调查或调查研究任务时，所采用的合同文本通常为咨询服务协议书（或技术服务合同、技术服务协议书）。

咨询服务协议书的内容与技术服务合同、技术服务协议书相类似。其文案范例如下

[文案范例1]

咨询服务协议书

委托方：　　　　　　　　　　（以下简称甲方）

受委托方：××××××××咨询服务有限公司（以下简称乙方）

甲乙双方经协商，就乙方接受甲方委托，为甲方提供咨询服务，达成如下协议。

一、服务内容、方式

1.乙方为甲方提供×××××××的咨询服务，向甲方提供法律、法规、政策、技术与经济方面的咨询，主要内容为_________________________。

2.乙方在为甲方提供上述咨询服务时，甲方需提供必要的经济与技术资料，乙方保证确保甲方的企业机密。

3.乙方的上述咨询服务，均以咨询报告或提供的________方式向甲方提出解决问题的方案，且经甲方认可，即为咨询服务已完成。

二、甲方提供工作条件和协助事宜

1.

2.

3.乙方在对甲方提供咨询服务时，甲方应主动提供相关的资料，以保证乙方咨询服务报告的顺利实施。

三、本协议履行的期限、地点

1.本协议履行的时间为自________年____月____日至________年____月____日止。

2.本协议的履行地点为**市。

四、验收标准和方法

1.本咨询服务验收的标准以国家及省、市法律、法规为准。

2.本咨询服务验收的办法即：乙方提出的咨询报告或工作方案、工作计划获得甲方的确认或批准，即为验收。

五、报酬及支付方式

1.按国家规定的咨询服务收费标准执行，为咨询项目价值的1.5%~2.5%，本项目咨询费用为________元。

2.付款方式为：

①需按月支付，每月付款额度为________元。

②甲方在本协议签订后三日预付咨询费的____%（计________元），其余咨询费待本咨询报告或工作方案、工作计划等经甲方验收后，一次性付清。

③

六、其他

1. 甲乙双方任一方违背本协议上项条款，均需承担违约责任。

2. 本协议一经签订，不经公证，即具有法律效力，本协议一式四份，双方各执二份。

委托方（甲方）　　　　受委托方（乙方）

代表人　　　　代表人

年　月　日

[文案范例 2]

技术服务合同

受托方（甲方）：

住所地：

法定代表人：

项目联系人：

联系方式

通信地址：

电话：

传真：

受托方（乙方）：

住所地：

法定代表人：

项目联系人：

联系方式

通信地址：

电话：

传真：

电子信箱：

本合同甲方委托乙方就________________________项目进行的专项技术服务，并支付相应的技术服务报酬。双方经过平等协商，在真实、充分地表达各自意愿的基础上，根据《中华人民共和国合同法》的规定，达成如下协议，并由双方共同恪守。

第一条　甲方委托乙方进行技术服务的内容如下：

1. 技术服务的目标：

2. 技术服务的内容：

3. 技术服务的方式：

第二条　乙方应按下列要求完成技术服务工作：

1. 技术服务地点：

2. 技术服务期限：

3. 技术服务进度：

4. 技术服务质量要求：

5. 技术服务质量期限要求：

第三条　为保证乙方有效进行技术服务工作，甲方应当向乙方提供下列工作条件和协作事项：

1. 提供的技术资料：

（1）

（2）

（3）

（4）

2. 提供工作条件：

（1）

（2）

（3）

（4）

3. 其他：

4. 甲方提供上述工作条件和协作事项的时间及方式：

第四条　甲方向乙方支付技术服务报酬及支付方式为：

1. 技术服务费总额为：

2. 技术服务费由甲方________（一次或分期）支付给乙方。

具体支付方式和时间如下：

（1）

（2）

（3）

乙方开户银行名称和账号为：

开户银行：

账号：

第五条　双方确定因履行本合同应遵守的保密义务如下：

1.保密内容（包括技术信息和经营信息）：

2.涉密人员范围：

3.保密期限：

4.泄密责任：

第六条　本合同的变更必须由双方协商一致，并以书面形式确定。但有下列情形之一的，一方可以向另一方提出变更合同权利与义务的请求，另一方应当在____日内予以答复；逾期未予答复的，视为同意：

1.

2.

第七条　双方确定以下列标准和方式对乙方的技术服务工作成果进行验收：

1.乙方完成技术服务工作的形式：

2.技术服务工作成果的验收标准：

3.技术服务工作成果的验收方法：

4.验收的时间和地点：

第八条　双方确定：

1.在本合同有效期内，甲方利用乙方提交的技术服务工作成果所完成的新的技术成果归________（甲、双）方所有。

2.在本合同有效期内，乙方利用甲方提供的技术资料和工作条件所完成的新的技术成果，归________（乙、双）方所有。

第九条　双方确定，按以下约定承担各自的违约责任：

1.____方违反本合同第____条约定，应当支付违约金________，按损失赔偿额的计算方法为________。

2.____方违反本合同第____条约定，应当________

（支付违约金或损失赔偿额的计算方法）。

第十条　双方确定，在本合同有效期内，甲方指定________为甲方项目联系人，乙方指定为联系人。项目联系人承担以下责任：

1.

2.

任一方变更项目联系人，应当及时以书面形式通知另一方。未及时通知并影响本合同履行或造成损失的，应承担相应的责任。

第十一条　双方确定，出现下列情形，致使本合同的履行成为不必要或不可能的，可以解除本合同：

1．发生不可抗力；

2.

3.

第十二条　双方因履行本合同而发生的争议，应协商、调解解决。协商、调解不成的，确定按以下第____种方式处理：

1.提交________仲裁委员会仲裁；

2.依法向人民法院起诉。

第十三条　双方确定：本合同及相关附件中所涉及的有关名词和技术术语，其定义和解释如下：

1.

2.

3.

第十四条　与履行本合同有关的下列技术文件，经双方以________方式确认后，为本合同的组成部分：

1.技术背景资料：

2.可行性论证报告：

3.技术评价报告：

4.技术标准和规范：

5.原始设计和工艺文件：

6.其他：

第十五条　双方约定本合同其他相关事项为：

第十六条　本合同一式____份，具有同等法律效力。

第十七条　本合同经双方签字盖章后生效。

甲方：　　　　　　　　　　　　　　（盖章）

法定代表人/委托代理人：　　　　　　（签名）

年　　月　　日

乙方：　　　　　　　　　　　　　　（盖章）

法定代表人/委托代理人：　　　　　　（签名）

年　　月　　日

[文案范例 3]

技术服务协议书

委托方：　　　　　　　　（以下简称甲方）

受托方：　　　　　　　　（以下简称乙方）

甲乙双方遵照国家法律、法规的有关规定，经协商就甲方委托乙方________的技术服务。双方达成如下协议：

一、乙方提供技术服务的内容、方式和要求

1.

2.

3.

二、甲方应提供的条件和协作的事宜

1.

2.

三、履行合同的期限、地点和方式

1. 履行合同的时间为自　　年　　月　日至　　年　月　日。

2. 履行合同的地点为________市。

3. 履行合同的方式为乙方提供________，甲方付清技术服务费。

四、验收方法

1.

2.

五、技术服务费及支付方式

1. 本项目技术服务费为人民币________元（大写为________元整）。

2. 本项目技术服务费的支付方式为乙方提供的技术服务，经甲方验收后________日内全部付清。

六、其他

1.

2.

3.

七、本协议未尽事宜甲乙双方协商解决。

八、本协议一式____份，双方各一份。不经公证即具有法律效力。

甲方：　　　　　　　　　　乙方：

法定代表人：　　　　　　　法定代表人：

经办人：　　　　　　　　　经办人：

年　月　日　　　　　　　　年　月　日

5.6.4　国际工程项目可行性研究合同

1. 基本概念

本国际工程项目可行性研究合同是指委托人（我国国际工程承包企业）委托国内具有国家批准的工程咨询资格的工程咨询企业为承包人，就特定的国际工程项目的可行性提出报告，委托人支付相应的研究费用的合同。委托人要提供研究资料与经费，承包人要按期向委托人提供可行性研究报告。可行性研究是国际工程项目前期开发的重要工作，通过可行性研究，提高国际工程承包企业决策的科学性。

2. 使用说明

（1）对委托研究的国际工程项目要在合同中予以明确，委托人要向承包人提供相应的基础信息资料，以保证承包人的研究切合实际。

（2）委托研究的项目要细化、具体，便于验收和评价。研究项目包括市场评价、经济评价、环境评价、风险预测、盈亏评价等内容。

（3）研究费用可以是一次包干使用，也可以按照项目计算，分期拨付。按照规定的取费标准计算研究费用。

（4）双方的违约责任也要在合同中明确。比如，委托人不及时交付有关技术资料，导致研究工作不能顺利进行的，应承担相应的法律责任；承包人不能按时提出可行性研究报告，或者提出的研究的报告不符合合同约定的内容的，要承担法律责任。

3. 文案范例

国际工程项目可行性研究合同

委托方：

地址：　　　　　　邮编：　　　　　电话：

法定代表人：　　　联系人

承包方：

地址：　　　　　　邮编：　　　　　电话：

法定代表人：　　　　　　　联系人

经双方协商，由委托方委托承包方承担______工程项目的可行性研究，特订立本合同。

第一条　委托方在合同签订之日起____天以内，向承包方提供所有与研究工程有关的数据和资料，并对资料的准确性负责。

1.提供数据、资料的内容如下：①______②______③______。

2.在合同期内，委托方进行与本工程有关的讨论、询价、对外谈判、调研考察等所得的信息应及时提供给承包方，必要时可吸收承包方参加与本工程项目有关的对外谈判、考察等。

第二条　承包方应在________年____月____日以前，向委托方提交本合同规定的可行性研究报告，并对此承担责任。可行性报告内容应包括：

1.

2.

3.

4.

5.

承包方应向委托方提交可行性报告____份。

委托方如在合同期间对本工程项目提出重大变更，甚至原始资料、数据有重大变化，可能导致承包方对可行性报告作修改甚至返工时；须经双方协商，对本合同进行修改或增加任务变更附件，或签订补充合同。

第三条　费用支付条款

1.本工程的可行性研究费为人民币________元整。于合同生效之日，委托方向承包方付给上述金额的20%的定金。余下金额于合同期满时全部付清。

2.委托方中止合同时，无权要求承包方退还定金。

3.承包方不履行本合同规定的责任与义务时，应双倍偿还定金。

第四条　违约责任

1.承包方不按合同规定的日期提交可行性研究报告时，每拖期一天，应扣除其所得费用的____%，作为违约金。

2.承包方提供的可行性研究报告中出现错误，且此等错误系承包方造成者，应扣其所应得费用的10%~30%，视错误性质严重程度而定。

3.因委托方责任造成的资料提供延迟、可行性研究内容的重大修改、或返工重作，应另行增加费用，其数额由双方商定。

4.委托方超过合同规定日期付费时，应偿付给承包方以逾期违约罚金，以每逾期一天

按合同规定费用的____%计算。

第五条 本合同自签订之日起生效。合同中如有未尽事宜，由双方共同协商解决或作出修改或补充规定。修改或补充规定与本合同具有同等效力。

第六条 本合同正本一式两份，双方各执一份。合同副本一式____份，送____各____份。

委托方：（盖章）负责人：

承包方：（盖章）负责人：

年 月 日

5.7 国际工程项目前期开发的造价估算

5.7.1 工程造价指标

工程造价指标是指能够反映工业与民用建筑工程每平方米建筑面积造价与费用的数据，包括总造价指标，费用构成指标。是对建筑工程各分部、分项费用及措施项目费用组成的分析，同时也包含了各专业人工费、材料费、机械费、企业管理费、利润等费用的构成及占工程造价的比例。

工程造价指标法是国际工程项目决策阶段对工程造价的投资估算与造价控制的一种主要方法。

对于咨询机构或承包商而言，通过分析单方造价，就可以快速的初步判断工程造价或概预算的准确性；对于从事建筑工程投资控制、报价估算和成本控制的管理部门或企事业而言，单方造价是衡量工程造价是否合理的一种最简单、最直接的指标。

5.7.2 工程造价指标的应用

近年来，随着国际工程承包市场的变化，我国承包商以投融资（主要是中国政府的出口信贷）方式，承包了许多国家的设计、采购、施工（EPC）/交钥匙总承包工程。而且，这种投融资与EPC相结合的承包国际工程项目的模式，已经成为一种趋势。

但是，在这种投融资与EPC相结合的国际工程项目承发包模式中，业主的工程招标文件通常要求投标人或承包商的投标报价有两种方式：一种是业主以项目的成套设备购置为条件，要求投标人做数量级的估算报价；另一种是业主以项目的概念设计或方案设计为依据，要求投标人做概念性估算报价。该两种投标报价的方式，均属于建筑工程项目的费用估算。而估算的准确程度，取决于投标人掌握和拥有的相关数据信息源：即相类似工程项目、同类设备的工程造价指标和费用；项目所在国国家或行业公布的费用估算（含税费）等价格信息；项目所在地材料、人工、机械等费用的资料以及总承包企业自身的数据（参照）

库等。大量的国际工程实践证明：做工程投资估算或投标报价，80%以上依赖于已执行过的工程资料和工程造价指标的运用。

5.7.3 常用建筑工程量指标

常用建筑工程量指标及钢材用量指标如表 5-17 ~表 5-23 所示。

一般单层装配车间（厂房）每平方米建筑面积主要工程量指标　　表 5-17

序号	名称	单位	范围	综合
1	基础垫层	m^3	0.05 ~ 0.10	0.07
2	杯口基础	m^3	0.15 ~ 0.25	0.16
3	柱	m^3	0.02 ~ 0.05	0.03
4	吊车梁	m^3	0.02 ~ 0.05	0.025
5	屋架（梁）	m^3	0.02 ~ 0.04	0.03
6	屋面大板	m^3	0.05 ~ 0.06	0.055
7	金属结构	kg	5 ~ 10	6.5
8	预埋铁件	kg	1.5 ~ 7.5	3.0
9	砌体	m^3	0.2 ~ 0.35	0.025
10	圈梁	m^3	0.01 ~ 0.03	0.025
11	地坪垫层	m^3	0.1 ~ 0.3	0.15
12	地面	m^2	0.89 ~ 0.96	0.90
13	内外墙装饰	m^2	2.5 ~ 3.5	3.0
14	门窗	m^2	0.15 ~ 0.30	0.27
15	顶棚	m^2	0.90 ~ 0.95	0.92
16	屋面	m^2	1.05 ~ 1.20	1.10

注：车间建筑特征为杯口基础、预制混凝土柱、吊车梁、屋架（含薄腹屋面梁）、大型屋面板、砖墙、混合砂浆、抹灰、钢窗、油毡防水屋面。

一般多层轻工车间（厂房）每 100m^2 建筑面积主要工程量指标　　表 5-18

序号	项目	单位	框架结构（3 ~ 5 层）	砖混结构（2 ~ 4 层）
1	基础（钢筋混凝土、砖、毛石等）	m^3	14 ~ 20	16 ~ 25
2	外墙（1 ~ $1\frac{1}{2}$砖）	m^3	10 ~ 12	15 ~ 25
3	内墙（1 砖）	m^3	7 ~ 15	12 ~ 20
4	钢筋混凝土（现浇、预制）	m^3	19 ~ 31	18 ~ 25
5	门（木）	m^2	4 ~ 8	6 ~ 10

续表

序号	项目	单位	框架结构（3 ~ 5层）	砖混结构（2 ~ 4层）
6	窗（钢）	m^2	20 ~ 24	17 ~ 25
7	屋面（卷材）	m^2	20 ~ 30	25 ~ 50
8	楼地面	m^2	88 ~ 94	88 ~ 94
9	内粉刷	m^2	155 ~ 210	200 ~ 220
10	外粉刷	m^2	60 ~ 100	90 ~ 110
11	顶棚	m^2	88 ~ 94	88 ~ 94

轻钢结构每平方米屋盖水平投影面积钢材用量指标　　**表 5-19**

名称	跨度（m）	檐高（m）或屋面坡度	柱距（m）	用钢量（kg/m^2）
（1）门式刚架①无吊车	8	5 ~ 6	4 ~ 6	9 ~ 12
	12	4 ~ 6	6	5 ~ 9
	15	4 ~ 7	5 ~ 6	4 ~ 8
	18	4 ~ 6	6	6 ~ 11
	21	5 ~ 6	12	7
	24	6	5	11
	27	6	5	13
②有吊车（1 ~ 2t）	12	6	4 ~ 6	9 ~ 16
	15	4 ~ 6	4 ~ 6	11 ~ 13
	18	6	6	11 ~ 15
	18	9 ~ 12	6	26 ~ 28
	27	6	5	14 ~ 18
（2）芬克式屋架	6 ~ 9	1 : 2 ~ 1 : 3	3 ~ 6	2 ~ 4
	10 ~ 18	1 : 2 ~ 1 : 3	3 ~ 6	3 ~ 6
	24	1 : 3	6	7 ~ 9
（3）三角形屋架	12 ~ 14	1 : 1.5 ~ 1 : 3	3 ~ 6	4 ~ 8
（4）三角拱屋架	9 ~ 18	1 : 2.5 ~ 1 : 4	3 ~ 6	4 ~ 6
（5）梭形屋架	8 ~ 15	1 : 10 ~ 1 : 14	3 ~ 6	7 ~ 14
	15 ~ 18	1 : 3	6	2 ~ 3
	24	1 : 5	12	4 ~ 6
（6）梯形屋架	21 ~ 24	1 : 4 ~ 1 : 5	6 ~ 12	4 ~ 6

续表

名称	跨度（m）	檐高（m）或屋面坡度	柱距（m）	用钢量（kg/m²）
（7）檩条 Z字形 格架式	（檩条跨度）		（间距）	
	4 ~ 6	—	0.80 ~ 1.10	3.5 ~ 4.5
	4 ~ 6	—	≤ 1.00	8 ~ 12
	4 ~ 6	—	>1.00	4.5 ~ 6

多层民用住宅每平方米建筑面积主要工程量指标 **表 5-20**

序号	名称	单位	范围	综合
1	挖土	m^3	0.30 ~ 0.60	0.45
2	砌体	m^3	0.35 ~ 0.46	0.40
3	现浇混凝土	m^3	0.13 ~ 0.23	0.15
（1）	基础（无桩）	m^3	0.025 ~ 0.35	0.03
（2）	基础垫层	m^3	0.010 ~ 0.025	0.012
（3）	圈梁	m^3	0.025 ~ 0.035	0.03
（4）	梁	m^3	0.01 ~ 0.015	0.013
（5）	有梁板	m^3	0.015 ~ 0.045	0.02
（6）	构造柱	m^3	0.025 ~ 0.04	0.034
（7）	平板	m^3	0.004 ~ 0.010	0.007
（8）	地坪垫层	m^3	0.010 ~ 0.015	0.013
（9）	散水坡	m^3	0.002 ~ 0.005	0.004
（10）	其他	m^3	0.001 ~ 0.005	0.003
4	预制混凝土	m^3	0.049 ~ 0.118	0.08
（1）	预应力空心板	m^3	0.035 ~ 0.065	0.060
（2）	楼梯、过梁	m^3	0.005 ~ 0.010	0.007
（3）	屋面隔热板	m^3	0.004 ~ 0.008	0.006
（4）	其他	m^3	0.005 ~ 0.040	0.010
5	砖墙拉结筋	kg	0.40 ~ 1.50	1.10
6	楼板锚固筋	kg	0.30 ~ 0.50	0.40
7	预埋铁件	kg	0.10 ~ 0.70	0.20
8	门	m^2	0.10 ~ 0.25	0.20

续表

序号	名称	单位	范围	综合
9	窗	m^2	0.08 ~ 0.20	0.10
10	室内装饰	m^2	3.75 ~ 5.28	4.50
（1）	顶棚（含阳台）	m^2	0.90 ~ 1.00	0.95
（2）	整体墙面	m^2	1.50 ~ 2.50	2.00
（3）	厨、卫墙面	m^2	0.45 ~ 0.60	0.50
（4）	整体地面	m^2	0.70 ~ 0.80	0.75
（5）	厨、卫地面	m^2	0.06 ~ 0.15	0.10
（6）	楼梯地面	m^2	0.04 ~ 0.08	0.045
（7）	踢脚线	m^2	0.10 ~ 0.15	0.13
11	外墙装饰	m^2	1.01 ~ 1.47	1.10
（1）	整条墙面	m^2	0.85 ~ 1.00	0.95
（2）	勒脚	m^2	0.02 ~ 0.04	0.03
（3）	阳台	m^2	0.10 ~ 0.35	0.15
（4）	其他	m^2	0.04 ~ 0.08	0.05
12	屋面	m^2	0.15 ~ 0.25	0.20
13	金属结构	kg	0.40 ~ 0.70	0.55
14	楼梯长度	m	0.02 ~ 0.04	0.03

高层（14 层以上）民用住宅每平方米建筑面积主要工程量指标 **表 5-21**

序号	名称	单位	范围	综合	注明
1	混凝土				
（1）	基础	m^2	0.05 ~ 0.15	0.08	未含桩基
（2）	梁	m^3	0.002 ~ 0.040	0.01	
（3）	板	m^3	0.07 ~ 0.15	0.10	
（4）	墙	m^3	0.21 ~ 0.35	0.25	
（5）	其他	m^3	0.02 ~ 0.10	0.05	含柱等
	综合	m^3	0.40 ~ 0.55	0.49	
2	门窗	m^2	0.27 ~ 0.35	0.30	未含玻璃幕墙
3	楼地面	m^2	0.80 ~ 1.00	0.90	

续表

序号	名称	单位	范围	综合	注明
4	顶棚	m^2	0.80 ~ 0.95	0.87	
5	屋面	m^2	0.03 ~ 0.08	—	楼层不同，变化较大
6	内装饰	m^2	2.00 ~ 3.20	2.70	
7	外装饰	m^2	0.55 ~ 1.20	0.70	

一般民用建筑混凝土及钢筋控制指标 表 5-22

建筑名称	混凝土（m^3/m^2）	钢筋（kg/m^2）	备注
会所	0.43	50	
商业	0.40	42	
住宅（多层）	0.25	35	6 层以下
住宅（中高层）	0.43	55	7 ~ 11 层
住宅（高层）	0.55	60	12 层以上

现浇混凝土构件钢筋含量参考表 表 5-23

分项工程名称	钢筋含量（kg/m^3）	分项工程名称	钢筋含量（kg/m^3）
有梁式带形基础	70	设备基础	33
无梁式带形基础	70	基础梁	100
独立基础	40	柱（周长 1.8m 以内）	120 ~ 230
杯形基础	30	柱（周长 1.8m 以外）	140 ~ 210
有梁式满堂基础	115	圆形柱	150
无梁式满堂基础	80	构造柱、圈梁、过梁	150 ~ 220
桩承台	75	预制柱接头	35
矩形梁	150 ~ 220	有梁板、平板	80 ~ 140
异形梁	150 ~ 220	无梁板	100 ~ 120
叠合梁	60	挑檐、天沟	100
地下室墙	80	楼梯	60
墙（20cm 以内）	100 ~ 130	雨篷	90
墙（20cm 以上）	90	阳台	100
大模板墙	35	地沟、零星构件	90

注：使用表中数据时不再另加损耗率。

5.7.4　国际工程造价中有关费用的构成

国际工程造价费用构成比例　　表 5-24

序号	费用名称	构成比例（%）	备注
1	材料与设备费	40 ~ 50	
2	人工费	25 ~ 30	按我国派遣工人工资计算，一般较我国国内定额提高10% ~ 30%；其中：砌筑工、抹灰工、钢筋工、木作工提高10% ~ 15%；混凝土工提高 25% ~ 30%。工人工效一般较当地工人提高 2 倍以上，与我国劳动定额相比，提高工效30% ~ 50%。
3	机械费	5 ~ 15	
4	管理费	10	见表 4-43
5	临时设施费	3 ~ 5	
6	开办费	10 ~ 20	一般情况下，工程规模与开办费成反比，与项目开发时间成正比。
7	劳务合作与技术服务（如果有）	3 ~ 4	
8	外方人员培训	按 3 ~ 6 个月，每人 500 ~ 1000 美元 / 月	主要指工业项目
9	试运转费	0.4 ~ 0.8	主要指工业项目
10	维护与保修	1.1 ~ 2	
11	设计费	8 ~ 10（总承包按 4 ~ 6 控制）	一般情况下，设计费与工程总价或投资规模成反比。EPC 总承包按 4% ~ 6% 控制。
12	地质勘察、测量	0.5 ~ 0.7	
13	意外风险储备金	5 ~ 8	
14	竣工后现场整理	按项目所在地实际价格计取	按建筑面积计算建筑垃圾运出、整理工作量；0.012 ~ 0.016T/m^2
15	税金及其他间接费	按项目所在国（地）实际发生计取	

注：根据十多年的积累资料，统计，国际工程造价比我国国内同类工程造价一般增加 2 ~ 3.5 倍。

国际工程中企业管理费用构成比例　　表 5-25

序号	费用内容	构成比例（%）	备注
1	管理人员工资	21 ~ 25	
2	办公费	3 ~ 5	
3	业务经营费	15 ~ 30	

续表

序号	费用内容	构成比例（%）	备注
4	文体宣教费	1 ~ 2	
5	资本使用费	3 ~ 4	
6	辅助工资	8 ~ 10	
7	生活设施	2 ~ 4	
8	劳保费	2 ~ 3	
9	交通差旅费	3 ~ 5	
10	工具使用费	3 ~ 5	
11	检验费	1 ~ 2.5	
12	其他	3 ~ 5	

5.7.5 国内外工程量清单的差异

在国际工程中常用的工程量清单编制方法是美国和加拿大MasterFormat编码体系清单，这种方法广泛地应用在美洲、中东、东南亚等地区的房屋建筑、公共建筑等工程项目中。尽管我国颁发的《建设工程工程量清单计价规范》建立的工程量计算规则，已经与国际工程造价体系接轨。但是，在工程单元的划分、工程量清单的组成等方面依然存在着一定的差异。因此，了解和掌握国内外工程量清单编制中的差异，对于咨询机构或承包商做好国际工程项目的造价估算或预算工作，具有一定的益处（详见表 5-26 国内外工程量清单的差异表）。

国内外工程量清单的差异 **表 5-26**

差异点	国际工程量清单的编制	中国工程量清单的编制
依据不同	1. 美国和加拿大建造规范协会制定的 MasterFormat 规范编码体系； 2. 英国皇家特许测量师学会制定的《英国建筑工程标准计算规则》	《建设工程工程量清单计价规范》GB 50500-2013
工程单元划分方式不同	1. MasterFormat（1995 版）划分为 16 个子项目； 2. SM7 划分为 23 项	1. 建筑工程划分为 8 个单位工程； 2. 安装工程划分为 13 个单位工程； 3. 市政工程划分为 8 个单位工程
应用的范围不同	不同的国家、地区编制的工程量清单各不相同	《建设工程工程量清单计价规范》GB 50500-2013 是中国国家标准，统一使用

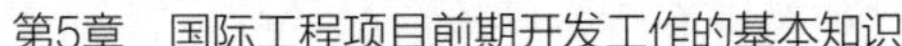

续表

差异点	国际工程量清单的编制	中国工程量清单的编制
工程量清单组成不同	1. 实体部分清单； 2. 包括开办费、大型机械购置、现场临建、临时水电、管理费、直接费、动员费、保险费、保函费、财务费用等； 3. 暂定金额、计日工； 4. 不可预见； 5. 预备费	1. 分部、分项工程量清单； 2. 措施项目清单（包括文明施工、夜间施工、二次搬运、冬雨季施工、大型机械设备进出场及安拆、施工排水、降水、临时设施保护、已完工程保护费等）； 3. 暂估价； 4. 暂列金额； 5. 总承包管理费； 6. 计日工
清单编码不同	独立编排，A、B、C 或 1、2、3 等	统一使用五级编码体系
工程量表达不同	与技术规范、施工图等共用，工程量仅为估算，业主不对准确性负责，投标人必须结合技术规范、施工图等核算工程量	不允许投标人修改，量、价分离。业主对工程量清单数量的准确性负责
清单的单价构成不同	单价内包括工程的所有成本、费用、管理费、利润等	单价内包括人工费、机械费、材料费、企业管理费、利润与风险等
合同类型选择不同	房屋建筑工程多为固定总价合同；基础设施工程多为固定单价合同	《建设工程工程量清单计价规范》要求使用单价合同

第6章　建筑工程项目选址、主要技术经济指标及建设方案的研究

6.1　建筑工程项目的选址及主要技术经济指标

6.1.1　居住区

居住区是指具有一定的人口和用地规模，集中布置和建造住宅建筑及其配套的公共建筑、绿地、道路和各种城市基础设施，并被城市街道或自然围合的相对独立的地区。习惯上，也把居住区称为住宅区。

1. 项目选址

居住区选址应符合城市总体规划控制和有关管理部门的要求，在城市规划指导下，选择符合居住功能要求，环境良好，有利于开发建设的新建地区或适宜的旧区改建地段。

居住区选址应综合考虑所在城市的性质、社会经济、气候、民族、习俗和传统风貌等地方特点和规划用地周围的环境条件，充分利用规划用地内有保留价值的河湖水域、地形地物、植被、道路、建筑物与构筑物等，并将其纳入规划。

综合考虑日照、采光、通风、防灾、配建设施及管理要求，创造安全、卫生、方便、舒适和优美的居住生活环境。

在山地和丘陵地带，居住区可选择自然坡度在25%以内的地段，其地形即使复杂，经过一定的组织和局部改造，是可以合理布置居住建筑的。自然坡度在25%～50%的地段，建设困难较多，土石方量也大，建筑群体布置及设计受到很大限制。自然坡度在50%以上地段，最好不选作为建筑用地，可作园林绿地。

工程选址当中，要考虑岩石因素、地质构造因素、地下水因素、污染因素、地基土因素以及不良地质现象等因素给工程建设可能带来的影响。

2. 主要技术经济指标

（1）用地规划（总平面图）技术经济指标

包括容积率、建筑密度、绿地率。除了上述三种规划指标以外，还常用到其他一些控制指标和要求，比如：停车位总数、主入口方位、建筑主朝向、建筑层数、建筑高度等。对于住宅小区设计，还要求计算户均居住人数、总户数、户型面积比例、道路和停车场面积等。

（2）单体建筑技术经济指标

包括建筑面积、使用面积、套内建筑面积、套型总建筑面积。

（3）建筑安装工程造价指标

建筑安装工程造价指标一般以单位建筑面积的施工造价表示，主要反映住宅建筑物可交付实体每平方米建筑面积施工造价，是对建筑、安装工程各分部分项费用及措施项目费用组成的分析，同时也包含了各专业人工费、材料费、机械费、施工企业管理费、利润等费用的构成及占工程造价的比例。不含土地费用、前期工程费、市政公共设施配套费、管理费用、工程设计费、工程监理费、财务成本、税费等。

建筑安装工程造价指标在质量和工期标准一致的情况下往往受材料供应、运输条件、施工水平等多方面因素的影响而出入较大。同时，结构体系、结构高度、结构的复杂程度、建造标准等，都会对建筑安装工程造价指标有较大的影响。以我国夏热冬冷地区四层框架结构无电梯住宅建筑为建设和施工标准，包含总图（规划）、建筑、结构、给排水、电气等专业工程施工，参照北京市 2012 年价格标准，每平方米造价指标约为 2700 ~ 3200 元人民币。

6.1.2　医院建筑

医院建筑是指为人们提供医疗、护理病人之用的公共建筑。医院通常分为科目较齐全的综合医院和专门治疗某类疾病的专科医院两类。

1. 项目选址的原则

医院建筑项目选址的原则主要有：

（1）交通方便，宜面临两条城市道路。

（2）便于利用城市基础设施，便于院内部分服务社会化。

（3）环境噪声应满足项目所在地的要求，同时远离污染源。

（4）地形规整。

（5）应远离易燃、易爆物品的生产和储存区，并应远离高压线路及其设施，避免强电磁场干扰。

（6）不应临近少年儿童活动密集场所。

（7）不应污染、影响城市的其他区域。

（8）应尽量避开地震带，可能滑坡地带及地基软弱层、溶洞带。

2. 医疗设备选型原则

根据综合医院的规模（病床数）、性质、就医患者总数等来确定医疗设备选用标准及数量，同时应充分考虑医院所在地的流行病、常见病种。大型、主要设备选型如表 6-1。

综合医院医疗设备选型表　　表 6-1

设备名称	综合医院的大型、主要设备选型表				备注
	100 ~ 200 床	200 ~ 300 床	300 ~ 400 床	400 ~ 500 床	
数字化牙片机	1	1	1	1	500 床医院高配增加一台数字化全景牙片机
X 线透视机	1 台 300mA	1 台 500mA	1 台 800mA	1 台 1000 ~ 1250mA	
计算机数字 X 线摄片机 CR（DR）	0	2	4	2	
数字化胃肠照影 X 线机	1	1	1	2	
数字化移动式 X 线机	1	2	4	4	
数字化乳腺 X 线机	1	1	1	2	
彩色多普勒	0	1	1	1	
彩超	1	1	1	1	
16 排 CT	0	0	0	1	500 床医院高配增加一台 MRI
数字化泌尿 X 线机	0	0	0	1	

综合医院的医疗设备投资占医院总投资的比例见表 6-2。

综合医院医疗设备占医院总投资比例　　表 6-2

配置档次	医院医疗设备投资	备注
基本配置	约占医院总投资的 45%	二级综合医院病床数为 499 张以下
一般配置	约占医院总投资的 50%	三级综合医院病床数为 500 张以上
较高配置	约占医院总投资的 60%	三级甲等和三级特等综合医院

3. 主要技术经济指标与投资估算

（1）主要技术经济指标

新建综合医院的建设规模，应根据项目所在当地城市总体规划、区域卫生规划、医疗机构设置规划、拟建医院所在地区的经济发展水平、卫生资源和医疗保健服务的需求状况以及该地区现有医院的病床数量进行综合平衡后确定。

综合医院的建设用地，包括急诊部、门诊部、住院部、医技科室、保障系统、行政管理和院内生活用房等七项设施的建设用地、道路用地、绿化用地、堆晒用地（用于燃料堆放与洗涤物品的晾晒）和医疗废物与日产垃圾的存放、处置用地。

综合医院规模与主要技术经济指标　　表 6-3

序号	名称	单位	综合医院规模					备注
			100 床	200 床	300 床	400 床	500 床	
1	总用地面积	m^2	11700	23400	34500	46000	575000	
2	总建筑面积	m^2	8000	16000	24000	33200	41500	
3	建筑占地面积	m^2	4000	8000	12000	16600	20750	建构筑物的基底面积（建筑物按两层考虑）
4	建筑密度	%	34.19	34.19	34.78	36.09	36.09	
5	绿地率	%	不低于 25%	不低于 25%	不低于 25%	不低于 25%	不低于 25%	
6	停车位	个	80	160	240	332	415	个 /100m^2 建筑面积

（2）投资估算

国内一般档次医院按 600 元 /m^2 估算建安工程费用；国内较高档次医院按 8000 元 /m^2 估算建安工程费用。

需要说明的是：

①上述投资估算是按 2015 年北京地区建设造价水平测算的国内医院建设费用，不考虑关税、海运费、货币汇率等与国外工程相关的费用。

②估算包括的内容：建筑结构工程、强电工程、给水排水工程、暖通工程、弱电工程、动力工程、室外工程等。

③估算不包括的内容：场地平整（三通一平及土方工程）；土地征用的有关费用；拆迁工程；施工技术措施费；医疗器械、办公及家具费；其他工程费用（建设单位管理费、前期工作咨询费、环境影响咨询服务费、工程监理费、工程勘察费、工程设计费、施工图预算编制费、施工图审查费、保险费等）；工程预备费及建设贷款利息。

6.1.3　学校建筑

学校建筑是指根据本地区的政治、经济、文化、地理、历史等的实际情况，为达至特定的教育目的而兴建的教育活动场所，具体包括校舍、校园、运动场及其附属设施。其中校舍即为校内的各类建筑，运动场包括操场、球场、体育馆、活动中心、游戏场和游泳池等，校园则指除去校舍和运动场以外的庭院空间，而附属设施则是为使校舍、运动场、校园功能更为完备而设置的各类建筑与设备。学校建筑主要分为中小学校和高等学校两种类型。

1. 项目选址

（1）中小学校项目的选址

①中小学校网点布局

城市普通中小学校网点布局应符合下列原则：

学生能就近走读入学；学校具有较好的规模效益和社会效益。

中小学生不应跨越铁路干线、高速公路及车流量大、无立交设施的城市主干道上学。

②中小学校的校址选择

城市新建的普通中小学校，校址应选在交通方便、地势平坦开阔、空气清新、阳光充足、排水通畅、环境适宜、公用设施比较完善、远离污染源的地段。应避开高层建筑的阴影区、地震断裂带、山丘地区的滑坡段、悬崖边及崖底、河湾及泥石流地区、水坝泄洪区等不安全地带。架空高压输电线、高压电缆及通航河道等不得穿越校区。

学校不应与集贸市场、公共娱乐场所、医院传染病房、太平间、公安看守所等不利于学生学习和身心健康，以及危及学生安全的场所毗邻。

（2）高等学校项目的选址

高等学校的选址应尽量选择自然环境较好的城市近郊，同时建设用地范围周边也不应有山洪，水涝，泥石流等危急学生生命安全的自然灾害，尽量远离工厂，医院，机场和商业中心等对校园噪声干扰较大的建筑。

高等学校的校区选址应位于城市基础设施完善的区域。交通要便利，水电等基础设施完善。基本的餐饮，医疗以及购物配套都应在可达范围以内。

总之，无论是中小学校，还是高等学校，校园规划应坚持整体规划分期实施的原则，分区明确，各区之间既紧密联系又互不干扰，倡导生态化、园林化、智能化、网络化的新型校园设计理念。

2. 技术经济指标

（1）中小学建设规划标准

城市普通中小学校校舍建筑面积指标分规划指标和基本指标两部分。学校若分期建设，首期建成校舍的建筑面积不应低于基本指标的规定。重点学校、示范性学校、民族学校以及有特殊要求的学校经主管部门批准增列的校舍用房，可另行增加面积指标。

中小学建设规划标准汇总表 表 6-4

学校类别	高中	初中				小学				
		12 班	18 班	24 班	30 班	6 班	12 班	18 班	24 班	30 班
校园面积不小于（万平方米）	3.8	2.23				2.23				
生均校园面积（万平方米）	25	24	22	21	20	22	24	20	18	18

（2）中小学学校校舍建筑面积

城市普通中小学校校舍建筑面积指标表（单位：m^2） 表 6-5

项目名称		基本指标						
		12 班	18 班	24 班	27 班	30 班	36 班	45 班
完全小学	面积合计	5382	6714	8464	—	9689	—	—
	生均面积	10.0	8.3	7.9	—	7.3	—	—
完全中学	面积合计	5382	9207	11865	—	13654	15764	—
	生均面积	—	10.3	9.9	—	9.1	8.8	—

注：①上表建筑面积以墙厚 240mm 计算，寒冷和严寒地区学校的校舍建筑面积指标，可根据实际墙厚增加。

②表中不含自行车存放面积。自行车的存放面积应按 $1m^2$/ 辆计，学校应根据实际情况报经主管部门审批后另行增加，并宜在建筑物内设半地下室解决。

（3）校舍主要建筑标准

①建筑层数

中小学校的教学、办公用房宜设计成多层建筑。小学的普通教室不宜超过四层；中学的普通教室不宜超过五层。其他教学、办公用房可根据使用要求设计。

②层高

普通教室的层高，小学不宜低于 3.6m，中学不宜低于 3.8m。

专用教室、公共教学用房，进深若大于 7.2m，层高不宜低于 3.9m。

行政办公用房的层高不宜低于 3.0m。

多功能教室、合班教室、体育活动室等公共教学用房的层高可根据使用要求确定。

（4）高等院校校舍规划建筑面积总指标

各类大学、专门学院的学校规模如表 6-6。

各类大学、专门学院的学校规模 表 6-6

学校类别	学校规模（学生数）	学校类别	学校规模（学生数）
综合大学	2000	工科院校	2000
	3000		3000
	5000		5000
师范院校	2000	政法、财经院校	2000
	3000		3000
	5000		3000
医学院校	1000	外语院校	1000
	2000		2000
	3000		3000
农林院校	2000	体育院校	500
	3000		1000
	5000		2000

计算折算规模时采用的折算比例

学生类别及层次	每类折合本科生数	学生类别及层次	每类折合本科生数
本科生	1.0	进修生、研究生班学生	1.5
工、农林、医、体育专科生	0.9	学位研究生	2.0
师范、政法、财经专科生	0.85	留学生	3.0

各类大学、专门学院的科类结构预测值

学校类别	科类结构		学校类别	科类结构	
综合大学	理科	35%	工科院校	工科	95%
	文科	28%		文、法、财经	3.5%
	政法财经	24%			
	工科	13%		理科	1.5%
师范院校	理科	45%	林业院校	林科	55%
	文科	45%		工科	45%
	政法财经	6%	医学院校	医科	100%
	工科	4%	政法院校	政法	100%

续表

学校类别	学校规模（学生数）		学校类别	学校规模（学生数）	
农业院校	农科	70%	财经院校	财经	100%
	工科	25%	外语院校	外语	100%
	财经	5%	体育院校	体育	100%

（5）高等院校校舍规划建筑面积总指标

大学、专门院校校舍为多层或低层建筑，除教工住宅和教工宿舍外的所有校舍规划建筑面积指标如表 6-7。

大学、专门院校校舍的规划建筑面积总指标（m^2/ 生）　　表 6-7

学校类别	学校规模	校舍总指标		
		用自然规模计算	用折算规模计算	总计
综合大学	2000	2398	3.69	27.67
	3000	22.57	3.45	26.02
	5000	21.01	3.22	24.23
工科院校	2000	23.98	3.69	27.67
	3000	22.57	3.45	26.02
	5000	21.01	3.22	24.23
师范院校	2000	23.92	3.69	31.18
	3000	22.61	3.45	29.29
	5000	21.06	3.20	27.29
农业院校	2000	27.29	3.69	27.61
	3000	25.51	3.45	26.06
	5000	23.63	3.20	24.26
林业院校	2000	28.06	3.69	30.98
	3000	26.45	3.45	28.96
	5000	24.35	3.22	26.85

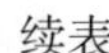
续表

学校类别	学校规模	校舍总指标		
		用自然规模计算	用折算规模计算	总计
医学院校	2000	30.06	4.31	31.75
	3000	25.80	3.71	29.90
	5000	24.18	3.46	27.57
政法院校	1000	17.63	3.68	34.37
	2000	16.70	3.42	29.51
	3000	15.77	3.18	27.64
财经院校	2000	17.63	3.68	21.31
	3000	16.70	3.42	20.12
	5000	15.77	3.18	18.95
外语院校	1000	21.19	4.35	25.54
	2000	18.53	3.78	22.31
	3000	17.64	3.50	21.14
体育院校	500	30.41	5.59	36.00
	1000	36.05	4.35	40.40
	2000	30.27	3.75	34.02

（6）高等院校校舍规划建筑面积指标

大学、专门院校校舍中，教工住宅和教工宿舍的规划建筑面积指标如表 6-8。

两项校舍的规划建筑面积指标（m^2/ 生） **表 6-8**

校舍名称	规划建筑面积指标
教工住宅	34.14
教工宿舍	2.33

6.1.4 办公建筑

办公建筑是指供机关、团体和企事业单位办理行政事务和从事各类业务活动的建筑物。办公建筑主要有行政办公建筑、专业性办公建筑、出租类办公楼（公寓式或酒店式）以及

综合性办公楼和商务写字楼。其中：

公寓式办公楼是由统一的物业管理，根据使用要求，可由一种或数种平面单元组成。单元内设有办公、会客空间和卧室、厨房和厕所等房间的办公楼。

酒店式办公楼是指提供酒店式服务和管理的办公楼。

综合楼是指由两种及两种以上用途的楼层组成的公共建筑。

商务写字楼是指在统一的物业管理下，以商务为主，由一种或数种单元办公平面组成的租赁办公建筑。

1. 项目选址

（1）办公建筑基地的选择，应符合当地总体规划的要求，选在工程地质和水文地质有利、市政设施完善且交通和通信方便的地段。明确其规模和用途之时，还要对功能区域、防火区域、道路规划等现状及未来开发进行调研确认，届时到当地有关部门确认现有城市规划中有无变更。

（2）除了对用地地形、道路关系、用地周边的土地利用形式、建筑物种类等进行调查外，要考虑规划办公建筑基地与易燃易爆物品场所和产生噪声、尘烟、散发有害气体等污染源的距离，应符合安全、卫生和环境保护有关标准的规定，还要考虑规划建筑对周边将带来的日照干扰、风害和废弃等污染因素。工业企业的办公楼，可在企业基地内选择合适的地段建造。

（3）用地的最大容积和最大外形取决于当地各项法规和条例，若要进行超出限制的设计，必须根据综合设计制度等申请容积放宽和红线限制进行放宽许可。

与此同时，办公建筑的项目选址还要与总平面布置相结合。其中：

（1）总平面布置应合理布局、功能分区明确、节约用地、交通组织顺畅，并应满足当地城市规划行政主管部门的有关规定和指标。

（2）总平面布置应进行环境和绿化设计。绿化与建筑物、构筑物、道路和管线之间的距离应符合有关标准的规定。

（3）当办公建筑与其他建筑共建在同一基地内或与其他建筑合建时，应满足办公建筑的使用功能和环境要求，分区明确，宜设置单独出入口。

（4）总平面应合理布置设备用房、附属设施和地下建筑的出入口。锅炉房、厨房等后勤用房的燃料、货物及垃圾等物品的运输应设有单独通道和出入口。

（5）基地内应设置机动车和非机动车停放场地（库）。

2. 技术经济指标

（1）不同类型的办公用房面积指标如表 6-9 所示。

表 6-9

(m²)	50 人	100 人	200 人	300 人	500 人	800 人	1000 人
单间式	1000	2000	4000	6000	10000	16000	20000
单元式	5000	10000	20000	30000	50000	80000	100000
开放式	750	1500	3000	4500	7500	12000	15000

（2）不同档次及规模的办公楼经济技术指标如表 6-10 所示。

表 6-10

档次	50 人	100 人	200 人	300 人	500 人	800 人	1000 人
高级（万元）	1500m²	3000m²	6000m²	9000m²	15000m²	24000m²	30000m²
	1000	2000	4000	6000	10000	16000	20000
中级（万元）	1000m²	2000m²	4000m²	6000m²	10000m²	16000m²	20000m²
	600	1200	2400	3600	6000	9600	12000
一般（万元）	750m²	1500m²	3000m²	4500m²	7500m²	12000m²	15000m²
	375	750	1500	2250	3750	6000	7500

注：高级办公楼：指规模较大的办公建筑，并且内部设施先进齐全、室内装修讲究精致；中级办公楼：指一般规模的办公建筑，并且内部设施完善、室内有一定的装修；一般办公楼：办公建筑内部设施基本具备、室内简单装修；电梯配置的数量应满足使用要求，五层及五层以上办公建筑应设电梯，办公建筑面积每 5000m² 至少设置 1 台。

6.1.5　体育建筑

体育建筑是作为人们体育教育、竞技运动、身体锻炼和体育娱乐等活动之用的建筑，包括建筑物和场地设施等。一般来说，体育建筑由比赛场地、运动员用房（休息、更衣、浴室、厕所等）和管理用房（办公、器材、设备等）三部分组成。

田径类、球类、体操类建筑常常彼此兼容，一般则以其最大的场地项目命名。体育建筑主要包括体育场、体育馆、游泳馆、射击馆、滑冰馆、拳击馆、举重馆等建筑，其中体育场、体育馆、游泳馆为常规体育建筑。体育建筑必须符合体育工艺（比赛流程、标准及声、光、电专业）的要求及大量人员的使用要求，因此要满足安全、美观、适用的几大原则。

体育场为体育建筑中规模最大的单体建筑。体育场中心为提供足球、田径比赛及其他表演用的室外场地，同时在室外场地周围提供大量观众座席的建筑物。体育场

根据比赛级别的不同，分为特级（6 万座以上）、甲级（4 万座至 6 万座）、乙级（2 万座至 4 万座）、丙级（2 万座以下）。体育场的正式比赛场地应包括径赛用的周长 400m 的标准环形跑道、标准足球场和各项田径比赛场地。除直道外侧可布置跳跃项目的场地外，其他均应布置在环形跑道内侧。专用足球比赛场也可只设标准足球场，而不设环形跑道和田赛场地。

体育馆是提供各种单项或多项室内竞技比赛和训练的体育建筑，作为兼容性最强的体育建筑，其作为综合性设施进行多项竞技和训练使用时，应根据所开展的运动项目和相应的竞赛规则要求，合理确定比赛场地尺寸、设备标准和配套设施，并据此进行建筑设计。体育馆根据观众席容量的不同，分为特大型（1 万座以上）、大型（0.6 万座至 1 万座）、中型（0.3 万座至 0.6 万座）、小型体育馆（0.3 万座以下）。

体育建筑根据其使用要求划分的等级如表 6-11。

表 6-11

等级	主要使用要求
特级	举办洲际级比赛、奥运会及世界级比赛主场
甲级	举办全国性和单项国际比赛
乙级	举办地区性和全国单项比赛
丙级	举办地方性、群众性运动会

常用的市级体育设施用地面积如表 6-12 所示。

市级体育设施用地面积 **表 6-12**

场馆类型	100 万人口以上城市		50 万～100 万人口城市		20 万～50 万人口城市		10 万～20 万人口城市	
	规模（千座）	用地面积（10^3m^2）	规模（千座）	用地面积（10^3m^2）	规模（千座）	用地面积（10^3m^2）	规模（千座）	用地面积（10^3m^2）
体育场	30～50	86～122	20～30	75～97	15～20	69～84	10～15	50～63
体育馆	4～10	11～20	4～6	11～14	2～4	10～13	2～3	10～11
游泳馆	2～4	13～17	2～3	13～16	—	—	—	—
游泳池	—	—	—	—	—	12.5	—	12.5

注：在特定条件下，达不到规定指标下限时，应利用规划和建筑手段来满足场馆在使用安全、疏散、停车等方面的要求。

1. 项目选址

体育建筑项目选址的原则是:

（1）符合开展运动项目的特点和使用要求;

（2）交通便捷。根据体育设施规模大小，基地至少应有一面或二面临城市道路，该道路应有足够的通行宽度，以保证疏散和交通:

（3）便于利用城市已有基础设施;

（4）环境较好。与污染源、高压线路、易燃易爆物品场所之间的距离达到有关防护规定，防止洪涝、滑坡等自然灾害，并注意体育设施使用时对周围环境的影响;

（5）充分保护和利用自然地形和天然资源（如水面、林木等），考虑地形和地质情况。

另外，体育建筑的各类场、馆工艺设施与器材，要按不同类型比赛配置相应设施及器材。

2. 体育馆的选址

（1）体育场馆的选址，如用地条件限制，可采用周长不短于200m的小型跑道，跑道内侧可设置非标准足球场，或篮球、排球、网球等场地，但这种场地不能作正规比赛用。

（2）专用足球比赛场也可只设标准足球场，而不设环形跑道和田赛场地。

（3）除开展体育项目运动以外，应为多功能使用留有余地和灵活性。

（4）在场地、出入口、相关专用设备、配套设施上为多功能使用创造可能性，并考虑原有专用场地面层的保护和拆卸。

（5）屋盖结构应留有增加悬吊设备的余地，满足相关使用功能的安全要求。

3. 游泳馆的选址

（1）游泳比赛馆在观众容量、功能内容、平面方式、建筑体型和室内空间、结构形式等方面应根据使用、经济等因素确定。

（2）结合重大赛事而建的大型以上游泳设施，除满足正式赛事的要求外，还应充分满足赛后的比赛和日常使用。

（3）观众座席除应采用固定座席外，也可采用活动或临时座席，或在建筑设计中留有充分的余地。

（4）当游泳设施进行多项水上项目赛事和训练时，可根据设施等级和使用性质，确定游泳池、跳水池的专用、合用或兼用，并满足各水上项目的技术要求。

（5）当游泳设施的室内和室外部分、比赛和训练部分、体育和娱乐部分相连时，应满足辅助用房和设备的综合利用。

4. 技术经济指标

新建的体育建筑建设规模及项目定位，应根据当地城市总体规划、经济发展水平、比

赛级别的确定、对体育配套设施的使用需求以及地区现有体育设施的现状进行综合考虑。

体育建筑常见为体育场、体育馆、游泳馆。

不同档次及规模的体育场（馆）经济技术指标一览表

表 6-13

档次	1 万座	2 万座	3 万座	4 万座	6 万座
高级（万元）	25000	56000	78000	96000	132000
高级（万元）	20000	42000	585000	72000	99000
高级（万元）	15000	28000	39000	48000	66000

注：①本指标考虑满足电视转播要求，参考 2015 年北京市的综合造价；

②一般为举办地区性和全国单项比赛及普通装修标准的场馆，中级为举办全国性和单项国际比赛及中等装修标准的场馆，高级为举办亚运会、奥运会及世界级比赛主场及高级装修标准的场馆。

游泳馆在不同档次及规模的经济技术指标一览表　　**表 6-14**

档次	1 千座	2 千座	3 千座	4 千座	5 千座	8 千座
高级（万元）	16000	30000	42000	52000	60000	60000
高级（万元）	12000	22500	31500	39000	45000	60000
高级（万元）	8000	15000	21000	26000	30000	40000

注：①本指标考虑为满足国际游泳、跳水比赛要求及电视转播要求，参考 2012 年北京市的综合造价。

②一般为举办地区性和全国单项比赛及普通装修标准的场馆，中级为举办全国性和单项国际比赛及中等装修标准的场馆，高级为举办亚运会、奥运会及世界级比赛主场及高级装修标准的场馆。

6.2　市政给水与排水工程及主要技术经济指标

6.2.1　市政给水工程

市政给水工程又称为城镇供水工程，通常由取水工程、净水厂（自来水厂）、输水管线、配水管网等工程组成。其中投资最大的是输水管（渠）工程与配水管网工程，其主要原因是管网沿线的不可预见因素较多，风险相对不可控制。

1. 市政给水工程的内容

市政给水工程各单位工程的作用与内容如表 6-15 所示。

市政给水工程各单位工程的作用与内容　表 6-15

名称	作用	内容
取水工程	取水工程是为了从地表水源或地下水源取水，而建造的工程设施	取水工程一般由取水构筑物和配套的泵房、变配电房、控制室、值班室以及道路、围墙、大门等组成
输水管（渠）工程	输水管（渠）工程是为了把水源的原水输送到净水厂（自来水厂或配水厂），或当净水厂（自来水厂）远离供水区时，将净水（自来水）输送至供水区而建造的管道工程设施	输水管（渠）工程包括：输水管（渠）道、中途增压泵站（如果需要）、高位水池或高位水塔（如果需要）、中途提升泵站（如果需要）、减压（消能）水池（如果需要）等
净水厂（自来水厂）工程	净水厂（自来水厂）工程是为了去除原水中的悬浮物质、胶体物质、细菌、病毒以及其他污染物而建造的工程设施	净水厂（自来水厂）工程由水处理构筑物、工艺管道、厂区给排水管道和配套的办公、生产用房、辅助用房、管理用房以及道路、围墙、大门等组成
配水管网工程	配水管网工程是用来向用户配（供）水而建造的工程设施	配水管网工程一般包括：配（供）水管道、中途增压泵站（如果需要）、高位水池（箱）或高位水塔（如果需要）

2. 市政给水工程的主要技术要求

（1）取水工程

①取水规模，水源选择及取水口位置选址，要进行多方案选比与论证。

②根据地表水水源水文资料，取水方式和取水构筑物要进行选型比选，当采用地下水源时，应提供水文地质勘察报告和抽水试验报告。

③取水泵房型式，水泵、电气设备等要进行设计选型。

④外部电源情况，以及用地情况、场地地质情况及建设条件等，要满足取水工程的要求。

（2）净水厂（自来水厂）工程

①设计规模，净水（自来水）厂选址，要进行论证优化。

②设计进水水质及处理出水水质指标，要符合设计所采用的标准与规范的要求。

③水处理工艺选择要进行技术论证（可参照周边类似水厂的工艺流程）；水处理构筑物设计选型比选；净水厂生产废水和污泥处理及处置；水处理设备设计选型等，要符合设计所采用的标准与规范的要求。

④水厂自控方面的技术要求等；水厂检验设备配备等，要符合设计所采用的标准与规范的要求 .

⑤当地药剂供应情况，外部电源情况。

⑥送水泵房的送水压力要求，要符合设计所采用的标准与规范的要求。

⑦水厂用地情况、厂区地质情况及建设条件等，要符合设计所采用的标准与规范的要求。

（3）输配水工程

输配水工程的主要技术要求是，要明确：

①设计规模，管道布置（管网定线）等。

②管材要求，管材选择，管道敷设方式等；管道附件和附属构筑物设置要求等。

③供水（或输送）方式（压力输送或重力自流）。

④管线沿线（城市）地形地貌及地质情况，管道通过特殊路段（如河流、铁路、公路、峡谷、高山以及通过不良地质路段等）敷设方案等。

⑤主要用水点分布，配水管网中调节构筑物的设置（如网前、网中、网后水塔或水池），是否需设置中途增压泵站或消能站等。

⑥配水管网用水峰值系数（时变化系数）。

⑦对于某些特殊输水工程或长距离输水工程（管线长度一般大于10km）是否还需设置中途增压泵站或消能站（减压水池）等。

3. 市政给水工程的主要技术经济指标

（1）净（配）水厂建设用地控制参考指标

净（配）水厂建设用地控制面积表（公顷） 表6-16

水厂类型	Ⅰ类（30万~50万 m^3/d）	Ⅱ类（10万~30万 m^3/d）	Ⅲ类（5万~10万 m^3/d）
净水水厂	8.40 ~ 11.00	3.50 ~ 8.40	2.05 ~ 3.50

注：①表中的用地面积为水厂围墙内所有设施的用地面积，包括绿化、道路等用地，但未包括高浊度水预沉淀用地。不包括自来水公司的管理用地。

②建设规模大的取上限，规模小的取下限，中间规模应采用内插法确定。

③建设用地面积为控制的上限，实际使用中不应大于表中的限值。

④表中净水厂的控制用地面积均包括生产废水及排泥水处理的用地。

净（配）水厂工程单位水量投资估算指标表[元/（m^3/d）] 表6-17

类别		建设规模（万 m^3/d）		
		Ⅰ类（30万~50万 m^3/d）	Ⅱ类（10万~30万 m^3/d）	Ⅲ类（5万~10万 m^3/d）
投资	净水厂	470 ~ 370	585 ~ 470	660 ~ 585
	污泥处理	42 ~ 30	61 ~ 42	79 ~ 61

（2）取水工程

取水工程单位投资估算指标表［元 /（m^3/d）］ 表 6-18

类别		建设规模（万 m^3/d）		
		Ⅰ类（30 万~ 50 万 m^3/d）	Ⅱ类（10 万~ 30 万 m^3/d）	Ⅲ类（5 万~ 10 万 m^3/d）
地表水	地面简单取水	90 ~ 55	125 ~ 90	150 ~ 125
	地面复杂取水	160 ~ 115	210 ~ 160	255 ~ 210
地下水	地下浅层取水	—	400 ~ 310	460 ~ 400
	地下深层取水	—	375 ~ 270	420 ~ 375

注：①本表指标系参照《全国市政工程投资估算指标》按北京市 2005 年价格折算的指标。
②建设规模小的取上限；反之，取下限。
③指标中未包括场地准备、征地拆迁费、外部电源及间隔费。
④特别复杂工程可适当增加。

泵站建设用地控制面积表（公顷） 表 6-19

规模	Ⅰ类（30 万~ 50 万 m^3/d）	Ⅱ类（10 万~ 30 万 m^3/d）	Ⅲ类（5 万~ 10 万 m^3/d）
用地面积（m^2）	5500 ~ 8000	3500 ~ 5500	2500 ~ 3500

注：①表中面积为泵站围墙以内，包括整个流程中的构筑物和辅助建筑物、辅助设施等的用地面积。
②小于Ⅲ类规模的泵站，用地面积参照Ⅲ类规模的用地面积控制。
③泵站有水量调节池时，可按实际增加建设用地。

（3）输（配）水工程

球墨铸铁管开槽埋管工程综合指标表（埋深 1.5m） 表 6-20

序号	规格（mm）	指标（万元 /km）
1	DN300	75.0
2	DN400	99.6
3	DN500	130.0
4	DN600	w157.5

注：工程内容包括：放坡挖土、运土、排水、回填土、管理铺设、阀门安装、试压、消毒等。不包括混凝土路面的拆除与恢复。本表指标系参照《全国市政工程投资估算指标》按北京市 2005 年价格折算的指标。

钢板卷管开槽埋管工程综合指标表（埋深 1.5m） 表 6-21

序号	规模（mm）	指标（万元 /km）
1	D219 × 8	53.0
2	D325 × 8	72.7

续表

序号	规模（mm）	指标（万元/km）
3	D426×8	96.8
4	D529×10	127.5
5	D630×10	155.6

注：工程内容包括：放坡挖土、运土、排水、回填土、管道铺设、阀门安装、试压、消毒等。不包括混凝土路面的拆除与恢复。本表指标系参照《全国市政工程投资估算指标》按北京市2005年价格折算的指标。

加压泵站单位投资估算指标表［元/（m^3/d）］ **表6-22**

类别	建设规模（万m^3/d）		
	Ⅰ类30～50	Ⅱ类10～30	Ⅲ类5～10
投资	145～115	170～145	200～170

6.2.2 市政排水工程

市政排水工程是指为了收集、输送、处理、再生和处置城镇污水和雨水而建造的工程。市政排水工程一般包括污水和雨水排水管（渠）道工程、污水处理工程和污水再生利用工程。其中投资最大的是排水管（渠）道工程，其主要原因是管道（渠）沿线的不可预见因素较多，风险相对不可控制。

市政排水的体制主要有合流制和分流制两种基本方式。

1. 市政排水工程的内容

市政排水工程各单位工程的作用与内容如表6-23所示。

市政给水工程各单位工程的作用与内容 **表6-23**

名称	作用	内容
污水和雨水排水管（渠）道工程	污水和雨水排水管（渠）道工程是为了将城镇排放的污水、雨水（包括雪、冰雹、霜等）收集，并输送至污水处理厂或出水口而建造的工程设施	污水和雨水排水管（渠）道工程包括：污水和雨水排水管（渠）道以及附属的构筑物等
污水处理工程	污水处理工程或称污水处理厂，是为了将收集的城镇污水进行处理，并达到规定的排放标准或再生利用而建造的工程项目和设施。 污水处理程度可分为一级、二级、三级	污水处理工程或称污水处理厂一般至少采用二级处理，主要由污水处理构筑物、工艺管道、厂区给排水管道和配套的生产用房、辅助用房、管理用房以及厂区、道路、绿地、围墙、大门等组成
污水再生利用工程	污水再生利用工程是以污水回收、再生利用为目的而建造的工程项目或设施	污水再生利用工程一般包括一级、二级、三级（深度）处理，或经过二级处理后，再进行深度处理的工程

2. 市政排水工程的主要技术要求

市政排水工程的设计与施工要符合项目所采用的标准与规范的规定和业主的要求。其中：

（1）排水管（渠）工程一般技术要求

①要明确设计规模，要合理地选择排水体制（分流制、合流制）的选择及管道布置（管网定线）等。

②排水方式（重力流、压力流）确定。

③要合理地进行排水管（渠）线布置及管（渠）材料选择。

④要明确管理敷设方式及敷设要求等。另外，管道通过特殊路段（如河流、铁路、公路以及通过不良地质路段等）的敷设方案确定及要求。

⑤要明确排水管道附属构筑物设置要求等。

（2）排水泵站工程一般技术要求

①要明确泵站设计规模及功能（如污水泵站、雨水泵站或合流泵站）。

②泵站选址要进行方案论证、优化泵站型式（干式、湿式）、泵站工艺布置等。

③正确地进行设备如格栅、水泵以及电气设备选择等。

（3）城市污水处理厂（或再生利用）工程一般技术要求

①明确设计规模，设计进、出水水质指标。

②合理地进行厂址选址及论证（如需要）；水厂工艺平面布置等。

③水处理工艺选择及论证，处理构筑物设计选型比选，工艺流程及高程布置；消毒方式选择等。

④污泥处理工艺选择及论证，污泥处置方式。

⑤水处理设备设计选型比选；水厂自控水平，检验设备配备等。

3. 市政排水工程的主要技术经济指标

污水管道投资综合指标表 **表 6-24**

序号	管径（mm）	投资估算指标（元 /m）	备注
1	*DN*200	240 ~ 320	高密度聚乙烯（HDPE）塑钢缠绕排水管；SN8 取最小值，SN16 取最大值。SN：公称环刚度
2	*DN*300	480 ~ 600	
3	*DN*400	800 ~ 960	
4	*DN*500	1000 ~ 1350	
5	*DN*600	1400 ~ 1750	

注：①内容包括：放坡挖土、运土、排水、回填土、管道铺设、阀门安装、试压等。
②不包括混凝土路面的拆除与恢复。

污水提升泵站综合投资及建设用地指标表　　表 6-25

类别	Ⅰ类	Ⅱ类	Ⅲ类	Ⅳ类	Ⅴ类
建设规模（万 m^3/d）	50 ~ 100	20 ~ 50	10 ~ 20	5 ~ 10	1 ~ 5
泵站投资估算（元 /m^2）	50 ~ 30	70 ~ 50	90 ~ 70	115 ~ 90	140 ~ 115
泵站建设用地指标（m^2）	2700 ~ 4700	2000 ~ 2700	1500 ~ 2000	1000 ~ 15000	550 ~ 1000

注：①表中不包括征地、拆迁、青苗与破路赔偿等费用；

②本表指标采用北京市 1999 年人工、材料、机械预算价格计算，不同时间、地点、人工、材料价格变动，可调整后使用；

③表中未考虑湿陷性黄土地区、地震设防、永久性冻土和地质情况十分复杂等因素的特殊要求；厂站设备均按国产设备考虑。

污水处理厂附属设施用房的建筑面积指标表　单位：m^2　　表 6-26

类别		Ⅰ类	Ⅱ类	Ⅲ类	Ⅳ类	Ⅴ类
建设规模（万 m^3/d）		50 ~ 100	20 ~ 50	10 ~ 20	5 ~ 10	1 ~ 5
一级污水厂	辅助生产用房（m^2）	1420 ~ 1645	1155 ~ 1420	950 ~ 1155	680 ~ 950	485 ~ 680
	管理用房（m^2）	1320 ~ 1835	1025 ~ 1320	815 ~ 1025	510 ~ 815	385 ~ 510
	生活设施用房（m^2）	890 ~ 1035	685 ~ 890	545 ~ 685	390 ~ 545	285 ~ 390
	合计（m^2）	3630 ~ 4515	2865 ~ 3630	2310 ~ 2865	1580 ~ 2310	1155 ~ 1580
二级污水厂	辅助生产用房（m^2）	1835 ~ 2200	1510 ~ 1835	1185 ~ 1510	940 ~ 1185	495 ~ 940
	管理用房（m^2）	1765 ~ 2490	1095 ~ 1765	870 ~ 1095	695 ~ 870	410 ~ 695
	生活设施用房（m^2）	1000 ~ 1295	850 ~ 1000	610 ~ 850	535 ~ 610	320 ~ 535
	合计（m^2）	4600 ~ 5985	3455 ~ 4600	2665 ~ 3455	2170 ~ 2665	1225 ~ 2170

注：生产管理及辅助生产区用地面积宜控制在总用地面积的 8% ~ 20%。

城市污水处理工程面积指标表　单位 [m^2/（m^3/d）]　　表 6-27

建设规模	一级污水厂	二级污水厂	深度处理
Ⅰ类	—	0.50 ~ 0.40	—
Ⅱ类	0.30 ~ 0.20	0.60 ~ 0.50	0.20 ~ 0.15

续表

建设规模	一级污水厂	二级污水厂	深度处理
Ⅲ类	0.40 ~ 0.30	0.70 ~ 0.60	0.25 ~ 0.20
Ⅳ类	0.45 ~ 0.40	0.85 ~ 0.70	0.35 ~ 0.25
Ⅴ类	0.55 ~ 0.45	1.20 ~ 0.85	0.40 ~ 0.35

注：①建设规模大的取下限，规模小的取上限。

②表中深度处理用地指标是在二级处理的基础上增加用地；深度处理工艺按提升泵房、絮凝、沉淀（澄清）、过滤、消毒、送水泵房等常规流程考虑；当二级污水厂出水满足特定回用要求或仅需某几个净化单元时，深度处理用地应根据实际情况降低。

城市污水处理厂工程项目投资估算指标表 单位：元 /（m^3/d） **表 6-28**

项目	建设规模	投资估算指标	
		不含污泥消化	含污泥消化
一级处理	Ⅰ类	335 ~ 285	—
	Ⅱ类	400 ~ 335	—
	Ⅲ类	480 ~ 400	—
	Ⅳ类	575 ~ 480	—
	Ⅴ类	685 ~ 575	—
二级处理	Ⅰ类	700 ~ 600	800 ~ 690
	Ⅱ类	820 ~ 700	935 ~ 800
	Ⅲ类	950 ~ 820	1085 ~ 935
	Ⅳ类	1120 ~ 950	1285 ~ 1085
	Ⅴ类	1350 ~ 1120	1560 ~ 1285
深度处理	Ⅰ类	—	—
	Ⅱ类	370 ~ 320	—
	Ⅲ类	425 ~ 370	—
	Ⅳ类	510 ~ 425	—
	Ⅴ类	635 ~ 510	—

注：①表中不包括征地、拆迁、青苗与破路赔偿等费用。

②本表指标采用北京市 1999 年人工、材料、机械预算价格计算，不同时间、地点、人工、材料价格变动，可调整后使用。

③表中未考虑湿陷性黄土地区、地震设防、永久性冻土和地质情况十分复杂等因素的特殊要求；厂站设备均按国产设备考虑。

④表中污水厂建设规模大的取指标下限，建设规模小的取指标上限。

⑤污水水质按一般情况考虑，即进厂水的 $BOD_5$150mg/L，出厂水的 $BOD_5$20mg/L；一级污水厂包括一级强化处理。

⑥二级处理主体工艺按活性污泥法考虑。

城市污水处理工程各单位工程投资比例表 单位（%）　　表 6-29

项目	建筑工程	工艺设备	电气设备	管道及配件	合件
一级污水厂	58	16	10	16	100
二级污水厂	50	26	12	12	100
污水深度处理	55	18	12	15	100
污水泵站	58	25	12	5	100

6.3　城市道路工程及主要技术经济指标

6.3.1　城市道路工程的组成与分类

城市道路工程是指在城市范围内具有一定技术条件和设施的道路，位于城市规划范围内，是为城市自身服务，并具有沿线服务功能和到达功能，其服务的对象是各种车辆和行人。

1. 城市道路工程的组成

城市道路工程包括：道路与桥梁工程、交通安全设施、给水排水、燃气、电力、电信、有线电视等管线工程及照明、绿化等专业工程。

其中：桥梁工程通常由桥梁的上部结构、下部结构及附属工程组成。其中：桥跨结构为上部结构，桥墩、桥台、基础为下部结构；附属工程包括桥面系统、护栏、锥坡、照明等。

2. 城市道路的分级

城市道路按其在道路网中的地位、交通功能以及对沿线的服务功能等，分为快速路、主干路、次干路和支路四个等级。

（1）快速路：在城市路网中具有大交通量、过境及中长距离交通功能，为机动车快速交通服务的道路应选用快速路。快速路应采用中间分隔、全部控制出入、控制出入口间距及形式，实现连续交通流，具有单向双车道或以上的多车道，并应设有配套的交通安全与管理设施。快速路可分为地面快速路、高架快速路、地道快速路。

（2）主干路——在城市道路网中连接城市各主要分区，以交通功能为主的道路应选用主干路。主干路应采用机动车与非机动车分隔的形式，并控制交叉口间距。快速路和主干路共同构成城市的主骨架和主动脉，是城市机动车交通的主通道，以连通功能为主。

（3）次干路——在城市道路网中与主干路结合组成干路网，以集散交通功能为主，兼有服务功能的区域性道路应选用次干路。次干路兼具交通性和生活性两种主要功能，“连通”功能有所减弱，“到达”功能有所增强。

（4）支路——与次干路和居住区、工业区、交通设施等内部道路相连接，解决局部地区的交通，以服务功能为主的道路应选用支路。支路网的特点是分布广、密度大、车速不高，可达性强，为城市用地和居民生活提供服务。

城市各级道路的基本特征如表 6-30 所示。

城市各级道路基本特征表 表 6-30

特征		快速路	主干路	次干路	支路
连通功能		极其重要	很重要	较重要	一般
可达功能		较少	一般	较重要	重要
服务功能		中长距离出行，实现快速目的	中长距离出行，连接快速路、次干路、支路，实现组团、区域之间的"连能"功能	中短距离出行，连接快速路、主干路、支路，实现"可达"功能	短距离出行，实现"可达"功能
使用对象		机动车专用	所有交通方式	所有交通方式	所有交通方式
车辆特征		连续流	间断流	间断流	间断流
交通组织形式	路段	中央分隔、出入口全控制	中央分隔带不封闭或部分路段封闭，出入口不控制	不设中央分隔带或中央分隔带在交叉口不封闭	中央不封闭
	交叉口	主要交叉口立交，次要交叉口分离或封闭	平交	平交	平交
设置型式		高架、地面、地下	地面	地面	地面
断面型式		宜设置辅路，快速路主线机动车宜双向 6 车道	可不设置辅路，机动车宜双向 6 ~ 8 车道	机动车宜双向 4 车道	机动车一般为双向 2 车道
交叉口间距		市区范围立交最小间距 1.5km	平交间距 800m ~ 1500m	平交间距 300m ~ 500m	平交间距 300m
设计车速（km/h）		60、80、100	40、50、60	30、40、50	20、30、40
公交线路		公交快线	公交骨干线	所有公交线路	所有公交线路
路边停车		禁止	禁止	允许临时停车	允许临时停车，有条件路段允许长时间停车

3. 桥梁的分类

（1）桥梁按跨径分类

桥梁按其多孔跨径总长或单孔跨径的长度，可分为特大桥、大桥、中桥和小桥等四类。桥梁分类应符合表 6-31 的规定。

桥梁按总长或跨径分类 表 6-31

桥梁分类	多孔跨径总长 L（m）	单孔跨径 L_0（m）
特大桥	$L>1000$	$L_0>150$
大桥	$1000 \geqslant L \geqslant 100$	$150 \geqslant L_0 \geqslant 40$
中桥	$100 > L > 30$	$40 > L_0 \geqslant 20$
小桥	$30 \geqslant L \geqslant 8$	$20 > L_0 \geqslant 5$

（2）桥梁按基本结构型式分为梁式桥、拱桥、刚架桥、悬索桥、组合体系桥。

按其用途来划分，有公路桥、铁路桥、公路铁路两用桥、农桥、人行桥、运水桥（渡槽）及其他专用桥梁（如通过管路、电缆等）。

按材料来划分，有木桥、钢桥、污工桥（包括砖、石、混凝土桥）、钢筋混凝土桥和预应力钢筋混凝土桥，钢—混凝土叠合或组合桥梁。除此之外，还可分为跨线桥、跨河桥。

通常，城市道路桥梁多为跨线桥、跨河桥、立交桥，以梁式桥为例，上部结构通常采用预应力混凝土空心板、T 梁、小箱梁、大箱梁。下部结构通常采用柱式墩台、桩基础、扩大基础、沉井基础等。

6.3.2 城市道路工程的技术与经济指标

1. 技术指标

城市道路工程的技术指标主要是指道路、桥梁设计的技术指标，主要包括设计速度、设计净空（或称道路最小净高）、设计使用年限、荷载标准及防灾标准。

（1）设计速度

各级道路设计速度的选定应根据其功能定位和交通量，并结合沿线地形、地质与自然条件、工程建设性质等因素按表 6-32 综合选定。

各级道路设计速度 表 6-32

道路等级	快速路			主干路			次干路			支路		
设计速度（km/h）	100	80	60	60	50	40	50	40	30	40	30	20

（2）设计净空

道路建筑限界内不得有任何物体侵入，道路最小净高应符合表 6-33。

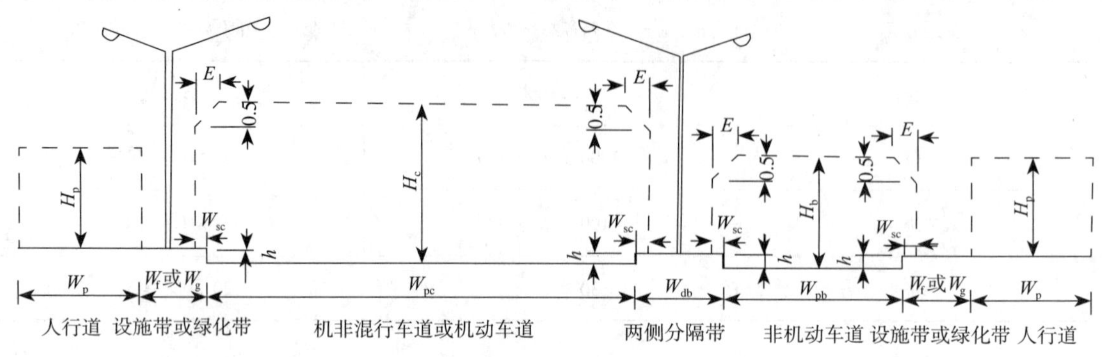

图6–1　道路高度与宽度示意图

道路最小净高　　表 6-33

道路种类	行驶车辆类型	最小净高
机动车道	各种机动车	4.5
	小客车	3.5
非机动车道	自行车、三轮车	2.5
人行道	行人	2.5

（3）设计年限

道路设计年限分为交通量达到饱和时的设计年限和路面结构的设计使用年限。各设计年限应分别符合表 6-34 要求。

道路交通量饱和与路面结构的设计使用年限　　表 6-34

道路等级	道路饱和设计年限（年）	路面结构设计使用年限（年）		
		路面结构类型		
		沥青路面	水泥混凝土路面	砌块路面
快速路	20	15	30	—
主干路	20	15	30	—
次干路	15	15	20	—
支路	10 ~ 15	10	20	10（20）

注：砌块路面采用混凝土预制块时，设计年限为 10 年；采用石材时，为 20 年。

桥梁结构的设计使用年限应符合表 6-35 的规定。

桥梁结构的设计使用年限 **表 6-35**

类别	设计使用年限
特大桥、大桥、重要中桥	100
中桥、重要小桥	50
小桥	30

注：对有特殊要求结构的设计使用年限，可在上述规定基础上经技术经济论证后予以调整。

（4）荷载标准

1）路面结构设计荷载

道路路面结构设计应以双轮组单轴载 100kN 为标准轴载（BZZ100）。对有特殊荷载使用要求的道路，应根据具体车辆确定路面结构计算荷载。

2）桥梁设计荷载

桥梁设计荷载应分为城 -A 级和城 -B 级两个等级。汽车荷载由车道荷载和车辆荷载组成，城 -B 级车道荷载为城 -A 级车道荷载的 75%；城 A 级采用总重 70t 的车辆荷载，城 B 级采用 55t 的车辆荷载。

应根据道路的功能、等级和发展的要求等具体情况选用汽车荷载，桥梁设计汽车荷载应根据表 6-36 选用。

桥梁设计汽车荷载 **表 6-36**

城市道路等级	快速路	主干路	次干路	支路
设计汽车荷载等级	城—A 级或城—B 级	城—A 级	城—A 级或城 B 级	城 B 级

注：快速路，次干路上如重型车辆行驶频繁时，设计汽车荷载应选用城—A 级。

（5）道路常用横断面与各部分的宽度。

各级道路常用横断面型式 **表 6-37**

道路类别	单幅路	双幅路	三幅路	四幅路	道路宽度（m）
快速路		○		○	35 ~ 45
主干路		○	○	○	35 ~ 55
次干路	○	○	○		30 ~ 50
支路	○				15 ~ 30

横断面布置应在城市道路规划红线宽度范围内进行，根据道路等级、交通组织和建设条件，合理划分为机动车道、非机动车道、人行道、分车带、绿化带等宽度，并满足地下管线综合布置要求；特殊断面还应包括停车带、港湾式公交停靠站、路肩和排水沟的宽度。

①机动车道宽度

一条机动车道最小宽度应符合表 6-38 规定。

一条机动车道最小宽度 表 6-38

车型及车道类型	设计速度（km/h）	
	> 60	≤ 60
大行车道或混行车道（m）	3.75	3.5
小客车专用车道（m）	3.5	3.25

注：机动车道路面宽度应包括车行道宽度及两侧路缘带宽度。

②非机动车道宽度

一条非机动车道最小宽度应符合表 6-39 规定。

一条非机动车道最小宽度 表 6-39

车辆种类	自行车	三轮车
非机动车道宽度（m）	1.0	2.0

注：非机动车道专用路面宽度应包括车道宽度及两侧路缘带宽度。

③人行道宽度：人行道最小宽度应符合表 6-40 的规定。

人行道最小宽度 表 6-40

项目	人行道最小宽度（m）	
	一般值	最小值
各级道路	3.0	2.0
商业或公共场所集中路段	5.0	4.0
火车站、码头附近路段	5.0	4.0
长途汽车站	4.0	3.0

④分车带宽度

分隔带按其在横断面中的不同位置与功能，可分为中间分车带（简称中间带）及两侧分车带（简称两侧带）；分车带应由分隔带及两侧路缘带组成，详见图 6-2。

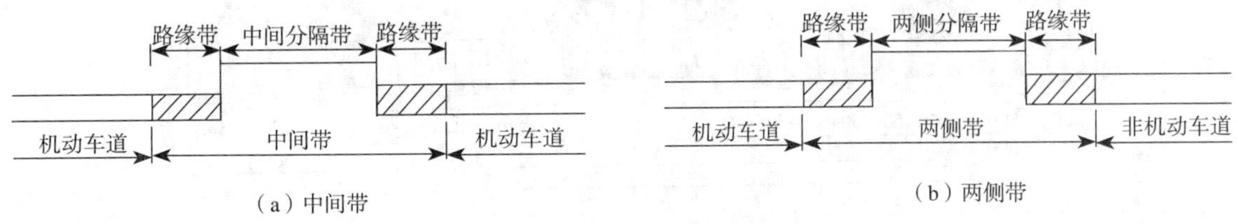

图6–2　分车带示意图

分隔带最小宽度应符合表 6-41 的规定。

分车带最小宽度　　表 6-41

类别		中间带		两侧带	
设计行车速度（km/h）		≥ 60	< 60	≥ 60	< 60
路缘带	机动车道	0.5	0.25	0.5	0.25
	非机动车道	—	—	0.25	0.25
分隔带		1.5	1.5	1.5	1.5
分车带		2.5	2.0	2.25	2.0

⑤绿化带宽度

绿化带的宽度按相关现行绿化规范要求选取，并应满足相关设施布置要求。

⑥路肩

保护性路肩宽度自路缘带外侧算起，快速路不应小于 0.75m；其他等级道路不应小于 0.50m；当有少量行人时，不应小于 1.50m。当需设置护栏、杆柱、交通标志时，应满足其设置要求。

典型横断面组成如图 6-3。

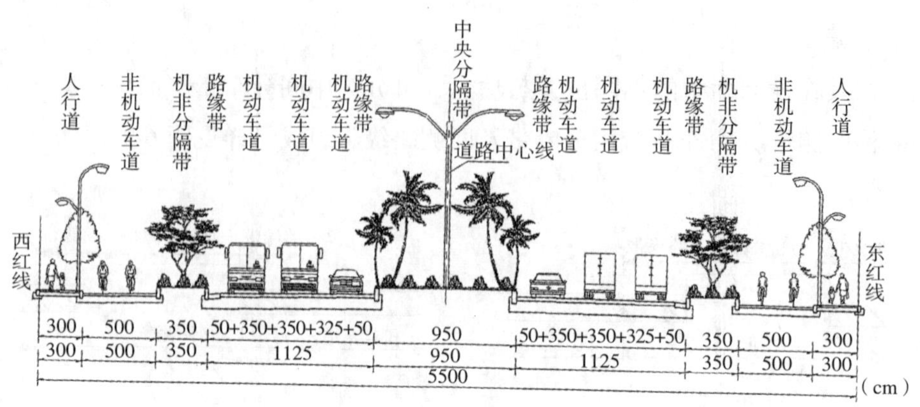

图6-3 道路横断面图

(6)交通安全管理设施

城市道路交通安全管理设施等级分为 A、B、C、D 四级，各级道路交通安全和管理设施等级与适应范围应符合表 6-42 的规定。

交通安全和管理设施等级与适用范围 **表 6-42**

交通安全和管理设施等级	适用范围
A	快速路，中、长、特长隧道及特大型桥梁
B	主干路
C	次干路
D	支路

城市道路应根据道路等级设置系统完善的交通安全设施和管理设施。

交通安全设施包括标志、标线、交通信号灯、隔离和防护设施。

交通管理设施即为交通配置完善的信息采集、交通监视、简易信息处理及发布等监控设施和信号控制设施。

城市道路（桥梁）防灾标准一览表 **表 6-43**

名称	防灾标准
抗震	道路工程当建设区域地震动峰值加速度大于 0.05g，应对道路建（构）筑物进行抗震设防；地震动峰值加速度大于或等于 0.40g，应进行专门的抗震研究和抗震设计

续表

名称	防灾标准
防洪	城市桥梁设计宜采用百年一遇的洪水频率，对特别重要的桥梁可提高为三百年一遇。 城市防洪标准低的地区，当按着百年一遇或三百年一遇的洪水频率进行设计时，导致桥面高程较高而引起困难时，可按相交河道或排洪沟渠的规划洪水频率进行设计。但是，应确保桥梁在百年一遇或三百年一遇的洪水频率下安全使用
避灾	道路工程选线要避开泥石流、滑坡、崩塌、地面沉降、塌陷、地震断裂活动带等自然（地质）灾害易发生区；当不能避开时，必须提出道路工程和管理的措施，保证道路的正常使用和安全运行

2. 经济指标

（1）城市道路工程各专业投资估算所占比例

各专业投资估算所占比例表（适用于沥青混凝土路面、水泥混凝土路面）　　表6-44

序号	专业类别	各专业建安费投资估算比例（%）	备注
1	道路工程	50 ~ 55	平原区取低值，丘陵区取高值。不包含桥梁造价
2	交通工程	3 ~ 4	
3	雨、污水	15 ~ 18	不包括雨、污水泵站
4	给水工程	5 ~ 8	不包括水厂
5	照明工程	5 ~ 8	不包括景观照明
6	绿化工程	5 ~ 7	不包括单独景观节点工程
7	合计	100	

注：上表不包含注：上表不包括强电、弱电、燃气等专业管线的敷设，通常在工程估价中会按约100万元/km计算土建费用，管材费用应单计。

（2）道路工程综合单价

道路工程综合单价见表6-45。

道路工程综合单价表　　表6-45

序号	地形地貌	每公里造价（万元）					备注
		快速路		主干路	次干路	支路	
		宽度（m）	35 ~ 45	35 ~ 55	30 ~ 50	15 ~ 30	
1	平原区	沥青混凝土路面	3150 ~ 4050	2800 ~ 4400	2280 ~ 3800	1050 ~ 2100	不包括大型桥梁、立交工程，包含道路、交通设施、雨水、污水、照明、绿化
		水泥混凝土路面	2800 ~ 3600	2450 ~ 3850	1995 ~ 3325	900 ~ 1800	

续表

序号	地形地貌	每公里造价（万元）					备注
		快速路		主干路	次干路	支路	
		宽度（m）	35～45	35～55	30～50	15～30	
2	微丘区	沥青混凝土路面	3850～4950	3500～5500	2850～4750	1350～2700	不包括大型桥梁、立交工程，包含道路、交通设施、雨水、污水、照明、绿化
		水泥混凝土路面	3500～4500	3150～4950	2565～4275	1200～2400	
3	山岭重丘区	沥青混凝土路面	4550～5850	4200～6600	3420～5700	1650～3300	
		水泥混凝土路面	4200～5400	3850～6050	3135～5225	1500～3000	

注：表中公里造价为湖南地区 2013 年核算指标。

（3）桥梁工程综合单价

以北京市 2015 年造价分析指标为依据，桥梁工程综合单价见表 6-46

桥梁工程综合单价表 **表 6-46**

单跨跨径（m）	单价（元/m²）	备注
单跨 20～40	4000～8000	跨径小取低值，跨径大取高值。

注：在经济上，桥涵的平均造价一般来说占公路总造价的 15%～25%。

6.4 电力工程及主要技术经济指标

6.4.1 电力工程项目的主要类型

电力工程是指与电能的生产、输送、分配有关的工程，广义上还包括把电作为动力和能源在多个领域中应用的工程。电力工程项目的主要类型如图 6-4 所示。

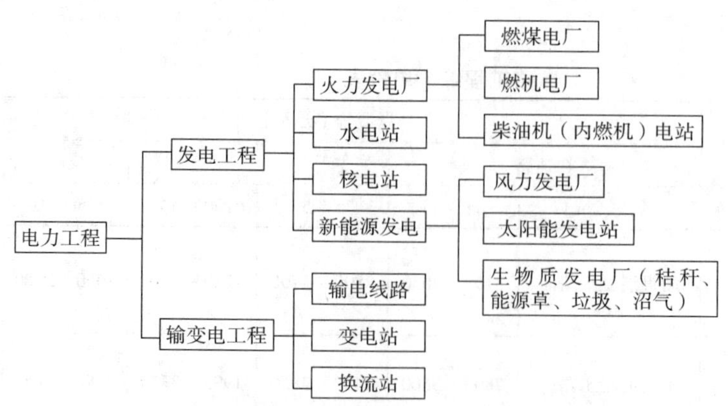

图6-4 电力工程项目的主要类型

6.4.2　火电工程的主要技术经济指标

1. 产能指标

（1）装机容量（installed capacity）：等于机组台数乘机组额定功率（MW），它反映火电厂的生产能力。

（2）发电设备年利用小时数（annual utilization hours）：指按额定容量计算的，一年中发电设备的等值利用小时数。即发电设备全年发电量与该发电设备额定功率之比值。

（3）电厂寿命：电厂从开始发电到发电机组报废为止的整个寿命周期。燃煤电厂寿命一般按30年（每年5500小时运行）考虑。

2. 效率指标

（1）全厂热效率（thermal efficiency of fossil-fired power plant）：指火力发电厂输出能量与所消耗燃料发热量及其他输入能量之比。亦即组成发电系统的锅炉、汽轮机、燃气轮机、发电机及其系统在发电及供热过程中热能的利用率。

（2）全厂厂用电率（rate of house power）：发电厂直接用于发电生产过程的自用电量占发电量的百分比。

（3）发电标准煤耗（standard coal consumption for power generation）：指发电厂每发一千瓦时的电能所消耗的标准煤（发热量29.271MJ/kg）量（g/kWh）。

（4）供电标准煤耗（net coal consumption rate）：火力发电厂每向外提供1kWh电能平均耗用的标准煤量（g/kWh）。供电标煤耗越低，表明电厂能源利用效率越高。

（5）发电热耗率（heat consumption rate of electricity generation）：是指发电机组每发一千瓦时的电能所消耗的热量（kJ/kWh）。发电热耗率越低，表明电厂能源利用效率越高。

3. 环境排放指标

（1）大气污染物排放浓度：通常指电厂烟囱排放的每1m^3烟气中含烟尘、SO_2、NO_x的量（mg/m^3）。

（2）废水排放：指电厂各生产作业场所排出的工业废水和生活污水，一般主要控制COD、BOD、悬浮物、重金属离子、pH值、含油量等指标，通常执行当地排放标准。

（3）固体废弃物：指电厂生产过程中产生的灰渣及脱硫石膏等工艺副产品，可以根据当地情况综合利用（如用做建材、筑路、回填等）。

（4）噪声：主要产生于电厂内汽机（燃气轮机）房、锅炉房、脱硫设备、各类泵房（风机、空气压缩机）等部位。有湿冷塔时还有冷却塔噪声；直接空冷系统还有风机噪声。通常要求控制设备噪声和厂界噪声[dB（A）]。

4. 耗水指标

（1）单位发电量耗水量：是指火力发电厂每发一千瓦时的电需用的新鲜水量（不含重

复利用水)(1/kW · h)。

(2)小时补水量:指发电厂在额定功率下每发一小时电需要补充的新鲜水量(t/h)。

(3)小时循环水量:指发电厂在额定功率下每运行一小时使用的循环水量(t/h)。

5. 用地指标

(1)总用地面积(total land area of power plant):指厂区用地面积、铁路专用线用地面积、(生活区用地面积)、厂外道路用地面积、贮灰场用地面积、厂外工程管线用地面积、弃取土场用地面积、施工区及施工生活区用地面积以及不可预计的用地面积等厂址各项用地的总和。

(2)厂区用地面积:以发电厂生产和辅助、附属设施永久性用地围墙所围成的区域面积。

(3)灰场用地面积:发电厂利用山谷或荒、滩地筑坝(堤)来贮存灰渣的场地面积。

(4)厂外构建筑物、工程管线及运输通道用地面积:包括取水建(构)筑物及其工艺管线、专用检修道路和厂外运煤皮带廊道、电厂新建专用进厂道路及铁路、厂外消防站、专用停车场等的建设用地面积。

(5)施工用地面积:电厂工程建设施工区和施工生活区用地面积。

6. 经济指标

(1)工程总投资:

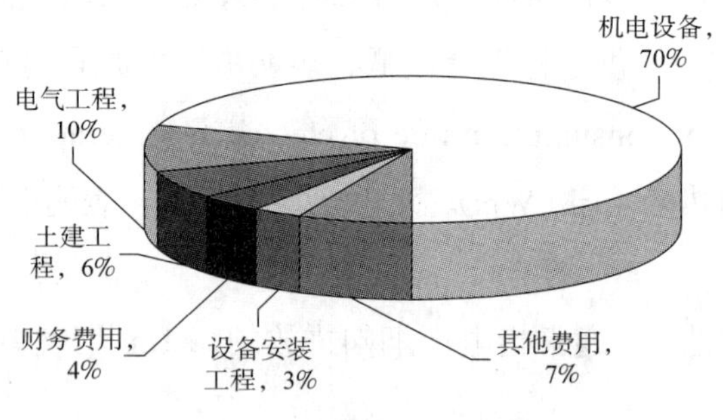

图6-5 投资估算中各项费用的比例

指电厂工程建设花费的全部费用。包括设备购置费、建筑工程费、安装工程费和其他费用等。

(2)单位造价:

指每 1kW 装机容量的工程投资。即工程总投资与电厂装机容量之比。

(3)上网电价(on-grid price):

指电网购买发电企业的电力和电量,在发电企业接入主网架那一点的计量价格。

(4)燃料价格(The price of fuel):指发电厂生产用的燃煤、燃油和天然气的购置价格。

(5)投资估算(investment estimate):指项目建议书阶段或可行性研究阶段对工程建设

费用的测算成果。投资估算中各项费用所占比例见图 6-5。

（6）投资概算（investment budget）：指概念设计阶段或基础设计阶段对工程建设费用的测算成果。一般要求不应超过投资估算。

（7）施工预算（construction budget）：指在施工图设计完成的基础上对工程建设费用的计算成果。

（8）工程决算（project final account）：指工程项目竣工后实际发生的全部建设费用。

6.4.3　输变电工程的主要技术特征与经济指标

1. 变电工程

（1）变电容量（substation capacity）：

变电站本期、远期安装的主变压器台数 × 单台主变压器（组）容量（MVA）。

（2）无功补偿容量（reactive compensation capacity）：

变电站本期、远期安装的各级电压补偿装置组数 × 单组补偿装置的容量（MVar）。

（3）各级电压出线回路数（circuit number of each voltage level of transmission line）：

描述变电站本期、远期变电站各级电压的出线回路数量。

（4）各级电压电气主接线（main electrical circuit connection for each voltage level）：

描述变电站内各级高压配电装置本期、远期采用的主接线型式。

（5）配电装置型式（type of switchgear of each voltage level）：

描述各级高压配电装置采用的配电装置型式。

（6）所用地面积（1and area of substation）：

包括变电站总占地面积、围墙内占地面积、厂外道路占地面积。

（7）工程总投资（total investment）：

变电站工程建设花费的全部费用。包括设备购置费、建筑工程费、安装工程费和其他费用等。

（8）单位造价（unit investment）：

每 kVA 变电容量的工程投资。即工程总投资与变电总容量之比。

2. 线路工程

（1）线路电压等级（voltage of transmission line）：线路工程采用的电压等级。

（2）线路导体截面（conductor & section of transmission line）：线路工程采用的导体型式及导体的截面。

（3）线路结构形式（structure type of transmission line）：线路工程采用的塔形（同塔单回，双回还是多回）

(4)工程总投资(total investment):线路工程建设花费的全部费用。包括本体工程投资(材料，人工，机械)和与建设有关的其他费用等。

(5)单位投资(unit investment):线路工程总投资与线路总长度的比值。

6.5 工程建设方案研究所涉及的主要内容

工程建设方案(简称建设方案)的拟定、选择的研究，是初步可行性研究(项目建议书)和可行性研究报告的重要工作。

通常，大型或复杂的工业项目工程建设方案包括的内容如表 6-47 所示。

大型或复杂的工业项目工程建设方案的内容一览表 **表 6-47**

序号	内容
1	产品方案和建设规模
2	生产工艺
3	场(厂)址
4	原材料供应
5	总图布置与运输
6	工程方案及抗震
7	公用、辅助及场(厂)外配套工程
8	节能、节水、节材
9	环境保护
10	职业安全、卫生、健康及消防
11	组织机构与人力资源
12	项目进度计划等

在工程建设方案(简称建设方案)的拟定、选择的研究中，主要涉及的技术工作有以下几方面的内容:

6.5.1 产品方案与建设规模

1. 产品方案

产品方案是研究拟建项目生产的产品品种及其组合方案，即研究其主要产品、辅助产品和副产品的种类及其生产能力的合理组合，包括产品品种、产量、规格、性能、价格等，

使它与技术、设备、原材料及燃料供应等方案协调一致。

表6-48给出了确定产品方案一般应研究的主要因素和内容。

确定产品方案的主要因素和内容　　**表6-48**

序号	主要因素	内容
1	市场需求	以市场需求确定产品的品种、数量、质量，并能较好适应市场变化
2	产业政策	符合政府发布的鼓励发展的产业和产品方向，以及技术政策和技术标准要求，使产品具有较高技术含量和市场竞争力
3	专业化协作	从社会和区域的角度考察项目产品方案是否符合专业化协作，以及上下游产品链衔接的要求
4	资源综合利用	公共资源开发项目或者在生产过程中有副产品的项目，应考虑资源的综合利用，提出主要产品和辅助产品的组合方案
5	环境条件	考虑环境保护要求和可能获得的环境容量，以及环保治理设施投资等因素
6	原材料、燃料供应	遵循行业对原材料、燃料供应的相关规定、规范，根据项目所采用的原材料、燃料的可得性及其数量、品质、供应的稳定性来确定项目产品方案
7	技术设备条件	项目产品方案应与可能获得的技术装备水平相适应
8	生产运输和储存条件	对运输、储存有特殊要求的产品项目，应考虑满足这些要求的可能性。例如，地处边远地区、目标市场相距较远项目产品的运输半径，或者产品属危险化学品的项目储运要求

2. 建设规模

项目建设规模也称生产规模，是指项目设定的正常生产运营年份可能达到的生产能力或者使用效益。不同类型项目建设规模的表述不同，工业项目通常以年产量、年加工量、装机容量表示；交通运输项目以运输能力、吞吐能力等表示；建筑工程项目通常以建筑面积、占地面积等表示。多种产品的项目一般是以主要产品的生产能力表示该项目的建设规模。

（1）确定建设规模的主要影响因素

建设规模的确定，就是要合理选择拟建项目的生产规模，解决“生产多少”的问题。生产规模过小，使得单位产品成本较高，经济效益低下；生产规模过大，超过了项目产品市场的需求量，则会导致产品积压库存成本增加，致使项目经济效益也会低下。因此，项目规模的合理确定关系着项目的成败，决定着工程造价合理与否。确定建设规模一般应研究以下主要影响因素。

1）技术资源因素

任何工程项目的建设和运营都需要投入一定的设备、人力和资源，并受周围环境因素的约束。工程项目可以使用的设备、人力和资源的多少，即技术资源的约束决定了项目可以达到的建设规模。影响建设规模在技术资源方面的因素主要有以下几个方面，如

表 6-49 所示。

影响建设规模的技术资源因素 **表 6-49**

序号	因素	内容
1	技术	先进适用的生产技术及技术装备对确定项目建设规模起着重要的作用，同时相应的管理技术水平也非常重要
2	资金	资金即工程项目的投资额，能反映项目建设规模，同时也是影响项目投资效益、投资风险的关键因素
3	资源	资源的稀缺性会导致有可能出现资源的供应量、质量或成本满足不了项目的需求，从而制约项目建设规模的确定
4	供应链协作及配套	确定项目的建设规模必须要充分考虑供应链上下游企业的协同配套能力，能否满足所确定规模的原材料供应及产品分销

2）市场因素

市场需求的大小，是决定项目规模的基础。在确定拟建项目的生产规模时，必须对市场分析的结果进行研究，分析项目产品的市场供求关系、项目产品的市场需求量大小，并把其作为制约和决定项目生产规模的重要因素。市场因素决定了拟建项目需要达到的建设规模。确定项目建设规模需要考虑的市场因素如表 6-50 所示。

影响建设规模的市场因素 **表 6-50**

序号	因素	内容
1	市场需求情况	通过市场分析与预测，确定市场需求量、了解竞争对手情况，最终确定项目建成时的最佳生产规模，使所建项目在未来能够保持合理的盈利水平和持续发展的能力
2	原材料、资金及劳动力供给	项目规模过大可能导致材料供应紧张和价格上涨，造成项目所需投资资金的筹集困难和资金成本上升等，将制约项目的规模
3	市场价格	市场价格分析是决定建设规模的主要因素。市场价格预测应考虑影响价格变动的各种因素，根据项目具体情况选择采用回归法和比价法进行预测
4	市场风险	市场风险分析是对未来某些重大不确定因素发生的可能性及其对项目造成的损失程度进行的分析，分析风险程度，对项目的影响，并提出风险规避措施

3）经济效益因素

经济效益是影响建设规模的决定因素。技术资源和市场因素对确定建设规模起约束条件的作用，经济效益因素则是在前两者约束的范围内找出使经济效益最大的建设规模。

（2）确定建设规模的方法

确定最佳建设规模的方法多种多样，但都有其优缺点。根据目前国内外理论研究和应用情况，主要有以下几种方法。

1）经验法

经验法是指根据国内外同类或类似企业的经验数据，考虑生产规模的制约和决定因素，确定拟建项目建设规模的一种方法。在实践中这种方法应用最为普遍。

在确定拟建项目建设规模之前，首先应找出与该项目的性质相同或类似的企业，特别是要找出几个规模不同的企业，并计算出各不同规模企业的主要技术经济指标，如财务内部收益率、总投资收益率和投资回收期等。然后综合考虑制约和决定该项目建设规模的各种因素，确定拟建项目的建设规模。

2）规模效果曲线法

企业规模与产品成本有密切联系，企业规模逐步扩大时，单位产品成本逐步下降，当企业规模的扩大超过一定限度后，成本开始上升。规模效果曲线法就是根据这一原理来确定建设规模。

从图 6-6 规模效果曲线图可以看出，从理论上讲，应该以 Q_B 作为拟建项目的生产规模，但在实践中，往往受其他制约和决定生产规模的因素的影响，不能达到这个规模。因此，在选择拟建项目生产规模时，首先应当确定从 Q_A 到 Q_B 的规模经济区域，然后在这个区域内，根据制约和决定建设规模的诸多因素，选择离 Q_B 最近的规模。

3）分步法

分步法又叫逼近法，其特点是先确定起始生产规模作为所选规模的下限，确定最大生产规模作为所选规模的上限，然后在上、下限之间，拟定若干有价值的方案，通过比较，选出合理的生产规模。具体步骤如图 6-7 所示。

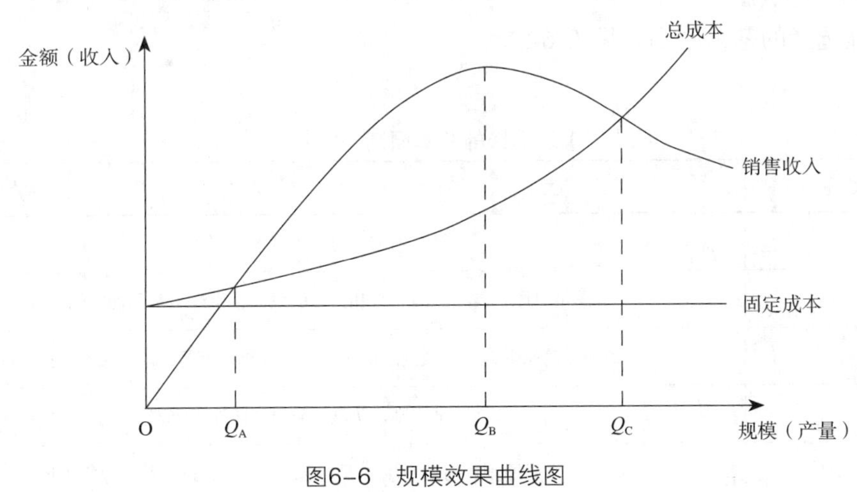

图6–6　规模效果曲线图

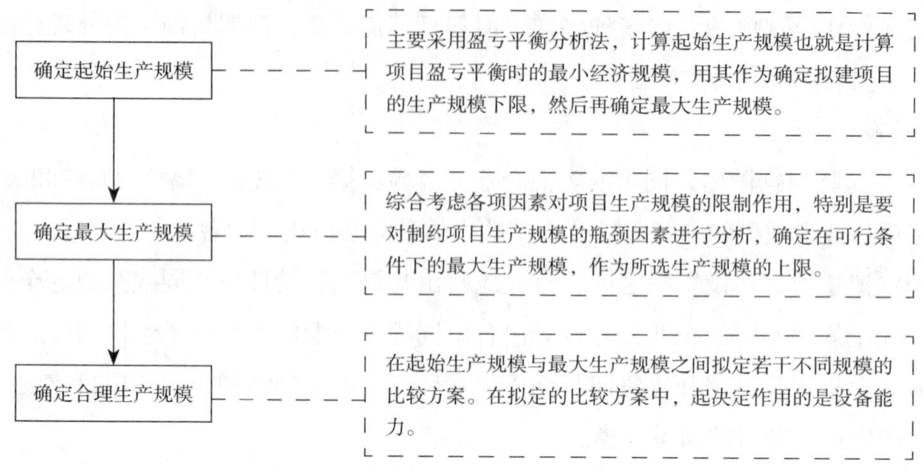

图6-7　分步法确定建设规模的步骤图

（3）建设方案的经济比较

经过对建设规模的论证，提出两个或两个以上方案进行比选，比较各方案的单位生产能力的投资、劳动生产率、技术先进性、工艺流程合理性、设备安全性等技术、经济指标，从中选优。

6.5.2　场（厂）址的选择

1. 场（厂）址选择的原则

场（厂）址选择是一项包括政治、经济和技术的综合性工作。不仅要考虑工程项目自身的利益，还要考虑提供场（厂）址的地区利益；不仅要考虑所在地区和地点对项目的影响，还要考虑项目对周围环境的影响。必须贯彻国家建设的各项方针政策，经多方案比较论证，选出投资省、建设快、运营费用低、具有最佳经济效益、环境效益和社会效益的场（厂）址。场（厂）址选择的基本原则，见表6-51

场（厂）址选择的基本原则　　表6-51

序号	场（厂）址选择的基本原则
1	符合国家、地区和城乡规划要求
2	满足对原材料、能源、水和人力的供应，生产工艺和销售的要求
3	节约和效益原则，尽力做到降低建设投资，节省运费，减少成本，提高利润
4	安全原则，防洪、防震、防地质灾害
5	实事求是原则，对多个场（厂）址调查研究，进行科学分析和比选

续表

序号	场（厂）址选择的基本原则
6	节约项目用地，尽量不占或少占农田
7	有利于环境保护，以人为本，减少对生态和环境的影响

2. 场（厂）址选择的主要内容

场（厂）选址的主要内容有：

（1）厂（场）址的自然资源：

①土地资源；

②水资源；

③气象资源；

④矿产资源。

（2）地形地貌及占地面积：

①地形地貌适合建厂的要求；

②平整土石方工程量的大小；

③可供土地面积能否满足近期及远期发展的需要。

（3）厂（场）址的工程地质和水文地质条件：

①地质构造、地基承载能力；

②是否处在不利的地质条件下；

③地表河流的流向、流量、水质、年降水量；

④地下水的类型及特征、土含水量；

⑤地下水的水位、流向、涌水量。

（4）征地拆迁情况：

移民的数量、安置途径、补偿标准、外迁地对厂址的影响。

（5）环境保护：

①项目可能产生污染物的种类和数量，场址容量是否能够承受；

②当地环境状况对建设项目的产品（或服务）的影响；

③如何采取措施。

（6）地区经济技术条件：

①经济实力；

②协作条件；

③基础设施；

④人口素质。

（7）交通运输条件：

①铁路、公路、港口码头的运输距离、运输能力、运输成本；

②桥梁、隧道等能否满足项目建设期和生产运营期大型超重、超高、超长设备及产品的运输要求。

（8）建设项目所需要的其他外部条件：

①原辅助材料、能源的供应；

②生产设施的依托；

③施工条件。

3. 场（厂）址选择工作的步骤

通常将大型工程项目的场（厂）址选择工作分为3个阶段，即准备阶段、地区选择阶段和具体地点的选择阶段。

（1）准备阶段的主要工作是对选址目标提出要求，并提出选址所需要的技术经济指标。这些要求主要包括产品、建设规模、运输条件、需要的物料和人力资源等，以及相应于各种要求的各类技术经济指标，如每年需要的供电量、运输量、用水量等。

（2）地区选择阶段主要为调查研究收集资料，如走访主管部门和地区规划部门征询选址意见，在可供选择的地区内调查社会、经济资源、气象、运输、环境等条件，对候选地区做分析比较，提出对地区选择的初步意见。地区选址要从宏观的角度考虑地理位置与项目特点的关系。一般情况下应考虑的因素，见表6-52。

地区选择考虑因素 **表6-52**

序号	考虑因素	内容
1	市场条件	充分考虑该地区市场对项目产品的需求情况、消费水平及与同类企业的竞争能力，以及未来一定时间市场需求的稳定及变化程度
2	资源条件	充分考虑该地区是否可使企业得到足够的资源。如原材料、水、电、燃料等
3	运输条件	考虑该地区的交通运输条件、能够提供的运输途径以及运力、运费等条件是否满足工程项目要求
4	社会环境	考虑当地的法律规定、税收政策等情况是否有利于投资

（3）在具体地点选择阶段，主要对地区内若干候选地址进行深入调查和勘测，查阅当地有关气象、地质、地震、水文等部门的历史统计资料，收集供电、通信、给排水、交通运输等资料，研究运输路线以及公用管线的连接问题，收集当地有关建筑施工费用、地方

税制、运输费用等各种经济资料，经研究和比较后提出数个候选场（厂）址。地点选择的主要考虑因素，见表 6-53。

地点选择考虑因素　　表 6-53

序号	考虑因素	内容
1	地形地貌条件	选择适宜建厂的地形和足够的场地面积，要充分合理地利用地形，尽量减少土石方工程
2	地质条件	对选址及周围区域的地质情况进行调查和勘探，查明场（厂）址区域的不良地质条件，对拟选场（厂）址的区域稳定性和工程地质条件作出评价
3	占地原则	节约用地，尽量利用荒地和劣地，位于城市或工业区的工程项目建设规划要与当地的规划相协调
4	施工条件	调查当地可能提供的建筑材料，同时场（厂）址附近应有足够的施工场地
5	给排水条件	供水水源要满足项目既定规模用水量要求，并满足水温、水质要求，还要考虑工业废水和场地雨水的排除方案

场（厂）址选择的各阶段都要提出相应报告，尤其在最后阶段要有翔实的报告和资料，并附有各种图样以便上级和管理部门决策。小型工程项目的场（厂）址选择工作可以简化，并将各阶段合并。

4. 场（厂）址选择的方法

场（厂）址选择经常要考虑成本因素，但还有许多非成本因素需要考虑。经济因素可以用货币来衡量，而非经济因素要通过一定的方法进行量化，并按一定规则和经济因素进行整合。在此基础上进行项目场（厂）址选择的比选。

场（厂）项目选址方案比选的主要内容如下：

（1）建设条件：

①建设项目的地理位置；

②土地资源；

③地势资源；

④地形地貌条件；

⑤工程地质条件；

⑥土石方工程量；

⑦动力供应条件；

⑧资源及燃料供应条件；

⑨生活设施及协作条件。

（2）投资费用：

①土地使用费用；

②场地平整费；

③地基基础工程费；

④厂外运输设施投资；

⑤厂外公用工程投资；

⑥环保设施投资。

（3）运营费用：

①原材料、燃料、关键配套件的运输费；

②产品运输费；

③动力费；

④排污费用；

⑤其他运营费用。

（4）环境保护：

①厂址位置与城镇规划的关系；

②与风向的关系；

③与公众利益的关系。

（5）对生产、储存危险物品审查厂址的选择是否在批准的规划区域内。分析项目对周边环境及周边环境对项目的影响，对厂址进行安全论证。

6.5.3 生产工艺的技术方案及设备方案

1. 生产工艺技术方案

生产工艺技术方案主要是确定拟建项目所使用的生产技术、工艺流程、生产配方及生产方法、生产过程控制程序、操作规程及程序数据等，以确保生产过程合理、通畅、有序地运行。

（1）工艺技术方案的研究内容

工艺技术方案的考察是通过对备选工艺技术方案在可靠性、合理性、适用性、经济性、安全性以及环保性能等多方面的研究，选择符合项目实际资金、市场、技术以及人力情况的、具有良好经济效益的工艺技术方案。

项目工艺生产技术除了通过自身研发获得，还可以通过购买、许可证交易和合作开发等多种方式取得，实际应用中需要根据企业自身战略规划、资金实力和项目实际情况等加以选择。

（2）工艺技术选择的原则

表 6-54 给出了工艺技术选择的原则。

工艺技术选择的原则　　表 6-54

序号	原则	内容
1	先进性	尽可能采用先进技术和高新技术。主要考虑产品的质量性能、使用寿命、物耗、能耗、劳动生产率、自动化水平、装备水平等
2	适用性	所采用的技术应该与建设规模、产品方案，以及管理水平相适应
3	可靠性	所采用的技术和设备质量应当可靠，应经过生产运行的检验，并有良好的可靠性记录
4	安全性	所使用的技术，在正常使用过程中应能保证安全生产运行
5	经济合理性	所采用的技术是否经济合理，是否有利于节约项目投资和降低产品成本，提高综合经济效益

（3）工艺技术方案选择的方法

工艺技术方案选择的方法很多，常用的方法主要有投资效益评价法。

投资效益评价法是基于各备选方案在技术指标都合格的前提下，采用投资效益分析法，即计算出各备选方案的投资效益，取投资效益大的方案为最优。投资效益有下述两种计算方式：

$$经济效果指数（Ⅰ）= 效益 / 耗费$$

$$经济效果指数（Ⅱ）= 效益 - 耗费$$

前者是相对指标，后者为绝对指标。当指数（Ⅰ）>1 或指数（Ⅱ）>0 时，方案可取，并取数值最大者为优；反之，则不可取。

2. 设备方案

设备方案选择是在研究和初步确定技术方案的基础上，对所需主要设备的规格、型号、数量、来源、价格等进行研究比选。

（1）主要设备方案选择的内容及要求

在生产工艺方案确定以后，就应着手考虑与工艺生产方案相适应的设备方案选择。设备和工艺是相互依存的，设备的选择要以工艺的要求为主导。设备的比选就是要比较各设备方案对建设规模的满足程度、对产品质量和生产工艺要求的保证程度、设备使用寿命、物料消耗指标、操作要求、备品备件保证程度、安装试车技术服务，以及所需的设备投资等，并据此选择可以达到既定的生产能力所需要的、最佳的和高效能的设备类型。

在对主要设备方案进行选择时，应该满足的基本要求和注意事项如下：

1）基本要求

①满足生产能力、生产工艺和产品技术标准要求。技术先进可靠，性能匹配。利于提高生产率，降低劳动强度。

②立足于选用国产或国内合资企业生产的产品，同等优先。

③根据生产工艺要求，分析主、客观条件，合理选择自动化生产线和控制系统，务求实效。

④具有柔性性能和可兼容性，适应同类产品的多品种生产的需要，以增加企业的市场应变能力。

⑤对于产品更新换代的高技术项目关键设置的技术性能参数选择，应适当留有余地，以满足产品在一定技术性能参数范围内更新换代的要求。

⑥节能降耗，符合环境保护规定和循环经济的要求。

2）注意事项

①合理确定主要、关键设备和量大面广设备的技术性能参数和档次水平。

②引进设备与国内配套设备的技术性能参数和运行速度节奏要匹配和衔接。

③对于超大、超重、超高和特殊设备，应要求供应商提出设备工作条件和相关参数。认真考虑运输方式、运输路线和设备安装等技术、安全措施。

④根据生产发展需求和统一计划，实行分批采购、分期配置的原则，以保持装备的先进性和提高设备的利用率。

⑤在建设项目可行性研究阶段，应开列主要设备清单，含设备名称、主要技术性能、数量、单价和总价，并说明设备价格的来源依据。

（2）主要设备方案比选

主要设备方案比选主要采用定性分析，辅之以定量分析方法。定性分析是将上述设备方案内容进行描述。定量分析一般是计算投资回收期，包括差额投资回收期、总投资收益率、运营成本、寿命周期费用等指标。

①投资回收期法。投资回收期越短，投资效果越好。在其他条件相同的情况下，投资回收期最短的设备，可作为选购对象。也可以采用差额投资回收期法。当差额投资回收期小于预期投资回收期时，投资大的方案为优。

②投资收益率法。设备的投资收益率反映了单位设备投资获取收益的能力，这种能力当然越大越好。在其他条件相同的情况下，设备投资收益率最高的设备是最优设备，应优先选用。

③运营成本法。计算项目的原材料和能源消耗、运转维修费等运营成本，再进行比较。在功能相同的条件下，设备运营成本低的方案为优。

④寿命周期费用法。该方法包括年费用比较和综合总费用比较。年费用比较是将一次投入的设备费用，按基准投资回收期换算成每年的费用支出，加上年运营费用进行比较，年费用少者为优。综合总费用比较是将基准投资回收期内的年运营费用汇总后加上设备投资进行比较，综合总费用少者为优。

6.5.4 总图布置

总图布置方案主要依据是确定项目建设规模，根据场地、物流、环境、安全、美学等条件和要求对工程总体空间和设施进行合理布置。总体布置方案要求满足生产工艺过程要求，满足厂内外运输的要求，同时适应自然条件（气象、地形、水文、地质等）和城市规划的要求，还要符合防火、安全、环境保护和卫生规划的要求。

厂区总平面布置应在总体布置的基础上，结合自然条件（场地地形地貌、气象因素、防洪排涝等）及厂外配套设施分布情况进行合理布置，经方案比较后择优选择。

一般来说，工厂总平面布置应符合的条件，见表6-55所示。

工厂总平面布置应符合的基本条件 表6-55

序号	应符合条件
1	在符合生产流程、操作要求和使用功能的前提下，建筑物、构筑物等设施应联合多层布置，布局集中紧凑
2	厂区总平面应根据工厂的生产流程及各组成部分的生产特点和火灾危险性，结合地形、风向等条件，按功能分区集中布置
3	分期建设的工业企业，近远期工程应统一规划。近期工程应集中、紧凑、合理布置，并应与远期工程合理衔接
4	充分利用地形、地势、工程地质及水文地质条件，合理地布置建筑物、构筑物和有关设施，减少土（石）方工程量和基础工程费用
5	总平面布置要与厂外铁路、道路衔接点、码头的位置相适应；与水源给水管道、排水管道去向、其他运输设施方位、电源线路等相适应，做到运距短、线路直，使人行便捷、货流畅通、内外联系方便
6	合理确定厂区通道宽度。应依据企业规模、通道性质确定，并符合现行国家和行业规范要求
7	公路和地区架空电力线路、油/气输送管道、区域排洪沟通过厂区时，应严格执行现行国家和行业规范
8	改扩建项目应充分利用现有的空地、建构筑物、仓储运输设施，调整理顺现有总图布置

总图布置的主要方法有摆样法、数学模型法、图解法、系统布置设计法（SLP）。

现代工程总图布置过程中常利用计算机辅助设计相关技术及仿真软件来完成布置

建模、运行分析、动画展示及系统优化。常用的能够提供规划辅助服务的软件主要有STORM、FactoryCAD、FactoryPLAN、SPIRAC。

1. 总图布置设计的基本资料

要做好布置设计，须考虑众多因素。按照Richard Muther的观点，影响布置设计最基本的要素是产品及其产量和生产工艺过程，这是主要资料，次要资料有两种，即支持生产的辅助服务部门和时间的安排，具体内容见表6-56所示。

总图布置设计的基本要素　　表6-56

序号	基本要素	代表字母	内容
1	产品	P	生产的产品型号、系列、规格
2	产量	Q	主要产品的产量和年生产量
3	工艺过程	R	由工程技术人员或专业咨询公司提供的工艺过程表、工艺路线卡、装配工艺卡等工艺文件
4	辅助服务部门	S	支持生产运行的工厂各辅助部门，如工具领取和维修部门、动力部门，各公用设施管理部门等
5	时间安排	T	产品的生产周期、投产的批量与批次、各种操作时间定额标准等，用以估算设备的数量、需要的面积等

2. 系统布置设计（SLP）

系统布置设计方法（SLP）的基本程序模式，不仅适合物流因素占主导地位的各类各种规模的工矿企业的布置设计或调整，也适用于非物流因素占主导地位的医院、商店等服务业企业的布置设计。SLP的基本程序模式，既可以用于车间内部各种生产设施装备的平面布置，也可以用于工厂总平面布置。系统布置设计（SLP）程序，如图6-8所示。

另外，工艺过程分析是整合不同零件的不同工艺程序成表，通过分析产品生产过程中各工序之间的关系，来描述全厂各部门之间的工艺流程。

6.5.5 工程方案及配套工程

1. 工程方案

工程方案也称建筑工程方案，是构成项目的实体。工程方案选择是在已选定项目建设规模、技术方案和设备方案的基础上，研究论证主要建筑物、构筑物的建造方案。

（1）工程方案选择的基本要求

工程方案选择的基本要求，见表6-57所示。

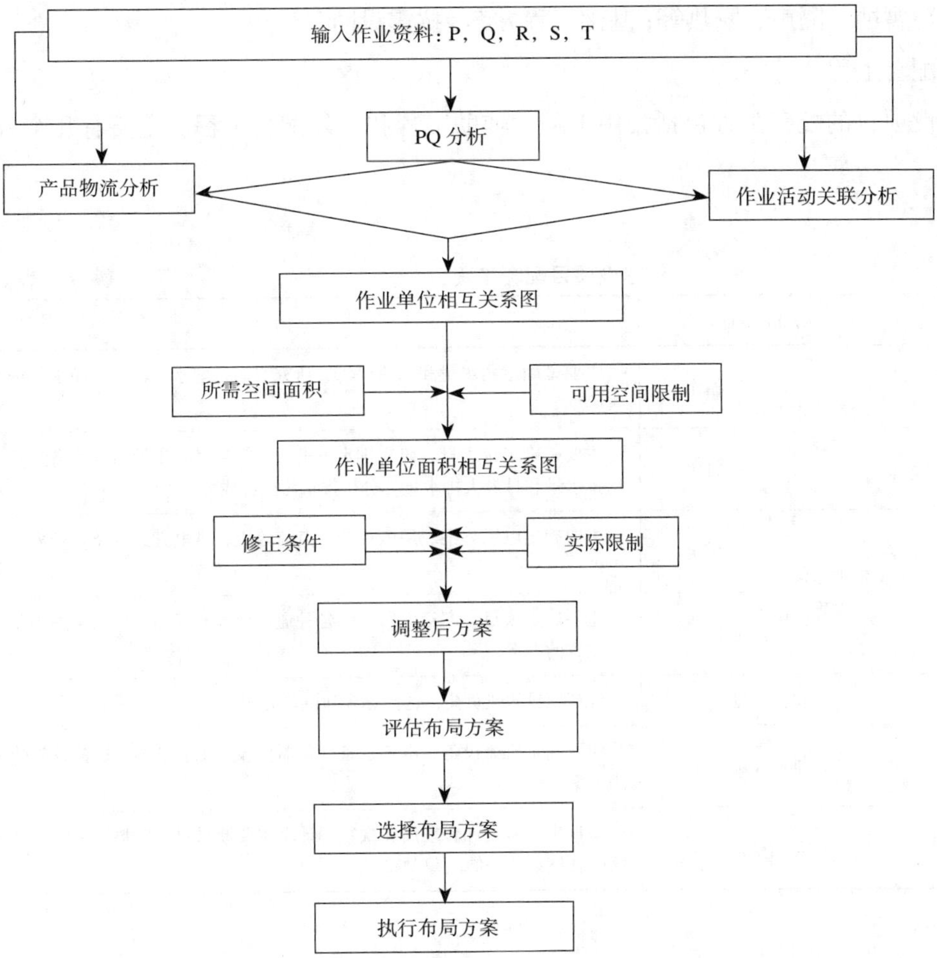

输入作业资料：P，Q，R，S，T

PQ 分析

产品物流分析

作业活动关联分析

作业单位相互关系图

所需空间面积

可用空间限制

作业单位面积相互关系图

修正条件

实际限制

调整后方案

评估布局方案

选择布局方案

执行布局方案

图6–8　系统布置设计（SLP）程序图

工程方案选择的基本要求　　**表 6-57**

序号	基本要求
1	满足生产使用功能要求
2	适应已选定的场址
3	符合工程标准规范要求
4	经济合理
5	技术改造项目应合理利用现有场地、设施，力求新增设施与原有设施的协调

（2）工程方案研究内容

工程方案研究的内容依项目性质的不同而有所不同。一般工业项目的工程方案主要研究建筑特征，包括：面积、层数、高度、跨度；建筑物、构筑物结构形式；特殊建筑要求：防火、防爆、防腐蚀、隔声、隔热等；基础工程方案；抗震设防。

2. 配套工程

建设项目的配套工程包括公用工程、辅助工程和厂外配套工程。主要有几个方面，见表 6-58。

建设项目配套工程 表 6-58

序号	配套工程		内容
1	给水排水设施	给水	主要是确定用水量和水质要求，研究水源、取水、输水、净水、场内给水方案等
		排水	主要是确定排水量，研究排水方案，计算生产、生活污水和自然降水的年平均排水量和日最大排水量，分析排水污染物成分
2	供电通信设施	供电	主要确定电源方案、用电负荷、负荷等级、供电方式以及是否需要建设自备电厂
		通信设施	主要确定项目生产运营所需的各种通信设施，提出通信设施采用租用、建造或购置的方案
3	供热设施		计算项目的热负荷，选择热源和供热方案。
4	维修设施		主要确定机械设备、电气设备、仪器仪表、工业炉窑、运输设施的维护和修理方案
5	仓储设施		根据生产需要和合理周转次数，计算主要原材料、燃料、中间产品和最终产品的仓储量和仓储面积

第7章　国际工程项目前期开发技术工作的内容

7.1　概述

7.1.1　定义

从第 3 章可知，国际工程项目决策阶段也称为投资决策阶段或项目前期开发阶段。从表 3-3 可见，项目决策阶段咨询服务的主要工作内容包括项目规划咨询、项目选择咨询、项目决策咨询等。

项目决策阶段的咨询服务是在项目投资发生之前，业主委托咨询机构或总承包商，运用现代工程学、技术经济学和管理科学的理论及其工程实践经验，借助先进的科学技术手段、市场调研方法、现场调查技术和信息处理技术，通过深入的调查研究，在收集、掌握大量信息资料与资源的基础上，帮助业主或客户鉴别项目、生成概念、定义项目，并从社会、经济、技术、财务、组织管理等诸多方面进行分析论证，选择项目、优化方案，减少投资风险，以达到实现和获取最佳效益的目标。从而，为业主项目投资决策提供咨询服务。而这种咨询服务活动，是由咨询工程师与各专业的专家组成的团队来完成，其咨询服务的过程是技术工作的过程。所以，本书中将项目决策阶段的咨询服务，定义为国际工程项目决策阶段的技术工作或称为国际工程项目前期开发的技术工作。

通常，总承包商在国际工程承包项目前期开发工作中，均采取企业内部或与其他咨询机构合作的方式，完成国际工程项目前期开发的技术工作。其工作界面的划分如表 7-1 所示。

综上，本章重点介绍国际工程项目前期开发的技术工作的内容与成果以及为完成这些内容与成果所做的主要技术工作。

7.1.2　国际工程项目前期开发的技术工作内容与流程

国际工程项目前期开发的技术工作内容主要包括：信息资料收集、调查研究、与业主进行技术洽商；项目策划及编制项目建议书；进行可行性研究，编制初步可行性研究报告和可行性研究报告；与业主进行技术合同的谈判与编写技术合同书；制定投标文件中的投标技术方案或技术文件、报价书及编制主要设备选型报告等。

国际工程项目前期开发的技术工作界面的划分一览表 **表 7-1**

项目前期开发工作流程	技术工作	备注
市场开发		
项目前期运作与企业内部备案		
咨询合作	确定咨询服务的模式组建技术团队	
与业主洽谈、会商	技术交流、沟通与咨询	
现场考察与调研	现场考察、调研、收集资料	
项目建议书	编制项目建议书，提出项目初步方案和投资估算等	项目建议书及技术成果编制的深度见表 7-3
签署 MOU		
业主审查可研报告与技术方案	编制可研报告，提出项目的技术方案，编制技术说明等	可行性研究报告及技术成果编制的深度见表 7-3
成本核算与效益分析	编制工程量清单及造价分析	
商务报价		
总承包合同编制	编写总承包合同的技术部分	
总承包合同谈判	参与技术谈判	
企业内部评审	在评审中阐述技术方案	
合同签约		

备注：表 7-1 的项目前期开发工作流程适用于总承包商参与的非投标项目。

图 7-1（a）、（b）、（c）分别给出了国际工程项目前期开发的技术工作内容和流程图以及总承包商在项目（非投标项目与投标项目）前期的工作内容和技术咨询的工作内容。

需要说明的是在国际工程承包业务中，凡是业主委托承包商进行工程项目前期开发的

工作的，绝大多数都以非投标方式（指定投标）或邀请投标、议标的方式，进行投标报价。承包商需要按照业主提供的招标文件的要求，在规定的时间内向业主或招标代理机构填报投标文件。投标文件通常包括商务文件、技术文件、价格文件。技术文件通常由承包商的技术团队编写，或委托技术咨询组织编写。

基于本书的内容侧重于国际工程项目前期开发的技术工作，关于国际工程承包项目投标工作中技术文件的编写方法与工作程序，在此不一一叙述。

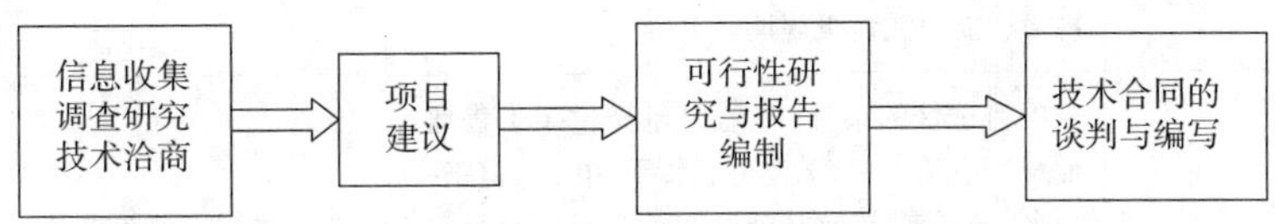

图7-1（a）　国际工程项目前期开发技术工作内容和流程图

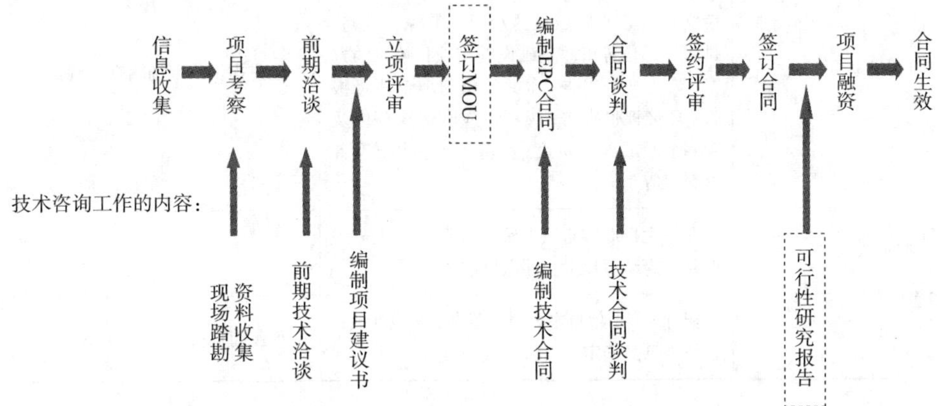

图7-1（b）　非投标项目前期开发工作内容和流程图

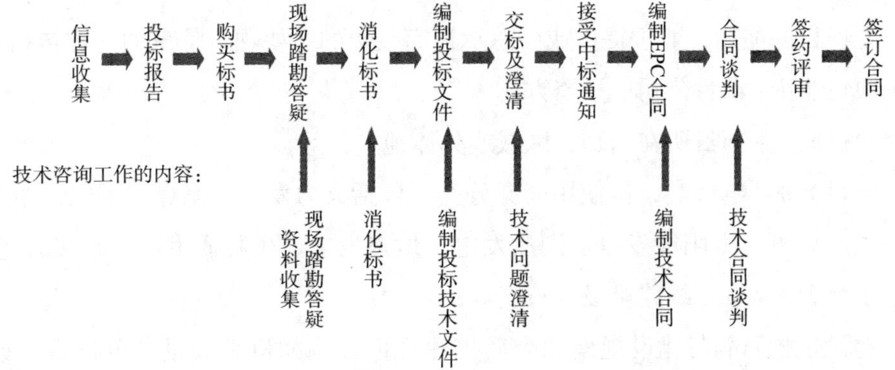

图7-1（c）　投标项目前期开发工作内容和流程图

7.1.3 国际工程项目前期开发技术工作必备的项目基础信息资料

国际工程项目前期开发技术工作必备的项目基础信息资料见表7-2。

国际工程项目前期开发技术工作必备的项目基础信息资料一览表 表7-2

工作阶段	必备的项目基础信息资料	备注
信息收集与调查研究	项目信息（项目业主或投资方、项目地点、建设规模、项目功能、建设计划、运营模式）；项目类别、建设规模（工业项目需明确生产规模、能力或装机规模等）等	业主提供；其中：建设规模如果是工业项目需明确生产规模、能力或装机容量等
项目建议	项目选址的条件；工程外部条件（工程地址及场地条件、气象条件、水源、电源、道路、排水、通信等市政基础设施条件）；原材料与运输条件；三废与环保的要求；施工条件；主要材料设备与技术的要求等	业主提供或现场踏查、调查
可行性研究	业主需进一步提供详细的项目信息、主要技术要求、工程外部条件或项目审批的支持性文件等。明确项目的水源、电源、道路、排水、通信等市政基础设施与项目接入的方案；岩土初勘报告；水文气象与地形测量报告；环境评价报告；燃料供应与运输等以及项目实施计划、进度；财务评价；主要设备材料表等	业主提供或现场踏查、调查
技术谈判	在业主批准可研报告后，与业主进行技术谈判，为编写技术合同做好准备	
投标	招标文件；项目主要材料设备；分包商或合作方已经确定，组价方式明确	承包商自行组织

本节以电力工程项目为例，阐述国际工程项目前期开发技术工作必备的项目信息、主要技术要求、工程外部条件和项目审批和支持性文件的内容。

1. 项目信息

在电力项目的前期，业主提供或由总承包商收集的主要项目信息的内容包括：

（1）项目业主：项目公司、投资方；

（2）项目地点：项目所在国别、区域或具体地点；

（3）项目类别：电厂类，按使用能源分类，包括火力发电（燃煤、燃气、燃油），水力发电，核电、风电、太阳能发电、潮汐发电、地热发电、生物质发电、垃圾发电等；输变电类，电压等级、容量；线路等级、长度等；

（4）建设规模：本期建设规模和今后扩建规模，例如机组数量、单机容量或总容量；变电站电压等级和容量；线路等级和长度等；

（5）项目功能：电厂类，包括主力发电机组（电网骨干电源，带基本负荷）；坑口电站（往往和煤矿联营）；自备电厂（钢铁、石化行业供电）、热电联产机组（工业园或城市供热）、再生能源利用（风电、太阳能、生物质）等；变电站类，包络枢纽变电站（位于电力系统的枢纽点，电压等级视电网规模，一般330kV以上）、中间变电站（电压等级在110 ~ 330kV之间）、区域（地方）变电站（一个地区和一个中、小城市的主要变电站）；

（6）建设计划：建设方式，BOT，EPC，BTG；承包商工作范围，包括厂内主机岛和BOP部分，地基处理、冷却水取排水、升压站及外送线路、厂外灰场等工程或设施的划分；建设周期，从项目立项、审批、建设合同签订、设计、施工调试、移交运行等各主要节点初步里程碑；融资方式、建设资金额度等；

（7）运营模式：运行方式，带基本负荷，调峰；项目运营周期，运行寿命。

2. 主要技术要求

（1）燃煤电厂

1）主机选型：燃煤机组运行参数，与机组容量匹配，包括高温高压，亚临界、超临界、超超临界；燃煤机组主机型式，锅炉：煤粉炉，循环流化床；汽机：纯凝式汽轮机，抽凝式汽轮机、背压机；发电机：空冷，氢冷；

2）机组性能：机组毛出力、净出力，电厂净效率，电厂设计寿命，运行可靠性，电厂控制水平，其他特殊要求（小岛运行、电网要求）等；

3）环保指标：烟气排放指标（SO_2，NO_x，DUST，更高的标准还可能包括HF，HCl和CO_2等），废水排放标准，噪声控制标准，电厂温排水（冷却水）限制，灰渣、脱硫副产品等固体废弃物的综合利用；

4）冷却方式：冷却水源，海水，淡水；冷却方式，空冷（直接空冷、间接空冷），冷却水一次直流循环，二次循环（机械通风冷却塔，自然通风冷却塔）；

5）BOP非常规部分：卸煤码头、海水淡化、原水预处理、燃料掺混或干燥、灰渣远距离输送或筛分；二氧化碳的捕捉和储存，尿素制氨等。

（2）燃机电厂

1）主机选型：燃机功率和品牌；燃料类别（天然气、燃油或其他）；单循环、联合循环机级；余热锅炉蒸汽参数，补燃或不补燃；汽轮机与燃气轮机组同轴或不同轴；

2）机组性能：机组毛出力、净出力，电厂净效率，电厂设计寿命，运行可靠性，电厂控制水平，其他特殊要求（小岛运行、电网要求）等；

3）环保指标：烟气排放指标（NO_x等），噪声控制标准，废水排放标准，电厂温排水（冷却水）限制；

4）冷却方式：冷却水源，海水，淡水；冷却方式，空冷（直接空冷、间接空冷），冷却水一次直流循环，二次循环（机械通风冷却塔，自然通风冷却塔）；

5）燃料来源：天然气供气站；厂内燃油储罐。

（3）输变电工程

1）主变压器容量和台数：包括近期和远期规模；

2）变电站各级电压的电压等级和出线回路数量，出线方向；

3）电气主接线要求，包括各级电压配电装置采用的电气主接线型式；

4）无功补偿的要求，包括容量和安装在电气系统中的位置；

5）对设备的一些特殊要求，如变电站内 330kV 及以上等级断路器需要配置合闸电阻以及合闸电阻值，对变电站 330kV 以上在线路出口或母线上的是否需要安装并联电抗器，如果需要安装，需要提供并联电抗器的额定容量值和额定电压值；

6）变电站内配电装置的型式要求；

7）输电线路的电压等级和根据电力系统规划采用的导体截面；

8）输电线路在地图上初步的走向以及始端终端的坐标；

9）影响线路投资的气象环境条件如风速，覆冰厚度，污秽等级；

10）业主对线路杆塔的要求，如对同一路径的多回线路工程，杆塔的结构是否可以采用同塔多回。

上述信息资料随项目前期进度和业主对项目方案的关注程度的不同，其能搜集的全面性和详细程度也有所差异，在技术方案讨论或合同谈判阶段逐步澄清。

3. 工程外部条件

在项目前期，影响技术方案拟定和工程造价的主要外部条件如下（以火电厂项目为例）：

（1）工程地址及场地条件：

工程具体地理位置决定了燃料来源、运输通道、水源、用地条件、环境排放指标等关键影响因素；同时也对工程建设、商务环境均有重大影响；场地地形条件和可用地面积影响场地平整、总平面布置、施工方案；地质水文条件，决定了地基处理方式，建筑物抗震等级、厂址防洪（防浪）抗涝水平。

（2）气象条件：

包括环境温度，最高气温、平均气温，最低气温；风速、相对湿度、降雨量、雪量等；

（3）燃料：

燃煤（天然气、燃油）品质分析；燃料来源及方式，火车来煤和码头来煤，卸煤装置和煤场的形式和储量（15 ~ 30 天）；天然气管道输送（调压站的设置）；燃油油罐区的设置及储量；

（4）辅助原料：

第二燃料或启动燃料（燃油或天然气）；石灰石（脱硫用）；液氨（脱硝用）；尿素（电厂尿素制氨）；床料（石英砂，循环流化床用）；其他化学药剂（酸、碱等用于除盐水制水、除氧、废水处理）

（5）水源：

电厂用水包括电厂冷却水、除盐水、生活用水；冷却水水源（海水、河水、地下水）及品质分析；取水方式：明渠、管道、或是打井；可取水量以及当地环保要求，决定了机组冷却方式（一次循环、二次循环或空冷）；除盐水由外部补水（或海水淡化）至厂内化学制水；生活水源，一般指卫生用水，可由电厂制备或外部输送，部分项目含饮用水制备；

（6）电力外送通道及电网要求：

升压站型式（屋外配电装置，户内 GIS）、电压等级、回路数；外送线路方向、电网上网要求等；

（7）灰场条件：

灰渣厂外输送方式（汽车、皮带、水力输送）；灰场位置、容量及环评影响；

（8）施工条件：

施工场地区域及面积（含机具、组装、储存）、临建设施场地（办公、生活）、施工用水、用电条件，施工人员的进入等；

（9）运输通道：

煤、灰厂外运输方式和通道（一般业主负责）；建设期设备材料运输途径，尤其是设备大件运输通道。

为更好了解工程外部条件，业主和承包商往往会组织项目前期现场踏勘，以便掌握第一手资料，另外，也有可能对几个可行厂址进行选择比较。现场踏勘或厂址比选中，主要了解的内容包括厂址条件、水源条件、灰场条件、运输条件等。

4. 项目审批和支持性文件

（1）项目前期业主需准备的支持性文件或政府审批文件

1）资金方面：

投资许可（Investment Licence）、融资协议等；

2）运营方面：

营运许可（Operation Licences）；PPA（Power Purchase Agreements）购电协议等；

3）环境评价：

EIA 报告及审批（Environmental Impact Assessmentreport & Approved）；

4）土地使用：

征地许可（Land Allocation Plan），购地协议、土地使用转化许可（Land allocation

change from agricultural to Industrial）等；

5）取排水许可：

政府批准的取排水文件（Permits Related to Water Intake and Effluent Discharge）；

6）燃料和原料：

燃料供应协议；石灰石、液氨等供应协议；

7）运输方面：

铁路、码头的使用意向；公路通过能力的确认；

8）其他方面：

厂址如涉及文物、军事设施、自然保护区、矿藏等区域时，政府相关部门的许可。

上述文件在不同的国家或区域，其形式和要求也存在着差异；但至少涵盖项目立项审批、上网协议、土地使用、环境评价等主要部分的要求。从审批和许可文件的准备，也可判断业主对项目的筹备情况以及项目进入实施阶段可能性。

（2）项目合同签署后需要承包商协助业主取得的许可

1）建设方面：

施工许可（Construction Licenses），包括相关设计图纸的审批；

2）进口方面：

进口许可（Permit to Import of Equipment and Materials）、设备品质认证（CE 认证等）；

3）现场方面：

用水、用电、通信许可，废水排放和废弃物存储许可，特种设备操作许可（Permits to Operate Certain Equipment and Tools），爆炸物和危险品运输存放许可；

4）人员进入：

外国工人工作和居住许可（Residence and Work Permits for Foreign Personnel）。

7.1.4 国际工程项目前期开发的技术工作的条件、目标与成果、深度

国际工程项目前期开发的技术工作的条件、目标与成果、深度见表 7-3。

国际工程项目前期开发的技术工作的条件、目标与成果、深度一览表 **表 7-3**

工作过程	适用条件	工作目标	技术成果与深度
调查研究	适用于在没有任何确切的项目基础信息与资料的条件下，进行项目的构思、概念定义与生成	为业主或投资者描述一个初步的项目概念或初步的设想（费用、规模、性能及项目建设选址的条件等）	调查研究报告（含项目建设位置踏查报告、P T T 演示稿、附图（含规划布置图 1-2 张）、估算表等）
项目建议	适用于具备较确切的项目基础信息与资料的条件下，提出项目建设的主要方案	能够对拟建设的项目提出框架性的总体设想，初步论述项目的必要性和可能性	项目建议书（含规划总平面等建筑平面、立面、剖面图、设备材料清册投资估算表）

续表

工作过程	适用条件	工作目标	技术成果与深度
可行性研究	适用于已经掌握项目建设的全面的基础信息与资料的条件下，为业主或投资者的项目建设与投资决策提出可行性研究结论	对项目的建设提出主要技术方案，明确项目建设需要或可利用的条件；对项目建设的技术方案进行技术与经济等方面的论证，优化选择	可行性研究报告（含方案设计说明、方案设计图、设备材料清册、估算报告书等）
投标	适用于所有工程招标（公开招标或邀请招标）项目，并具有比较详尽的招标文件	按招标文件的要求，编制投标文件的技术部分	投标文件（技术部分 1 册，图纸、概算书、设备材料清册、偏差表、澄清表、项目性能保证与参数表等）

7.2 调查研究

7.2.1 调查研究

一个成熟的国际工程承包商，通常进入某一个国家或区域的工程承包市场，都必须通过市场调研，准确及时地掌握市场情况，使决策建立在坚实可靠的基础之上。只有通过科学的项目调研，才能减少项目的不确定性，使市场决策更有依据，降低开拓与进入国际市场的风险程度。另一方面，在工程项目决策阶段接受业主的委托进行项目前期的策划时，也要进行市场调研和项目调研，通过调研，检验或及时发现项目立项决策中的偏差，并根据偏差或根据外界条件的变化，向业主提出调整和修改项目立项决策的方案和建议（项目建议书或可行性研究报告）。可见，调查研究与可行性研究是国际工程承包企业，在国际工程项目前期开发的工作中的重要环节。

通常，在国际工程项目前期开发的工作中，调查研究工作从提出《市场（项目）调研计划书》或《市场（项目）调研提纲》开始，到《项目建议书》与《可行性研究报告》通过、论证，并被业主采纳、批准为终结。其中市场调研和项目建议书、可行性研究工作的作业模式有两种，一种是企业自身组织完成的“团队内业型”；一种是以合同的方式委托给工程咨询或顾问公司完成的“业务外包型”。两种工作模式的定义与适用条件，详见表 7-4 所示。

项目调研工作模式一览表 **表 7-4**

序号	工作模式	定义	适用条件	备注
1	企业团队型	调查研究与项目可行性研究的业务由国际工程承包企业内部团队来完成，此类业务模式也称为团队内业型	企业从事国际工程承包的时间较长，有成熟的管理团队、丰富的海外工程经验和成功的国际工程项目调研与可行性研究的案例	
2	业务外包型	将调查研究与项目可行性研究的业务，以合同的形式，委托国际工程咨询顾问公司或咨询工程师来完成	企业从事国际工程承包的时间较短，没有成熟的管理团队和海外工程经验，没有国际工程项目调研与可行性研究的能力，首次进行项目拓展	

7.2.2 市场（项目）调研计划书

【基本概念】

市场或项目调研计划书又称为市场或项目调研方案、调研策划书或调研大纲。

市场调研或项目调研是指有目的地对某一市场或项目进行一系列资料、情报、信息的收集、存储、筛选和分析，以了解现有的、潜在的市场或项目情况，通过进行调查研究，以便使企业领导层做出是否进入市场的决策或对一个具体的项目的立项提出建议。前者是为了达到进入市场、占有市场和获取最大利益的目的，后者是在国际工程项目前期开发的工作中，为业主提供咨询服务。

调查研究包括两个层次的工作，调查目的是收集有关市场与项目的信息资料，研究是分析市场与项目可能变化的原因，找出内在规律，进行合理预测，为进行正确的决策提供可靠依据。

市场（项目）调研计划书则是确定市场、项目调研的课题，调研的方法和步骤，并对调研的活动做出具体的安排。市场（项目）调研计划书是指导具体调研工作的指南，同时也是控制调研工作的一种重要的工具。

在国际工程承包业务中，市场与项目调研是一个跨国界的调查研究，费用高、时间长。所以，拟定调查计划书就显得十分重要。为此，必须做好以下各项工作：

1. 确定调研的课题

调研课题的确定过程实质上是发现机会的过程，只有当整个调研课题清楚明白地界定出来，调研工作才能顺利开展，并获得项目决策所需要的重要信息。在确定市场调研课题时，可从以下三个方面入手：

（1）与行业内专业人士进行讨论

选择行业内工作时间较长、对行业的历史发展过程有连续经验的专业人士，因为他们能凭借自身的专业素质较为系统和全面地了解市场的发展趋势，较为敏锐地发现市场机会。在讨论时，在场人员包括研究者和专业人士在内以不超过 3 ~ 5 人为宜，人数太多不易控制论题范围，而太少则不易产生激发效应，达不到应有的效果。

（2）分析二手（次级）资料

相对而言，一手资料或初级资料是研究者为了解决具体问题而按特定目的收集整理形成的。而二手资料则是指并非为解决现有的问题而收集的资料，即这些资料没有特定的指向性。二手资料的主要来源大致有：企业、行业协会和政府部门、各种营利性的市场调研机构、各种正式出版物（专业书籍、报纸、杂志等）。

（3）进行定性调研

调研的困难往往在于信息来源匮乏，如在某市场不发达、拥有相关市场信息的机构进

行信息封锁、专业人士提供的信息不足等。为了明确市场调研主题，这时往往需要进行一次规模较小的试验性研究，即以少量样本为基础，了解与市场调研相关的问题及各类潜在因素。

2. 确定调研的方案

一个完整的调研方案通常包括研究目标、研究范围、研究方法、研究时间安排、研究经费预算、研究人员预算和研究实施计划等主要内容。

（1）研究的目标

研究的目标实际上就是研究课题确定后的简洁表述。就是要说明调查研究的来龙去脉以及调查研究方案的局限性以及需要与委托方协商的内容。

（2）研究的范围

调查研究范围的大小涉及在给定的时间内和预定的条件下，调查研究工作可能达到的深度和广度，也决定了调查研究结果可提供的信息范围。一般情况，调查研究的范围要具体明确运用定量指标来表述。

（3）研究方法

为了顺利地完成调研任务，必须初步拟定调查研究的方式与方法。解决的主要问题是“在何处”、“由何人”、“怎样做”获取资料的调查和研究。

（4）时间安排

调查研究的时间安排就是按调研过程展开，估计各阶段可能耗费的时间。根据工作经验和实践，一般情况下调查研究工作各阶段工作所占用总体工作时间的比重大致如表7-5所示。

调研工作各阶段所占总体工作时间比重　　**表7-5**

调查研究阶段	所占时间比重（%）	研究阶段	所占时间比重（%）
1. 调查研究目标的确定	5	6. 数据收集整理	40
2. 调查研究方案设计	10	7. 数据分析	10
3. 调查研究方法确定	5	8. 市场调研报告的写作	10
4. 调研表式的制作	10	9. 市场调研反馈	5
5. 调研	5	10. 合计	100

（5）调查研究经费预算

调研经费大致包括以下几项：资料费、专家访谈顾问费、专家访谈场地费、交通费、调研费、报告制作费、统计费、杂费、税费和管理费等。一般而言，比重较大的费用为交通费、调研费、报告制作费、统计费。有时，为保证市场调查问卷的回收量及采用其他调研方式时被调查者的配合度，往往还要支付一定的礼品费。但应注意，礼品的发放不应使被调查者改变自己的态度，不能影响调研结果的可信度。

（6）调查研究人员预算

调查研究人员预算是指不同类型研究人员的配比问题。通常国际工程项目前期的调研涉及的专业性较强，主要需要市场分析、项目分析、财务分析、建筑经济与工程技术以及管理等专业人士。在实际操作中，可以根据具体的项目适当调配各类人员的比例关系。

（7）研究实施计划

调研的实施计划就是调研过程的再现，只不过要根据国际承包市场与项目调查研究工作具体情况确定具体的安排。

3. 调查的方法

在国际工程承包业务中调查的主要方法是：

（1）询问法

询问法是向调查研究指定目的地的被访者（业主或工程咨询公司、代理人等）提出一些问题或拟定询问提纲、表式等，由被访者回答，研究者根据这些回答进行归类统计分析而获得相关的市场数据。通常，根据询问对象及使用工具的差异，可以将询问法细分为邮寄询问法、电话询问法、网络（聊天）询问法等。

（2）直接调查法

直接调查法就是通过现场踏查直接询问，或直接搜集来自市场或政府等相关部门的权威资料。

国际工程承包市场与项目的资料获得的渠道主要有：①可以从各国报纸、杂志和有关专业书刊中获得；②委托代理人或国际、国内较大的咨询、资讯部门进行调查获得；③通过我国驻外机构、本企业驻外机构或客户赴现场考察获得；④通过组团临时派员出国、实地考察，或通过我国有关机构以及相关团体、商会不定期的报告等获取。在激烈竞争的国际工程承包市场中，市场信息的获得是成功的第一步，获得有价值、准确或大量的信息与资料，才能捷足先登，取得项目开发的先机，占据国际工程项目开发的主动权和制高点。

4. 调查的数据分析

调查获得的数据和资料要进行整理和分析，主要运用两种基本的统计方法来分析数据：一是描述性统计；二是统计推断。前者是采用数值方法提炼、汇总数据，形成表格、图形。后者则是利用从一个样本获得的数据对总体的特征进行估计或假设检验的过程。

综上可见，搞好国际工程市场与项目的调查，正确地编制市场或项目调研计划书（也称调研方案或调研策划书）是国际工程承包业务及项目前期开发工作中，调研活动取得成功的基础。

【内容与格式】

市场或项目调研计划书的内容与格式如下：

一、调研背景

调研背景是对本次调研工作开展的原因，必要性的大致介绍和总体概括。

二、调研目的

调研目的主要是针对特定的建筑市场或建筑产品（项目）而进行的，它包括调研涉及的各个细节点。简而言之，就是解释为什么调研，即通过调研所获得的信息将主要用来解决什么样的问题。

三、调研内容

调研内容的确定必须服务于调研目的，它主要解决为达到调研目的，必须收集哪方面的信息的问题。

一般而言，调研的内容主要有：建筑行业市场的环境调研、建筑材料与消费行为模式的调研、工程技术与经济等信息与社会、政策等调研。

四、调研方法

调研方法主要说明从什么地方、什么人、用什么方法来收集有关的信息。它一般要明确调研区域、调研对象、调研方法。

调研区域要说明城市的数目及名称。调研区域可根据企业发展战略与规划以及调研工作的要求，根据各城市的代表性来选择，也可以用抽样的方法来选择。如果用抽样来选择的话，则必须对抽样的过程予以说明。

调研对象要说明数量、限制条件及选择原则。如果调研对象的选择是以抽样来决定的话，则应对抽样过程进行详细说明。

调研方法要说明以何种调研方式来对相关的调研对象收集资料。常用的调研方法有文案调研、问卷（或表格）调研、电话访问、深度访谈、座谈会等形式。

五、调研实施

这一节主要对调研流程、调研组织、人员培训三个方面进行简单说明。

调研流程：可用一个简单的图对整个的调研流程进行说明。

人员要求：对该项目的组织情况进行简单说明

人员培训：它包含人员的素质要求、人员的培训内容进行简单说明。

六、质量控制

对整个调研流程的质量控制是保证客观、科学地收集市场信息的前提。本节一般可对企业的整个质量控制系统进行简单说明。

七、日程安排

要有计划地安排调研工作的各项日程，用以规范和保证调研工作的顺利实施。按调研的实施步骤与调研工作，从时间上具体安排：调研方案、问卷（或调查表式）的设计；调研方案、问卷的修改、确认；项目准备阶段（包括网络、人员安排）；实地访问阶段；数据预处理阶段（编码、输入）；数据统计分析阶段；调研报告撰写等各个阶段的工作。

八、调研预算

调研项目的预算分为两个方面：一是调研经费的预算，二是投入的人力预算。

【文案范例】

××××商业项目调查研究计划书

一、项目背景

××××××× 有限公司是美国纽约的上市公司，隶属于 ××××××× 公司旗下之全资子公司，成立于 1997 年 6 月，注册资本 6000 万美元。主要从事房地产开发经营、建筑工程总承包、物业管理等业务。目前，正在筹备建设 ×××× 项目，该项目位于纽约市中心，北起 ××× 街，南至 ××× 绿化带，东至 ××× 路，西至 ××× 路。规划用地总面积为 87.16 公顷，其中建设用地 64.38 公顷。地上规划总建筑面积 136 万平方米，其中住宅 110 万平方米，公建 26 万平方米。其中一期已获批准规划建筑面积 53 万平方米。本工程中 ×××× 商业项目，建筑面积为 24 万平方米，规划为 2～16 层、沿街布置。拟定在 ×××× 年 12 月采用国际竞争性招标的方式，选择建筑承包商。

本次调研主要针对该 ×××× 商业项目前期基本情况的调查研究，以便确定本企业是否参与该项目的投标。

二、调查研究的思路

（一）调查研究的范围

本次调研范围包括：本项目业主与销售情况的研究；商业投资者、经营者研究；本项目商业总体市场定位（业态、档次、价格 / 租金等），该项目所在地建筑材料、设备、建筑市场管制、劳动力市场管制以及建筑经济、社会、自然气象等情况的调查研究。

根据本项目所处位置以及地块特征，本次研究调研界定的范围如下：

（略）

（二）调查研究思路

根据本项目的基本情况，本次研究将分如下两个层次展开：

第一层次：主要侧重了解本项目的基本信息、建设模式、建筑规模、建筑技术与施工条件，业主目前的运营状况、存在的问题，为本项目提供可以借鉴意见与投标建议；针对与该项目有关的建筑经济的研究，主要采用深度访谈的方式，访问相关项目的主管运营的负责人。

第二层次：本项目辐射范围内相关产业的经营者、消费者，以及投资者，对本项目的承包方式做出判断。研究内容包括对本项目的需求意向、效益以及可能存在的投标人有所了解。另外针对业主的研究可以为企业的投标与承包方式提供一定的参考意义，从而指导项目总承包的总体定位。

（三）调查对象

本次调查的研究对象包括 4 类群体：

1. 本 ×××× 商业项目运营者或负责人；

2. 本项目的投资人投资用户；

3. 本项目所在地建材商、承包商、工程咨询机构或设计公司；

4. 本项目所在地政府等相关部门负责人。

（四）调查方法

从研究方法上看，一是采用定性深度访谈的方式；二是采用定性深度访谈和定量问卷、面访相结合的方式进行。

三、研究内容

针对上述不同研究对象，研究内容如下：

1. 针对本商业项目基本情况的调查研究，侧重了解业主的基本情况与该项目"业态形式、建筑规模、经营状态、管理方式、租金水平"等内容。

（详细叙述略）

2. 针对本项目投资人的调查研究，侧重了解业主和投资人的投资模式，投资能力与资金情况等。

（详细叙述略）

3. 针对本项目所在地自然与社会、经济、法律政策以及建筑市场的调查研究，侧重了解建筑材料价格、劳动力、运输、政府管制等。

（详细叙述略）

四、调查研究方案

本项目调查方法拟采用深度访谈与定性访谈相结合的方法进行。

1. 深度访谈

深度访谈就是由本项目的专业研究人员持设计好的定性深度访谈提纲进行面对面访问。访问持续 60 ~ 90 分钟，访问结束后支付访问对象礼金 1 份。

（详细叙述略）

2. 定性深度访谈

（详细叙述略）

五、项目调研工作流程图

（略）

本项目的调查研究工作，大致分为整体工作方案设计；访问提纲及问卷设计；实地访问执行；征询意见；座谈讨论；资料整理及报告撰写与论证修改；报告提交。

（详细叙述与工作流程图略）

六、研究成果

在所有调查研究工作结束后，调查研究小组将提交《×××× 商业项目调研报告》中文版 word 或者 ppt 格式一式两份，并附电子拷贝 1 份。报告包括：项目方案设计、访问对象基本背景资料、主要调查发现、结论和建议、附件（问卷及深访提纲）。

七、研究期限

本项研究需要 ××× 个工作日，项目结束以最终报告移交为标志。调查研究小组将随时向主管领导或主管闭门汇报进程。项目的具体日程安排如下：

（略）

八、费用预算

本次研究共需要预算为人民币 ×××× 元。

×××× 年 8 月 10 日

7.2.3 市场（项目）调查报告

【基本概念】

市场或项目调查报告是经济调查报告的一个重要的种类，它是以科学的方法对市场或项目的供求关系、购销状况以及消费等情况，进行深入细致地调查研究后所写成的书面报告。其作用在于帮助企业了解掌握市场或项目的现状和发展趋势。

市场或项目调查报告的写作要点主要体现在以下三个方面：

1. 以科学的调查方法为基础；

2. 以真实准确的数据材料为依据；

3. 以充分有力地分析论证为杠杆。

【内容与格式】

市场或项目调查报告是按照市场或项目调研计划或调研提纲的要求，对国际工程承包项目所在国、所在地市场宏观政治、经济和环境的调查，包括政治形势、该国与邻国的关系、与我国的关系以及政策的开放性，项目所在国经济状况和形势；法律与法规；金融环境；大

宗建筑材料的市场供应情况；建筑行业的情况；自然环境条件，当地人力资源情况。对工程项目所在地的环境和工程现场进行考察，考察及调查的内容包括：自然条件；施工条件等其他条件。对业主和竞争对手也要进行调查，调查的内容包括：项目资金的来源、落实情况、进度款支付的可靠性以及竞争对手的能力、业绩、特点、优劣势以及正在实施的项目情况。全面进行以市场环境、项目、业主情况、竞争情况、市场商情为主要内容的调查。并整理、汇总、分析，撰写而成的市场或项目调查报告。

调查报告的文字结构主要包括：调查的目的与范围；调查使用的方法；调查的结果；建议和附件。

调查报告的内容、格式，一般由如下几部分组成：

（1）标题

标题是市场调查报告的题目，一般有两种构成形式：

1）公文式标题

公文式标题由调查对象和内容、文种名称组成。例如《×××国家×××项目情况的调查报告》。值得注意的是，实践中常将市场调查报告简化为“调查报告”，也是可以的。

2）文章式标题

文章式标题就是用概括的语言形式直接交代调查的内容或主题。例如《×××国家城镇化建设的动向》。实践中，这种类型市场调查报告的标题多采用双题（正副题）的结构形式，更为引人注目，富有吸引力。例如《竞争在今天，希望在明天——×××国家住房项目情况的分析报告》等。

（2）引言

引言又称导语，是市场调查报告正文的前置部分，要写得简明扼要，精炼概括。一般应交代出调查的目的、时间、地点、对象与范围、方法等与调查者自身相关的情况，也可概括市场调查报告的基本观点或结论，以便使读者对全文内容、意义等获得初步了解。然后用一过渡句承上启下，引出主体部分。也可以用简要的文字交代出了调查的主体身份，调查的时间、对象和范围等要素，并用一过渡句开启下文，写得合乎规范。这部分文字务求精要，切忌啰唆芜杂；视具体情况，有时亦可省略这一部分，以使行文更趋简洁。

（3）调查报告的主体

这部分是调查报告的核心，也是写作的重点和难点所在。它要完整、准确、具体地说明调查的基本情况，进行科学合理地分析预测，在此基础上提出有针对性的对策和建议。具体包括以下三方面内容：

1）情况介绍

调查报告的情况介绍，即对调查所获得的基本情况进行介绍，是全文的基础和主要内容，要用叙述和说明相结合的手法，将调查对象的历史和现实情况包括市场占有与项目情况，生产与消费的关系，产品、产量及价格情况等表述清楚。在具体写法上，既可按问题的性质将其归结为几类，采用设立小标题的形式；也可以时间为序，或者列示数字、图表或图像等加以说明。无论如何，都要力求做到准确和具体，富有条理性，以便为下文进行分析和提出建议提供坚实充分的依据。

2）分析预测

调查报告的分析预测，即在对调查所获基本情况进行分析的基础上，对市场或项目的发展趋势做出预测，它直接影响到有关部门和企业领导或业主的决策行为，因而必须着力写好。要采用议论的手法，对调查所获得的资料条分缕析，进行科学的研究和推断，并据以形成符合事物发展变化规律的结论性意见。用语要富于论断性和针对性，做到析理入微，言简意明，切忌脱离调查所获资料随意发挥。

3）建议

这是调查报告写作目的和宗旨的体现，要在上文调查情况和分析预测的基础上，提出具体的建议和措施，供决策者参考。要注意建议要具有针对性和可行性，能够切实的解决问题。

（4）结尾

结尾是市场调查报告的重要组成部分，要写得简明扼要，短小有力。一般是对全文内容进行总括，以突出观点，强调意义；或是展望未来，以充满希望的笔调作结。视实际情况，有时也可省略这部分，以使行文更趋简练。

【文案范例】

关于菲律宾建筑市场的考察报告

根据中国建筑工程总公司菲律宾公司（简称中建菲律宾公司）的邀请，受××省建设厅、交通厅的委派，我们于2001年12月4日——12月14日，对菲律宾建筑市场进行了考察，并就C5-BONI SERRANO大道立交桥项目的合作与承包进行了商洽，同时亲自参与了另外三个项目的投标工作。为了便于有关的领导同志了解和掌握情况，及时决策，现将有关情况报告如下：

一、菲律宾的基本情况

菲律宾是一个群岛国家，共有7000余个岛屿，面积30万平方公里，人口7800万，整个国家分三大块，一块是吕宋岛，一块是VISAYAS群岛，一块是棉兰老岛，前二块以天

主教为主，棉兰老岛则以穆斯林为主。

目前，产生不安定的地区就是棉兰老岛（即南部）。

菲律宾是一个民主国家，政治体制与美国相似，采用三权分立制度，经济比较不发达，没有太明显的产业支持国民经济，国家主要收入来源为外劳汇款（菲律宾的佣人劳务输出遍布世界各地），电子业也占一定的比重。

菲律宾是一个私有制国家，贫富悬殊较大。根据统计，约有10%的富人占有国家财富的60%以上，60%的穷人只占国家财富的10%，30%的人没有解决温饱问题，由于贫富差距太大，由此引发出很多的社会问题，如民族问题，治安恶化、官场腐败等问题。

表面看来菲律宾是一个具有十分完整的法律体系的国家，但执行过程中却十分的走板走样，政府部门普遍存在着办事效率低下，行贿受贿成风的现象。这一点在工程承包中反映尤其突出。

二、菲律宾的国民经济情况

受1997年亚洲金融风暴的袭击，从1997年开始至2000年菲律宾的国民生产总值一直为负数。新总统阿罗约上台后，推行了一系列经济改革的政策，并利用其与美国、日本上层良好的私人交往和关系，寻求国际金融机构的支持。仅2001年11月22日，菲律宾政府与世界银行签署了2001年追加3000万美元基本项目贷款的协议，用以解决农村供水问题；与日本国际合作银行签订了5500万美元的风力发电贷款计划。

根据调查及菲律宾有关资料报道，截至2001年10月底，菲律宾国民经济主要指标情况如下：

（1）国民生产总值增长2.9%；

（2）通货膨胀为4.4%；

（3）债务与生产总值之比为12.2%；

（4）进口下降22%；出口下降为15.9%；进出口逆差为-2.6亿美元；

（5）据菲律宾政府劳动调查报告，2001年1～8月份全国有43028人失业，失业率从2000年7月的11.2%和2001年4月的13.1%下降到5.5%。造成失业的主要在制造业、分销业和金融服务上，就业不足主要集中在工程建造业和运输业。

三、菲律宾建筑市场概况

1.基本情况

菲律宾工程项目主要资金来源，有四个方面：一是国际机构资助项目，二是外国投资的BOT项目，二者主要集中在大的基础设施建设上。三为政府投资项目，分布在小的基础设施建设及房屋住宅建设上。阿罗约上台以后，也实行了解决贫困人住房问题的专项投资工程。四是私人项目，主要集中在楼堂馆所及娱乐设施方面。由于1997年金融风暴的袭击，这几年菲律宾经济一直萎靡不振，政府项目和私人项目明显减少，外商私人投资项目也明显减少。目前还能够有一定市场份额的就是国际机构资助的项目。支助菲律宾的国际金融机构主要有三个，即日本国际合作银行、亚洲开发银行（亚行总部在菲律宾）、世界银行，这三大机构每年给菲律宾政府的贷款约为10.20亿美元之间。主要项目集中在道路、桥梁、防洪等方面。

在菲律宾从事经营活动的本国建筑承包商及外国建筑承包商约在10000家左右，具有AAA大B资格（相当一级资质）的约400家。按照菲律宾政府规定，有资格从事5000万比索以上单体项目的公司必须具有AAA和大B资格，这个资格对本地承包商来说是每年核定一次，对外国承包商而言，则是每个项目申报审批一次。根据菲律宾政府的规定，外国承包商具有AAA资格可以承担国际金融机构资助的项目，但不得从事当地投资项目的承包。

在菲律宾投标国际资助的项目，一般是两个步骤，先是资格预审，一般衡量承包商的资金能力，施工经验，管理能力和机械设备情况。通过资审后是公开投标，但资审和投标过程中外部干扰会比较多，由于竞争过于激烈，很多时候承包商会利用政客来通过资审及左右投标结果，某种程度上可以说，在菲律宾承包工程项目，不是本来意义上的公平竞争，而是斗智斗勇，谁有良好的社会关系，谁能找到好的政客作背景，谁就可能拿到好的项目，政客也因此从中得到相当的好处。否则靠硬拼得来的项目，只会给承包商实施项目带来桎梏。

目前，在菲律宾从事工程承包的中国公司共有六家，即中国建筑工程总公司（1984年初进入菲律宾）；中国港湾建设总公司（1993年进入菲律宾）；中国路桥总公司（1995年进入菲律宾）；中国水利工程总公司（1996年进入菲律宾）；中国电力建设总公司（1996年与中国水利工程总公司一同进驻菲律宾）；中国地质建设总公司（1998年进入菲律宾）；这六家公司各有成功与失败的教训，目前经营情况最好是中建总公司。

2. 中建菲律宾公司的基本情况

中建总公司1984年进入菲律宾，先是由中建总公司海外业务部派人，后改为委托中建福建分公司经营，1988年福建分公司以中建菲律宾公司的名义承接了亚行投资的两条公路项目（即32C和32D）。这两个项目直到1994年施工完毕，经济效益不太理想。1996年中建总公司决定在该年度委托经营期满后收回经营，并由中建南洋公司派人接管，中建南洋公司派出两名专业人员到菲律宾（当时只携带1.5万美金），先进行了市场调查研究，认真总结了福建分公司的教训。认为：福建分公司的教训主要有：①经营机制仍属国内企业的办法，机制不灵活，大锅饭。②对菲律宾政府的国情、政策和体制没有进行很好的研究和利用，在对待政府官员及咨询工程师的关系上处理不当，不能为我所用。③与当地分包商不能很好地合作，老大自居，结果成了甩手掌柜，让菲人反客为主，造成矛盾。没有充分利用菲人信仰天主教，心地善良，容易满足的特征，为我服务。在总

结经验的基础上，中建菲律宾公司调整了经营思路，协调处理了外部关系，与菲律宾公造部建立了稳定的工作关系，组成了精干的投标班子，建立了材料信息，设备信息、定额单价等建设经济信息的专用通道。从1998年开始正式开始参与菲律宾建筑市场工程项目的投标竞争。从1998年5月份开始，截至2001年12月，中建菲律宾公司平均每年施工规模为1500万～2000万美元。目前总分包单位共三家，分别是青岛建设集团（在施项目为大坝）；福建武夷山建筑公司（在施项目为公路）；北京五建（2001年9月进入施工东部机场和污水厂）。中建总公司委托福建分公司经营时，其注册资金为福建分公司投入2000万比索，其资金由福建分公司从事32C和32D项目时投入使用，并全部亏损，致使中建菲律宾公司资产为负值。1996年，中建总公司派付玉成（现任中建菲律宾公司总经理）等二人接管时，只自带1.5万美元，则以此资金为经费，参与项目投标，在总公司没有投入一分钱情况下，截至2000年底，中建菲律宾公司平均每年要向总公司上缴纯利润50万～80万美金。成为中建，总公司南洋地区经营效益最好的公司。

3.建筑市场的基本规则

菲律宾建筑市场的运行规则，由菲律宾公造部（相当于我国的建设部）管理，其中菲律宾公告部项目局，统管国际金融机构资助的项目和政府投资项目的招投标的领导工作，其招投标的具体工作由具有菲律宾政府颁发资格的咨询工程师事务所负责发布招投标等文件，并组织招投标、评标、揭标等具体工作。而菲律宾公造部的施工局负责承包商的资格审查工作。因此，在菲律宾承接工程项目，从以上三个方面做好协调与疏通工作，是取得项目的根本保证。在菲律宾投标国际金融机构投资的项目，使用的方式、方法和程序，一律按国际上通用的惯例进行，使用国际咨询工程师联合会（FIDIC）的条款。由具有资格的咨询工程师事务所承担，监理费在工程投标书中编入，在工程拨付预付款时，由业主直接付给咨询工程师，但提供给咨询工程师的办公设备及工具，则由承包商采购，如实际采购价与标书价发生增减，一律归承包商所有。编制投标书工程量清单的单价，一律按菲律宾公造部发布的材料单价和价格指数编制。在项目实施过程中，可按季度，依据发布的新的材料单价和价格指数予以调整，材料单价和价格指数则由菲律宾公造部施工局，每季度公布一次。编制投标书时，允许材料报价按市价上浮6%（其中已含调遣费0.8%），标书报价的费率组成如下：

（1）税金＝（人工＋机械费）x10%

（2）社保关税＝直接费x1.5%

（3）管理费＝直接费x10%

（4）利润＝直接费x5%

其中税金则按工程进度报表，逐月在业主支付工程款时由银行代扣，社保关税则不管承包商是否投保，如承包商没有发生投保和进口关税，则业主照常支付。人工费和机械费在价格指数的范围内，随行就市。一般情况下，市场价格均低于政府发布的价格。

在菲律宾考察期间，先后走访了二家公司和二手设备市场，菲律宾的工程设备市场相当活跃，而且价格相当低。人工费、设备价格、设备租赁价及部分常用建材市场价见表 1 ~表 4。

菲律宾工程项目使用材料的材料为美国标准，其中货币现行汇率为 100 美元等于 5190 比索，人民币 1 元等于 6.31 比索。工程质量验收标准为菲律宾政府制定的标准，该标准低于国际标准。在考察已竣工的或正在施工的项目中，则比较清楚看到，工程质量比较粗糙，相当于我国 20 世纪 70 年代末期至 80 年代初期的水平。

人工费情况一览表 表 1

种类	单位	金额（比索）	备注
秘书	天	180	每天按 8 小时计
工程师	月	15000	有资格证书
工程师	月	12000 ~ 14000	无资格证书，但实际能力和水平已达到
汽车司机	天	180	
重型机械司机	天	220 ~ 250	主要指翻斗车司机
保安人员	月	6000	
民工	天	100 ~ 120	
			有地区差别，此价为马尼拉地区市场价

设备售价一览表 表 2

设备名称	型号	单位（台）	价格（比索）	备注
推土机（卡特）	D82–2909	1	220 万	美国产
推土机（卡特）	D7– 三推	1	150 万~ 180 万	美国产
挖掘机（小松）6 型	PC200/0.9m^3	1	230 万	日产
挖掘机（小松）5 型		1	150 万	日产
装载机（小松）	M35	1	230 万	日产
装载机（卡特）	9666/3.5m^3	1	170 万~ 180 万	美国产
振动式压路机	25t	1	140 万~ 150 万	德国产
振动式压路机	25t	1	180 万	英国产
平地机（卡特）	12 尺中型	1	140 万	美国产
自卸车	10t	1	50 万	美国产
翻斗车（日本）	15t	1	100 万	日产
混凝土罐车	5m^3	1	100 万	

设备租赁价格一览表　　表3

设备名称	单位	计量	价格（比索）	备注
300马力推土机	台	小时	1600 ~ 1800	现场开封的新设备
200马力推土机	台	小时	1100 ~ 1200	
挖掘机 $0.9m^3$	台	小时	1600	
装载机 $3 \sim 3.5m^3$	台	小时	1000 ~ 1200	
装载机 $2.5m^3$	台	小时	900	
平地机中型	台	小时	800	
压路机 2.5t	台	小时	1200	
打桩机 35t	台	月	10万 ~ 12万	
吊车 35t	台	小时	1000	
吊车 35t	台	月	10万 ~ 12万	

常用建材市场价格表　　表4

材料名称	单位	单价（比索）	备注
钢材	t	1.1万~1.25万	综合价格
沥青	t	1.2	
碎石	t	300 ~ 380	
水泥	包	130 ~ 140	每包为40kg
砂子	t	150 ~ 200	
商品混凝土	m^3/km	1850	
椰子木	根	700	直径为 ϕ 25的9m长模板材
板材	立方英尺	9	椰木模板材
胶合板	张	480 ~ 500	1.2m × 2.4m × 10层、涂防水层
柴油	公升	11.5	
汽油	公升	18	
机油	桶	1.1万~1.4万	每桶220升

四、风险分析

1. 政治风险

菲律宾是一个私有制国家，贫富相差悬殊，30％的人没有解决温饱问题，所以引发出很多社会、民族等问题，造成某些地区治安恶化，南部岛屿地区伊斯兰暴乱等问题至今没有解决，整个国家尚没有摆脱亚洲金融风暴带来的经济危机，政治气候令人感到不安。

2. 贸易风险

菲律宾自阿罗约总统上台以来，实行了一系列经济改革的政策，开辟特殊经济区，加大基础设施的建设投入，降低税率，承包建筑工程的税率为10％。该国对外国公司没有税收歧视政策，承担国际金融机构的资助项目，尚能按时支付工程款，债务清偿能力较好。

3. 产业风险

菲律宾政府鼓励外国人投资，但具体政策措施少。一般来说设立建筑施工企业手续相当复杂，由于该国政府只允许外国有资格的大公司承担国际金融机构资助的项目，而政府投资和个人投资的项目，则统由本国公司承担，这种环境不利于投资设立建筑施工企业。另外，外国公司在该国融资也几乎是不可能的。但是，承担国际金融机构资助的项目，菲律宾政府没有外汇管制，所以，在菲律宾进行工程承包资金转移，尚无困难。

从菲律宾情况看，该国的工程技术人员并不十分缺乏，工人的素质尚可，劳动力价格较便宜。但是，工人工作惰性大，效率较低。

4. 财政风险

由于亚洲金融风暴的袭击，从 1997 年以来，菲律宾财政很困难。1997 年以前该国情况较好，是整个东南亚地区的金融中心，亚行总部设在马尼拉。2000 年以来，情况稍有好转，2001 年 10 月底前国民生产总值出现了增长趋势，增长 2.9%。

长期以来，菲律宾政府一起与美、日保持良好的关系，特别是该国地处太平洋中心位置，在整个亚洲的战略位置非常重要。而且气候宜人，常年为 25 ~ 30℃左右，且有海风吹过，气候温度虽高，但不觉得热。每到周五均有大量的日本人、韩国人、美国人到菲律宾度假。因而，尽管菲律宾政府财政情况不是很好，但仍然每年获得大量的国际援助。

5. 分析与建议

经过对菲律宾建筑市场的考察，认为在菲律宾从事国际工程承包有以下利弊：

（1）有利因素

1）菲律宾国民生产总值比较稳定，尽管连续 4 年来该国的国民生产总值由下降转为增长。特别是截至 2001 年 10 月底，国民生产总值增长 2.9%。说明其国民生产总值还是比较稳定。离国际公认的警戒线，增长率小于或等于 -4.5% 相差甚远。这表明，该国国民生产是增长偏慢，经济发展有望。

2）截至 2001 年 8 月底，菲律宾的通货膨胀率为 4.4%，明显优于国际公认的警戒线（大于或等于 50%），表明该国通货膨胀属于正常情况，不足以令人担忧。

3）获得国际金融机构援助或资助的渠道畅通，表明该国可借助国际援助发展经济。如果承包菲律宾的国际资助项目，可解除承包商对于业主支付能力方面的顾虑。

（2）不利因素

虽然有上述有利因素，但是也存在很大的风险和不利因素。

1）菲律宾进出口连续下降，进出口逆差截至 2001 年 10 月底为 -2.6 亿美元，说明该国不能依靠外贸出口获取外汇，用以支付承包商的工程款。但承包国际援助的项目，则可除外。

2）尽管菲律宾截至 2001 年 10 月底，债务与国民生产总值之比为 12.2%，低于国际

公认的警戒线50％的水平，但是1997年亚洲金融风暴的袭击，带来的货币贬值的因素，也不容忽视。

3）政治风险较大，政局不稳，菲律宾国内的暴乱和治安问题对于承包工程项目而言，完全有可能受到政治变化的影响。

综上，在菲律宾进行国际工程承包风险很大，但尚有一定的可取之处：

（1）承包国际金融机构支持的项目，资金来源还是有保证的，可以得到较好的工程款支付。

（2）菲律宾地处亚洲太平洋之滨，气候宜人，平均温度为25～30℃，台风期为5月～9月末，可常年施工，自然条件风险较小，另外工程设备市场及劳务市场活跃，对建筑工程施工是有利的。

（3）由于菲律宾政府规定，只有大AAA的公司方可承包国际金融机构资助的项目，一般情况下，该国内的公司不容易夺标。中建菲律宾公司目前在当地已有一定社会基础和比较良好的社会关系，夺标相对容易，有足够的条件可以利用。

但是，建议进入菲律宾建筑市场，应该做好以下工作：

（1）签约前一定要确保生产流动资金的落实，一般情况下，在菲律宾的国际金融和投资的项目，日本国际合作银行工程预付款为15％，亚行和世行为30％。在减去支付的投标活动费用和某些菲律宾主管部门的好处之后，仅靠工程预付款很难实现良好的生产流动资金的运行。因此，从福建等几家公司的情况调查看，一般在进入菲律宾前，均从国内带入工程总价10％的流动资金。

（2）避免承揽工程工期长的项目。

（3）要组成精干的项目班子，国内派出的技工一定要一专多能，多面手，尽可能从菲国当地招用工人。

（4）抓紧回收工程款。

（5）工程采取自营一部分，分包一部分的经营方式，而且分包这部分必须采取菲律宾本国建筑施工企业带资承包和垫款抵押的方式。

（6）采取各种方式的可能进行国际避税。

7.3　信息与资料的收集

7.3.1　信息与资料收集工作特征

从7.2.1节可见，调查研究是做好国际工程项目前期开发技术工作的关键性基础工作，而信息与资料的收集工作则是重中之重，是做好调查研究的根本，其工作特征见表7-6。

信息与资料收集工作的特征一览表　　表 7-6

特征	描述
信息与资料收集工作的阶段性	信息与资料收集工作贯穿在国际工程项目前期开发的技术工作全过程。如果说，从一个具体的项目概念定义的生成，到可行性研究报告被业主或主管部门批准，是一个项目渐进明晰的过程，则信息与资料收集工作则是一个渐进翔实的过程
信息与资料收集工作的对应性	信息与资料的翔实程度决定了国际工程项目前期开技术工作的内容； 信息与资料的完整性决定了技术工作成果的可靠性；信息与资料的准确性决定了项目的费用（投资估算）和风险
信息与资料收集工作的完整性	项目唯一性特点，决定了必须有针对性的收集完整的信息与资料，以项目的特点为切入点，开展工作，有助于取得业主的信任
信息与资料收集工作的准确性	项目需求、建厂条件（或选址）、设备等信息与资料的准确性，决定了国际工程项目前期开发的技术工作的成败

7.3.2　房屋建筑工程项目信息与资料收集提纲

通常房屋建筑工程分为工业建筑和民用建筑，民用建筑按其使用功能的属性分为居住建筑和公共建筑。

房屋建筑工程也称为建筑工程；是指以新建、扩建、改建等方式，建造的房屋建筑物和附属构筑（造）物以及市政公用设施与设备的安装。建筑工程是通过其规划、勘察、设计和施工、竣工等各项工作，完成工程实体，实现配套的市政公用设施与设备的完整与使用。其中：房屋建筑物包括厂房、影剧院、商业、学校、医院、办公楼、住宅等供人们居住、生活和从事各种活动的场所。附属构筑（造）物是指与房屋建筑物配套并提供供水、供电、供气等基本生存功能的市政公用设施（如给水水塔（站）、变配电站、燃气加压站等）。市政公用设施与设备也包含与附属构筑（造）物相配套的给排水、通信、电力、电梯、暖通空调等线路、管道、设备等。

房屋建筑工程项目（通用）信息与资料收集提纲见表 7-7。虽然房屋建筑工程项目（通用）信息与资料具有普遍性，但是在实际工作中，为了保证收集的信息资料的完整性，还要在已经获得的房屋建筑工程项目（通用）信息资料的基础上，根据房屋建筑的用途与功能的特殊性，补充收集专用的信息资料清单。表 7-8 给出了比较常用的住宅、教育（学校）、办公、体育建筑工程项目专用信息资料的收集清单。

房屋建筑工程项目（通用）信息与资料收集提纲　　表 7-7

序号	资料收集的内容	备注
	一、项目的基本信息与条件	
1	项目基本信息包括：项目业主或投资者名称、项目地点、项目类别、建设规模、建设计划、建设方式（EPC、BOT 或 PPP）、建设周期或工期、融资方式或额度、已经具有的项目审批或支持性文件等	业主提供 项目基本信息适用于所有国际工程项目

续表

序号	资料收集的内容	备注
2	项目概念性文件（项目大纲、项目商业计划或项目设计任务书）	业主提供
3	项目采用的技术标准（设计、施工、验收）	业主提供
4	项目的范围（是否包括装修及道路、停车场、广场、园林绿化等室外配套工程）	业主提供
5	业主对项目的强制性需求与条件	
6	其他有关项目建设的依据（政府的批准文件、政策规定等）	业主提供
	二、自然条件	
1	项目建设所在地水文气象情况（包括防洪、气温（月平均气温、极端气温）等）	业主提供
2	降雨（雪）量、年平均降雨（雪）量、最大月平均降雨（雪）量、最大日平均降雨（雪）量等及当地降雨量强度的计算方法或计算公式	业主提供
3	常年主导风向、夏季与冬季主导风向、平均风速、最大风速及受航洋风或台风的影响程度、发生的频率等	业主提供
4	日照时间与强度	业主提供
5	地面温度情况	在业主的配合下收集（以下简称配合收集）
6	受其他自然灾害侵袭的可能与情况	配合收集
	三、城市规划与建筑专业	
1	项目的规划设计要求或规划设计条件（与拟建项目有关的城市或区域性总体规划、居住区规划、控制性规划或修建性规划等）	业主提供
2	用地现状图及现状地形图（CAD 电子文档，比例为 1：1000 或 1：2000）；拟建项目地形与地貌现状的文字描述	业主提供
3	拟建项目选址在城市的区位图、用地界线以及城市市政公用设施现状图（CAD 电子文档）	业主提供
4	拟建项目用地面积、各类房屋建筑的建筑面积与占地指标等要求	业主提供
5	拟建项目的用地性质、使用功能及控制性详细规划设计的指标要求	配合收集
6	拟建项目的用地面积；建筑密度；建筑控制高度；容积率；绿化率等技术指标的要求	配合收集
7	拟建项目所在国家、地区采用的高程系统和场地标高；是否允许采用相对标高	配合收集
8	拟建项目所在国家、地区采用的地理坐标系统和场地坐标；是否允许采用相对坐标	配合收集
9	拟建项目建筑红线后退的距离	配合收集
10	拟建项目与城市市政公用设施（给水、排水、电力、通信、燃气、道路等）接口的位置；交通出入口的方向和位置等	配合收集
11	拟建项目各类房屋建筑的形式、体量、色彩、风格等要求以及重点房屋建筑的形体、布局的控制性指标与要求等	配合收集
12	拟建项目区域内道路的技术要求（道路类别、型式、路面材料的选择、路面宽度等）	配合收集
13	拟建项目周边的环境、交通与建筑情况（现状照片）	配合收集
14	拟建项目区域内或配套拟建的社区中心、医疗中心的等级、规模与设计要求	配合收集
15	拟建项目区域内或配套拟建幼儿园、中小学规模与设计要求	配合收集
16	拟建项目区域内或配套拟建商业网点、商业中心规模与设计要求	配合收集
17	拟建项目所在地建筑、结构等专业的传统施工工法或做法	配合收集

续表

序号	资料收集的内容	备注
	四、结构专业	
1	拟建项目或拟建项目区域内的岩土（或地质）工程勘查资料与报告	业主提供
2	地震情况（地震震级、基本地震加速度值或最大反应加速度）	业主提供
3	项目所在国对建筑物使用年限的规定	业主提供
	五、给排水专业	
1	供水水源的接入点及管径或容量；排水排放点的位置、标高、排水型式（雨污合流制还是分流排放）及雨水收集与排出的型式	配合收集
2	给水系统的设置要求，生活用水、饮用水的计量方式；热水系统的要求，是否设置太阳能热水系统或电热水器及要求；消防用水的要求等	配合收集
3	厨卫、卫生器具和阀门、管道等制品与配件的要求	业主提供
4	生活污水、油烟等三废排放的标准及设备的选择标准	业主提供
	六、暖通专业	
1	采暖、通风（空调）、燃气管道设置的要求及计量方式和管道、阀门等配件选择的要求等	业主提供
2	各房间采用空调的形式	业主提供
3	建筑节能（隔热、保温）与防噪声的要求	配合收集
	七、建筑电气专业	
1	电源电压等级、制式、供电方式与要求；变配电（站）位置或设置要求；居住区供电及单体住宅的供电形式（单相或三相供电）	业主提供
2	消防用电的要求；自备电源的要求	业主提供
3	防雷接地的措施与要求，防雷接地装置的习惯做法及材料的选择	配合收集
4	对通信、网络、电视等系统的配置要求	配合收集
5	对住宅智能化、建筑设备自动化、物业管理等要求	业主提供
	八、施工条件	
1	项目施工现场周边环境情况，对噪声及三废的限制	
2	项目所在地混凝土及构件、木构件、金属构件的生产加工能力；质量与供货情况	
3	项目所在地道路布局与公共设施、市政设施（给水、排水、电源、通信等）的位置、标高及连接方式等	
4	工程检测、试验的要求与条件	
5	工期要求	
6	地下水情况，开采（打井取水）的可能，污雨水的排放条件及要求	
7	四通（水、电、路、通信）一平（场地平整）的条件与情况	
8	施工现场生活条件（食品、日用品供应），医疗、卫生、教育、消防、治安、安全条件与要求等	
9	施工设备与运输设备租赁、采购情况	
10	当地气候等不良条件对施工的影响及当地的习惯性处理措施	

续表

序号	资料收集的内容	备注
11	当地的风俗习惯与节假日的规定	
	九、工、机、料	
1	当地能提供的各工种劳动力（力工、各工种技工、工程技术人员）的能力水平、劳动效率、价格	
2	项目所在国对外国劳动力的限制要求（劳工发路与法规规定）以及使用当地劳动力的范围与要求	
3	当地建筑材料供应与价格情况	
4	项目所在地水泥、木材、钢材的供应情况，产品的技术标准、规格、轻度、价格等	
5	项目所在地施工机具购置与租赁情况	
6	项目所在地油料、燃料的供应情况	
7	施工周转材料、器具（模板、脚手架、安全网、支撑等）购置与租赁情况及运输距离、价格等	
8	当地砖、瓦、沙、石、木材等地方材料、装饰材料的供应、使用情况，购置的方式、付款条件以及运输距离、价格等	
9	项目所在国建筑设备（电梯、水泵、电气设备、消防设备等）的供应情况	
10	项目所在国对进口设备与材料的关税、运输费用等要求、规定	
	十、商务条件	
1	项目所在国对外籍劳工进入的法律、法规的规定以及签证的条件、时间、费用等	
2	本项目是否允许从中国采购合同项下的材料与设备；是否享受退税的待遇	
3	对本项目保修期的担保额度与条件	
4	项目所在国对施工现场或建筑工程、工程参与的人员的各种保险的规定或费用额度	
5	项目所在国、所在地税收、关税等税种、税率的缴纳要求、程序等规定	
6	项目所在国对从事工程承包业务的企业注册、登记以及应办理的有关设计、施工许可的规定，办理的程序与规定	

住宅、医院、学校、办公、体育建筑工程项目专用信息资料的收集清单　　表 7-8

住宅工程项目专用信息资料的收集清单
1. 当地住区的总体规划要求，包括道路规划、交通组织、楼组排列、公建设置、入口规划、停车方式规划、公共空间规划及环境规划等。 2. 人口容量：即规划地块内部每公顷用地的居住人口数。 3. 住宅间距要求；住宅日照时标准；建筑物允许层数，建筑的朝向和距离，建筑出入口的常规做法。 4. 当地民居生活习俗，住宅内部的布局，宗教信仰禁忌、住宅建筑习惯做法、公共建筑习惯做法和发展趋势。 5. 当地居民宅内的装修标准，家具的尺度，及家具电器的使用情况。 6. 当地居民交通出行的主要工具。 7. 居住建筑每户人数、最高日用水定额及小时变化系数；当地居民用水习惯。 8. 居住建筑生活给水采用水源（城市自来水、地下水等），水源接入点位置、管径及压力；地下水水源是否需处理及处理形式，室外给水管网及消防设置形式。 9. 小区雨污排水采用形式（合流制还是分流制）；小区污水处理形式（是否需设置化粪池、污水处理站）；小区污水排放形式及标准；小区雨水排放形式（排入市政雨水管网、就近渗透排放等）；雨水收集形式（雨水口、明沟、暗沟等）。 10. 当地小区节水、节能措施：是否有雨水收集系统及该系统设置形式；是否有中水回收利用系统及该系统设置形式。

续表

住宅工程项目专用信息资料的收集清单
11. 当地居住建筑计量方式及设置情况：计量表形式（如远程式、IC 卡式、机械式、立式、水平式等）；设置情况（如集中设置在一层水表间、设置在每层楼梯间暗装的水表箱内、设置在户内卫生间或者厨房等）。 12. 当地居住建筑热水供应形式（用太阳能热水器、家用电（燃气）热水器、集中热水供应系统等）。 13. 当地居住建筑室内消防设置形式（消火栓系统、自动喷水灭火系统等系统设置条件及设置形式、灭火器配置）。 14. 住宅电气设计、公共照明、应急照明有何标准和要求。电源插座的标准制式。 15. 当地每套住宅的用电负荷标准，分回路设置要求。 16. 当地供电部门对住宅的计量要求及标准。是否要求每户住宅 / 每栋安装一个电度表，电度表电源进线的具体做法。对多层住宅户电度表安装位置的要求，集中还是分散。小区、多层住宅的公用照明如何计量。 17. 电话、电视户外系统现状。要求做法是分散接入到每户，还是先集中再分散接入。 18. 每套住宅电话、电视的线路及终端插座有何设置要求。当地网络、楼宇安防监控等的设置和使用情况
教育（学校）建筑专用信息资料的收集清单
1. 中小学应明确学生人数，班级数及当地的教育模式和制度（如小学分几个年级，中学分几个年级，各个区段的课程设置有何特殊性）。 2. 大学应明确其属于综合型大学，专科类大学还是高职院校，了解其师生人数，院系构成，招生规模及未来的发展规模，是否需要教学和产业结合（部分高校配建有科技园区，医学院有对口的医院）。 3. 应明确当地的宗教信仰文化背景对于教育建筑是否有特殊要求（如是否需要礼拜堂，对于建筑的朝向和形式有何特殊要求）
办公建筑专用信息资料的收集清单
1. 城市相关的基础资料（人文、地理、气象、社会等）。 2. 项目的建设规模、功能定位及使用要求。 3. 项目用地周边情况的基础资料（给水、排水、电气、燃气、通信等）。 4. 项目需要满足什么类型和级别的办公要求，以及使用群体的准确定性
体育建筑专用信息资料的收集清单
1. 城市相关的基础资料（人文、地理、气象、社会等）。 2. 项目的建设规模、功能定位及使用要求。 3. 项目用地周边情况的基础资料（给水、排水、电气、燃气、通信等）。 4. 项目需要满足什么类型和级别的比赛要求，使用群体的准确定性

7.3.3 市政给水工程项目信息与资料收集提纲

市政给水工程项目信息与资料收集提纲见表 7-9。

市政给水工程项目信息与资料收集提纲 **表 7-9**

序号	收资内容
1	厂（站）址资料
1.1	取水工程、自来水厂址所在区域、输水管道、城市现状配水管网的总体描述
1.2	取水工程、自来水厂区域的 1：1000 或 1：500 现状地形图。输配水管道及城市配水管网的 1：5000 或 1：10000 现状地形图
1.3	项目场地质条件、土壤的物理机械参数； 相关环境影响评价报告或批复（废气、废水（包括生活污水、油污水）、污泥、噪声的排放标准）
1.4	水厂厂区总体布局要求，包括水厂的设计规模、用地范围、采用何种技术，达到何种出水水质标准，是否对排泥水进行处理等
2	厂（站）外交通
2.1	厂站附近是否有现状道路，其道路荷载情况等

续表

序号	收资内容
2.2	是否需要新建进场道路，进场道路的标准，长度等
2.3	周边的交通运输情况，包括公路、铁路、航空、水路等；如：港口位置及货场位置；场外运输道路路况、交通流量、允许通行时间；场外运输道路中是否有桥梁、隧道、涵洞，桥隧涵允许通行高度、荷载
3	自然资料
3.1	气温：年平均气温；最热月平均气温；最冷月月平均气温；极端最高气温；极端最低气温；湿球温度、干球温度
3.2	降雨量：年平均降雨量；最大月平均降雨量；最大日降雨量；极端瞬时（一小时）降雨量；旱季月数及持续时间；雨季月数及持续时间
3.3	风：常年主导风向；夏季（或旱季）主导风向；冬季（或雨季）主导风向；平均风速；最大风速。是否受台风或海洋风影响、影响程度、发生频率等
3.4	地震情况（地震震级、基本地震加速度值或最大反应加速度）
3.5	地温情况（与电缆及给排水管道埋地有关）
4	给排水专业资料
4.1	城市现状图及现有供水管道测量资料（1 ： 1000 ~ 2000，需注明管道材料、规格）
4.2	现有水厂情况：水厂名称、处理规模、处理工艺、水源情况等
4.3	新建水厂取水口位置多年旱流水质监测资料及旱季水量测量数据等
4.4	水厂取水口处原水水质检测报告（长期的监测资料，至少1年或四季度典型水质及洪水季节的最大浊度）
4.5	用水习惯、用水定额、用水时变化系数（峰值系数）等
4.6	供水管网最不利点所需的服务水压（或业主提出送水泵房的出水压力要求）
4.7	排水体制，排水出口的位置、标高
4.8	项目配水管网的服务范围，了解拟建管道所经过的特殊地段如公路、河流、障碍物等
5	电气专业
5.1	供电方式（自备、高压、低压），电源电压等级、制式（50Hz 或 60Hz）
5.2	市电是否有双电源？是否设置柴油发电机组
5.3	净水厂自控水平及技术要求。给水泵站自控要求。 管网中是否设置余氯、水压、水量监测设施，其监测的数据是否实时上传至集中控制中心
6	施工
6.1	主要运输工具购置和租赁情况，可租的车型、租车费用等
6.2	施工电源、水源（如可用容量、接入位置、供应是否正常等）
6.3	施工周边环境（如周边是否有严格限制施工噪声的建筑设施）
6.4	四通（水、电、路、通信）一平情况（包括可用容量、接入位置、供应是否正常等）
7	设计、施工及验收规范、标准
8	投资与估算
8.1	项目所在地的材料供应能力，材料种类，价格水平等。 调查当地工程项目开工对当地材料价格造成波动（上涨）的可能性
8.2	当地建筑材料供应及价格情况，包括：当地可供应水泥的品种、规格和强度等级；当地可供应钢材的品种、规格和强度等级；当地可供应的砖的型式、材质和强度等级；当地可供应的木材、瓦、灰、砂、石等地方材料和装饰性材料供应及使用情况；当地可供应的给排水管道材质和压力等级；当地可供应的电缆、电气设备（开关、插座、灯具等）型式、材质和电压等级；上述资料获取的途径和价格
8.3	如采购国内设备和原材料，出口享受的退税额、项目所在国的进口关税等
8.4	了解当地对工程的税收情况，调查可能征收的税费的种类、税率等，是否免税？若可部分免税，可免何种税等
8.5	当地对工程的收费情况等

备注：项目基本信息见表7-7。

7.3.4 市政排水工程项目信息与资料收集提纲

市政排水工程项目信息与资料收集提纲见表 7-10。

市政排水工程项目信息与资料收集提纲 表 7-10

序号	收资内容	备注
1	规划资料	
1.1	总体规划、城镇体系规划文本及相应图纸	
1.2	环境保护规划文本及相应图纸	
1.3	给水排水专项规划文本及相应图纸	
2	气象资料	
2.1	极端最高气温，极端最低气温，历年平均气温	
2.2	年平均降雨量，最大降雨量，枯水年平均降雨量，最大日降雨量	
2.3	平均风速，静风频率，年主导风向	
2.4	年平均日照时数	
3	地形地质地貌水文资料	
4	总图专业资料	
4.1	厂站地形图（1:500）	
4.2	厂站用地红线及新建建构筑物退让要求	
4.3	采用的高程系统和坐标系统	
4.4	场地范围内现状建构筑物及管线资料	
4.5	当地道路、围墙习惯做法	
4.6	当地绿化常用植物种类	
5	排水专业资料	
5.1	项目服务范围及边界资料	
5.2	项目服务范围内地形图（1:1000 ~ 2000）	
5.3	项目服务范围内已建排水管网现状图	
5.4	项目服务范围内现状排放口位置、标高、污水水质统计数据	
5.5	项目服务范围内居民分布及近、远期人口规模，居民用水量统计资料	
5.6	项目服务范围内已有工业企业资料（包括名称、位置、近期与远期主要产品规模、主要原辅材料年用量），工业用水量，工业废水预处理情况，废水排放量、废水水质实测数据	
5.7	项目服务范围内在建企业与近期拟引进企业资料（包括名称、位置、近期与远期主要产品规模、主要原辅材料年用量预测），工业用水量预测，工业废水预处理情况，废水排放量预测	
6	结构专业资料	
6.1	项目场地地质勘察报告	
6.2	当地可供应水泥、砂浆的品种、规格和强度等级	
6.3	当地可供应钢材的品种、规格和强度等级	
6.4	当地可供应的砖的形式、材质和强度等级	
6.5	当地建筑结构常用做法（基础处理，结构形式等）	

续表

序号	收资内容	备注
6.6	当地结构设计荷载取值（如雪荷载、风荷载，考虑台风影响）	
7	电气专业资料	
7.1	当地低压、高压电源等级	
7.2	供电点的具体位置，离用电点的距离	
7.3	当地供电局要求的功率因数	
7.4	无功补偿方式	
8	投资与估算资料	
8.1	征地、拆迁费用及补偿标准	
8.2	建设周期，建设资金来源及其比例	
8.3	当地人员工资标准等	
8.4	当地主要建材及造价信息	
8.5	供水、供电协议或初步意向，水价、电价	

备注：项目基本信息见表 7-7。

7.3.5　城市道路与桥梁工程项目信息与资料收集提纲

城市道路与桥梁工程项目信息与资料收集提纲见表 7-11。

城市道路与桥梁工程项目信息与资料收集提纲　　表 7-11

序号	收资内容
1	设计任务书
1.1	道路桥梁设计范围、功能定位
1.2	明确道路、桥梁设计和施工工程内容
1.3	明确设计采用的规范、标准是否为当地标准，若不是，应采用什么标准
2	前期审批文件
2.1	立项批复
2.2	项目建议书或可研文本及批复
2.3	环境影响评价批复
2.4	地质专项评价批复
2.5	水保专项评价批复
2.6	控制性详细规划文本、图纸及批复
3	项目所在地统计年鉴
4	工程测量
4.1	当地采用的高程系统和场地标高，是否允许采用相对标高
4.2	当地采用的地理坐标系统和场地坐标，是否允许采用相对坐标
4.3	道路地形图，图纸比例为 1/10000 ~ 1/50000，地形地貌现状、（必要时可分别绘制）；有条件时尽量测量 1/2000 ~ 1/500 地形图（国内通常为 1 : 1000）

续表

序号	收资内容
5	沿线自然地理状况
5.1	气温：年平均气温；最热月平均气温；最冷月月平均气温；极端最高气温；极端最低气温；湿球温度、干球温度
5.2	工程所在地降雨量：年平均降雨量；最大月平均降雨量；最大日降雨量；极端瞬时（一小时）降雨量；旱季月数及持续时间；雨季月数及持续时间。当地暴雨强度计算公式
5.3	风：常年主导风向；夏季（或旱季）主导风向；冬季（或雨季）主导风向；平均风速；最大风速。是否受台风或海洋风影响、影响程度、发生频率等
5.4	沿线地形、地貌。包括植被、场地地形等的描述
5.5	项目区沟渠、水库等蓄排水设施的最高洪水位
5.6	项目区水文资料，沟渠、水库等蓄排水设施的最高洪水位及历史洪水位
6	工程地质勘察
6.1	地震。地震震级、基本地震加速度值或最大反应加速度
6.2	建设场区附近工程地质勘察资料。包括各地层土的分布和构成、各层土的物理和力学性质、场地土在地震情况下液化的可能性
6.3	建设场地稳定性评价
6.4	不良地质。勘察出道路沿线不良地质情况，如溶洞、滑坡、泥石流等，结合当地习惯，提出建议处治措施
6.5	地表水、地下水发育程度、变化情况及其对建筑材料腐蚀性的评价
7	路桥设计基础资料
7.1	路桥设计采用的标准和规范
7.2	道路规划文本，含文字和图纸内容。若无，则需提供道路设计等级、路基路面宽度、线位及道路标高控制点等内容
7.3	提供区域经济和交通运输发展状况及规划
7.4	道路交通量的分析及预测
7.5	交通设施现状及规划
7.6	当地盛产的建筑材料
7.7	取、弃土场位置的确定
7.8	道路通行车辆种类，是否供专有车辆通行
7.9	桥梁建设地河道宽度、河道最高水位
7.10	桥梁的跨径、净空、通航标准、荷载等级
7.11	当地绿化常用苗木种类
8	技术经济资料
8.1	征地、拆迁费用及补偿标准
8.2	建设周期，建设资金来源及其比例
8.3	当地人员工资标准等
8.4	当地主要筑路材料及造价信息
9	路桥施工基础资料
9.1	施工环境
9.1.1	计算施工的有效时间，参照当地的气候条件、宗教习惯、国家规定节假日
9.1.2	施工营地准备，业主对营地土地使用的规定（使用时间、场地征收、场地地貌复原）

续表

序号	收资内容
9.1.3	施工材料料场准备。业主对料场土地使用的规定（使用时间、爆破影响、环境保护、场地地貌复原）；了解材料场地的大概位置以及材料运输距离
9.1.4	施工对周边环境影响，道路经过村庄、城镇是否需要采取严格的安全、环境保护措施；桥梁施工对河流通航的要求，是否需要保证桥梁施工期间航道的畅通
9.1.5	施工便道。道路施工期间现有道路改造是否可以全线封闭；是否需要施工方提供交通便道，供车辆通行，如需提供便道，业主方对便道的基本要求
9.1.6	当地对施工照明、噪声控制、安全、卫生、环保、劳动保障、消防等强制性法律。当采用施工自备柴油发电机时，环保、噪声、消防等方面的特别要求
9.1.7	当地是否具有能够满足施工需要的劳务（包括保安、勤务、司机、甚至翻译）人员
9.1.8	当地可提供的施工劳动力（特殊工种、技工、小工）能力范围、必须使用当地劳动力的范围和要求、劳动力效率（工效）、价格、是否提供食宿等
9.2	当地筑路材料供应及运输情况
9.2.1	当地可供应水泥的品种、规格和强度等级；获取的途径和价格
9.2.2	当地可供应钢材的品种、规格和强度等级；获取的途径和价格
9.2.3	当地可供应的沥青的类型：获取的途径和价格
9.2.4	当地可供应的木材、砂、石料等地方材料和装饰性材料供应及使用情况、施工材料的采购地点
9.2.5	当地是否有合适的路基填料供应
9.2.6	道路用水、电接入点的选取
9.2.7	项目附近是否有已建道路，可供材料运至施工现场
9.3	当地有无可与施工相配套的混凝土构件厂、木制构件厂、金属加工厂等，这些厂的生产能力、产品质量、供货情况如何？为施工提供服务的可能性怎样
9.4	当地工程施工设备和辅助用具调查（利用的可能性，价格）。当地施工机械、施工设备购置和价格，及可租用情况和租赁价格
9.5	当地油料供应情况（包括汽车和施工运输设备使用的汽油、柴油，施工机械和自备发电使用的燃料油轻柴油和重柴油），价格，燃料油的运输方式和运输距离
9.6	模板，脚手架，支撑，安全网等施工周转材料的购置和价格，及可租用情况和租赁价格情况
9.7	工程检测和检验要求、检测和检验条件，是否必须设工地试验室：第三方（如业主工程师、业主检测工程师）对施工的监督、检查和检验要求情况
9.8	考虑本合同项下设备和原材料的国内采购价格、出口享受的退税额，收集在其他国家采购的可能和价格
9.9	政府要求的工期和实际可能的工期。包括开、竣工日期、动员准备期及施工期限等，是否有分批分期交付使用要求
9.10	拖期罚款。是否有罚款的最高限额规定（这对施工计划的安排和拖期的风险大小有影响。）
9.11	维修期及其期间的担保金额（这对何时可收回工程“尾款”，承包商的资金利息和保函费用计算有影响。）
9.12	需要在现场强制购买的（包括工程和各类人员）保险（建筑工程一切险、雇主责任险、施工机械和车辆险、国外人身意外险等等）有哪些，承保范围、时间和保费的具体情况。保险公司的选择、保险方案的咨询、是否指定保险公司、保险种类和最低保险金额
9.13	了解当地对工程的税收情况。（需调查可能征收的税费的种类、税率）是否免税，工程部分免税，可免何种税
9.14	在项目所在国从事其工程业务时应办理的各种许可（需了解各种许可的费用）
9.15	施工生活条件调查，包括日用品，食品供应，教育，医疗卫生情况，消防、治安状况，当地日用品供应市场容量及风俗规定

备注：项目基本信息见表 7-7。

7.3.6 电力工程项目信息与资料收集提纲

电力工程项目信息与资料收集提纲见表 7-12 ~表 7-14。

火力发电厂项目信息与资料收集提纲 表 7-12

序号	收资内容
1	Proposed Site Information 厂址资料
1.1	General description of site location and plant area，ash disposal area，water intake etc. 厂址所在区域、灰场、取水口的总体描述
1.2	The topographic map with 1:50000 or 1:100000 scales used for site location drawings. 作为厂址地理位置图所需的厂址区域 1：50000 或 1：100000 地形图。 The topographic map with 1:1000 or 1:2000 scales used for general layout drawings. 作为厂区总平面布置所需的厂址区域 1：1000 或 1：2000 地形图
1.3	The topographic map of ash disposal area and water intake. 灰场及取水口区域地形图
1.4	Topographical condition and elevation. 厂址自然地形条件及场地标高
1.5	Geological conditions.Soil physic-mechanical features. 地质条件、土壤的物理机械参数。 Preliminary Soil Investigation Report. 初步地质勘查报告。 Environmental Impact Assessment Report. 环境影响评价报告
2	Access to Site 厂外交通
2.1	The fuel and limestone transportation ways which need to be specified by drawings or descriptions（if it's transported by trucks，the loading capacity of the truck and the access load condition should be submitted）. 通过图纸或说明明确燃料及石灰石的厂外运输方式（如果采用汽车运输，请提供车辆的载重量及道路荷载情况）。
2.2	The oversize equipments transportation ways which need to be specified by drawings or descriptions. 通过图纸或说明明确大重件的厂外运输方式。
2.3	The existing transportation conditions round the proposed site including road，railway，airport，river ways. 拟选厂址周边的交通运输情况，包括公路、铁路、航空、水路。
3	General Climate Conditions 总体气象条件
3.1	Barometric pressure 大气压力，mbar:Mean 平均值，Maximum 最大值，Minimum 最小值
3.2	Ambient temperature 大气温度℃：Mean（yearly）年平均值，Maximum 最大值，Minimum 最小值
3.3	Relative humidity 相对湿度 %：Mean（yearly）年平均值，Maximum 最大值，Minimum 最小值
3.4	Wind speed 风速，m/s：Mean（yearly）年平均值，Maximum 最大值； Maximum wind direction 最大风速方向； Main wind direction 主导风向
3.5	Rainfall 降雨量，mm：Mean total（yearly）平均年降雨量，Maximum（daily）最大日降雨量，Highest mean total（monthly）最大月平均降雨量
3.6	Total number of snowfall days（yearly）年降雪天数 Maximum snow thickness（cm）最大降雪厚度
3.7	Total number of days with hail（yearly）年降冰雹天数
3.8	Total number of frosty days（yearly）年寒冷天数
3.9	Total number of days with thunderstorm（yearly）年雷暴天数
3.10	The perennial monthly highest，average and lowest water level，the design water leve1. 多年月最高、平均、最低水位，设计水位

续表

序号	收资内容
3.11	The perennial monthly Max.，average and min.flow. 多年月最大、平均、最小流量
3.12	The perennial monthly maximum，average and minimum sand content of the water for each month。多年月最大、平均、最小水流含沙量
3.13	The perennial maximum，average and minimum water temperature. 多年最高、平均、最低水温
4	Water Source & Water quality Information 水源水质资料
4.1	What kind of cooling water source will be used for the power plant，river（lake）or underground water? 电厂采用何种冷却水源，河水（湖水）或者地下水
4.2	The highest water level or flood level，the average and the lowest water lever. 最高水位或者最高洪水位，平均水位以及最低水位
4.3	The minimum water flow in whole year.The average and min.flow. 全年最小流量以及平均流量
4.4	The maximum，average and minimum water temperature. 最高、平均以及最低水温
4.5	If the underground water will be the cooling water source，please provide the quantity and quality of underground water. 如果采用地下水作为冷却水源，请提供地下水水量及水质。
4.6	Water Conditions. 水质情况
5	Fuel 燃料 **
5.1	5.1 Coal source and Supply capacity. 燃煤来源及供应能力
5.2	5.2 Fuel oil source and Supply capacity. 燃油来源及供应能力
5.3	5.3 Fuel gas source and Supply capacity. 燃气来源及供应能力
6	Electrical and Communication System 电气及通信系统
6.1	The power grid nominal voltage classification from HV to LV. 从高压至低压的国家电网电压等级
6.2	The voltage level，quantity and direction of outgoing transmission line linking the proposal power plant to Grid. 电厂出线电压等级、回路数以及方向
6.3	Owner’s requirement to main electrical connection of proposal power plant。业主对电厂主要接线方式的要求
6.4	How the power plant access to the local power grid? If it is possible，please provide the Access Electrical Power Grid System Report of the power plant. 电厂如何接入电网？如果可能，请提供电厂接入系统报告
6.5	The requirements of the local dispatching center to this system and current status of telecommunication system。当地调度中心对电厂通信系统的要求及通信系统现状
7	Flue Gas Emissions，Waste Water Discharge，Waste Solid Discharge，Noise Emission Limits 烟气排放、废水排放、固体废弃物排放、噪声控制标准
8	Code and Standard 规范及标准
9	Construction and Installation 施工及安装
9.1	Is there any substation which can be taken as the construction and installation electrical power?And the detail information about the substation。在厂址周边是否有变电站可为施工安装提供电源？该变电站的详细资料
9.2	Are there any existing communication lines which can be connected with the construction and installation communication system? 在厂址周边是否已有通信线路可与施工安装通信系统相连
10	FINANCE AND ESTIMATION 投资及估算
10.1	Standard coal price，USD/t（including tax）标准煤价，美元 / 吨（含税）
10.2	Commissioning power purchasing price（Local industry power consumption price），USD/Mwh 试运行购电价格（当地工业电价），美元 / 兆瓦时

续表

序号	收资内容
10.3	on-grid price，USD/Mwh 上网电价，美元 / 兆瓦时
10.4	Unit price of local site land expropriation，USD/hectare 厂区征地价格，美元 / 公顷
10.5	Unit price of local ash field expropriation，USD/hectare 灰场征地价格，美元 / 公顷
10.6	Unit price of construction land renting，USD/hectare 施工租地价格，美元 / 公顷
10.7	The price of material in proposed area，such as:concrete，cement，steel，sand，stone，etc，and labor price in local area. 厂址区域的材料价格，如：混凝土、水泥、钢材、沙、石等，以及当地劳动力价格

注：①燃油燃气火电厂不需要石灰石。

②根据电厂使用的燃料进行收资。但燃煤电厂一般需要轻油点火，除收集煤质资料外，还需要收集轻油油质资料。

③另附比较详尽的水质、煤质、燃油、燃气资料。

变电工程项目信息与资料收集提纲 **表 7-13**

序号	收资内容
1	Proposed Site Information 厂址资料
1.1	General description of site location of substation area. 厂址所在区域的总体描述
1.2	The topographic map with 1：50000 or 1：100000 scales used for site location drawings. 作为厂址地理位置图所需的厂址区域 1：50000 或 1：100000 地形图。 The topographic map with 1:1000 or 1：2000 scales used for general layout drawings 作为厂区总平面布置所需的厂址区域 1：1000 或 1：2000 地形图
1.3	Topographical condition and elevation. 厂址自然地形条件及场地标高
1.4	Geological conditions，Soil physic-mechanical features. 地质条件、土壤的物理机械参数。 Preliminary Soil Investigation Report。初步地质勘查报告
2	Access to Site 厂外交通
2.1	The oversize equipments transportation ways which need to be specified by drawings or descriptions. 通过图纸或说明明确大重件的厂外运输方式
2.2	The existing transportation conditions round the proposed site including road，railway，airport，river ways. 拟选厂址周边的交通运输情况，包括公路、铁路、航空、水路
3	Hydrology，Climate and enviroment Conditions 水文气象及环境条件
3.1	Barometric pressure 大气压力，mbar：Mean 平均值，Maximum 最大值，Minimum 最小值
3.2	Ambient temperature 大气温度℃：Mean（yearly）年平均值，Maximum 最高温度，Minimum 最低温度
3.3	Relative humidity 相对湿度%：Mean（yearly）年平均值，Maximum 最大值，Minimum 最小值
3.4	Wind speed 风速，m/s： Maximum wind speed 最大风速（离地 10m 高度处，时间间距 10min above the ground 10m and duration time of max.wind 10min）； Maximum wind direction 最大风速方向； Main wind direction 主导风向
3.5	Rainfall 降雨量，mm：Mean total（yearly）平均年降雨量，Maximum（daily）最大日降雨量，Highest mean total（monthly）最大月平均降雨量
3.6	Total number of snowfall days（yearly）年降雪天数； Maximum snow thickness（cm）最大降雪厚度
3.7	Total number of days with thunderstorm（yearly）年雷暴天数
3.8	The highest flood level，或者最高洪水位，平均水位以及最低水位

续表

序号	收资内容
3.9	ice thickness 覆冰厚度
3.10	site pollution severity class based on IEC/TS 60815—1 基于 IEC/TS 608 15—1 标准的厂区环境污秽等级
3.11	seismic intensity or the peak ground acceleration（PGA）of site area. 厂址的地震烈度或动峰值加速度
4	Application standard and code for design and construction 当地适用的设计和施工标准
5	Electrical and Communication System 电气及通信系统
5.1	Power System Planning Studies report 电力系统规划研究报告
5.2	The transformer capacity of planned substation，quantity and direction of outgoing transmission line of all kind of voltage level in substation 计划建设的变电站主变容量，各级电压等级出线回路数
5.3	The reactive power compensation requirement based on power system，including capacity，number，installation position of shunt reactor，shunt capacitor or static var compensator（SVC）电力系统对无功补偿的要求，包括并联电抗器，并联电容器或静态无功补偿装置
5.4	Main electrical connection（single line diagram）of planned substation 拟建的变电站电气主接线
5.5	The requirement to HV electrical equipment of substation such as short level，over voltage withstanding level etc. 对变电站高压设备的要求，如短路水平，过电压承受能力
5.6	Required Communication mode of line protection（Fiber or carrier）and function requirements for line protection. 线路保护要求采用的通信方式（光纤还是载波）以及对线路保护的功能要求
5.7	remote mode and remote information requiremente 远动方式和远动信息要求
6	The information about Water source including the position of water source，distance to substation，interface of water supply，Capacity，pressure and water quality of water source. 水源资料包括水源地位置、距离变电站的距离、供水的接口，以及水量、压力和水质
7	Power source and water source information for Construction 施工用电源和水源信息
8	FINANCE AND ESTIMATION 投资及估算
8.1	The price of material in proposed area，such as: concrete，cement，steel，sand，stone，electrical，and labor price in local area. 厂址区域的材料价格，如：混凝土、水泥、钢材、沙、石，电价等，以及当地劳动力价格

输电线路工程项目信息与资料收集提纲 **表 7-14**

序号	收资内容
1	Power system in formation 电力系统资料
	Geographical wiring diagram of power system（present and future），the diagram will show the position of power plant，substation and the plan information of transmission line，conductor section and length of transmission line information will also be shown in this diagram 区域电网等级地理接线图（现状和规划），显示发电厂，变电站的位置，也显示输电线路的布置、长度和导体截面
2	The voltage level，conductor section of transmission line 线路电压等级，导体截面
3	The layout location of start（end）substation（power plant）of planned transmission line and transmission line planning corridor 线路始（终）端变电站（发电厂）的地理位置及线路规划走廊
4	transmission line corridor pollution severity class distribution based on IEC/TS 60815—1 基于 IEC/TS 60815—1 标准的线路走廊环境污秽等级分布

续表

序号	收资内容
5	1：200000 and 1:50000 topographic map along the transmission line 线路所经地区 1/50000、1/200000 地形图
6	Climate and enviroment Conditions 线路沿线气象资料 Ambient temperature 气温 Maximum 最高温度，Minimum 最低温度 最大风速 Maximum wind speed（above the ground 10m and duration time of max.wind 10min 离地 10m 高度处，时间间距 10min） ice thickness 覆冰厚度 Total number of days with thunderstorm（yearly）年雷暴天数
7	The road transporation conditions along the transmission line corridor 沿线路走廊公路交通运输情况
8	Application standard and code for design and construction 当地适用的设计和施工标准
9	Power source and water source information for Construction 施工电源和水源信息
10	FINANCE AND ESTIMATION 投资及估算
11	The price of material in proposed area，such as: concrete，cement，steel，sand，stone，and labor price in local area. 区域的材料价格，如：混凝土、水泥、钢材、沙、石等，以及当地劳动力价格

表 7-12~ 表 7-14 中项目基本信息见表 7-7。

7.4 项目策划书与项目建议书

7.4.1 项目策划书

【基本概念】

项目策划书是指在国际工程项目的构思策划初期，总承包商或咨询机构接受业主的委托，根据业主的建设意图进行项目的定义和定位的构思策划，全面的构思和设想一个待建的项目系统。项目定义是指对项目的用途、性质做出明确的界定。例如：住宅项目、工业项目、公共项目、房地产开发项目等。具体的描述该项目的主要或综合用途、目的。项目定位是根据市场和需求，综合考虑投资能力和最有利的投资方案，决定项目的规格和档次。例如：设想建造一幢高层写字楼，根据需求和建设条件，可以建成普通办公大楼，也可以建成具有多功能的现代化办公楼，必须通过构思、定位、策划做出选择。在明确项目定义和定位的基础上，提出项目系统构建的框架，进行项目功能分析，确定项目系统的组成结构，使其形成完整的配套能力。例如：要建造一个现代化的钢铁联合企业，其系统构成应包括从原料投入到各类钢材产品的产出全过程的若干单项工程子系统——原材料输送系统，炼铁系统，炼钢系统，轧钢系统，产成品包装、储存和销售系统等。应在项目定位的基础上，对项目的系统构成规模、建设资金及融资等进行策划，从而使项目的基本设想变成具体而明确的建设内容和要求。

项目策划书是经过调查研究，对某一个项目或建筑产品进行定义和定位，充分利用自身或有关资源，达到和实现项目或建筑产品的目标，所形成的文案。一个项目只有经过精

心的策划才能推向市场，并取得成功。

在国际工程市场中，业主最初产生开发工程项目的初衷和想法，需要由咨询工程师或建筑师将业主的想法或简单的口头描述，转化成详细叙述的文字材料和初步方案。这个文字材料和初步方案就称为项目策划书。该项目策划书是咨询工程师或建筑师根据经验、按照类似工程的实例与数据对拟建的工程项目、规模、标准做出的粗略的构思、估计。

一般情况下，在EPC、BOT、BT等投融资项目的前期开发阶段，业主都会要求国际工程承包商通过调查研究后编制和提交项目策划书，用以指导该项目的开发立项前的构思、定位工作。

【内容与格式】

业主编制或在EPC、BOT、BT项目模式中，业主委托承包商编制的项目定义和定位，构思和设想的项目策划书内容与格式如下：

1. 项目策划书的内容

项目策划书的主要内容包括：

（1）项目的定义和定位

项目的定义和定位即描述项目的性质、用途和基本内容；项目的建设规模、建设水准；项目在社会经济发展中的地位、作用和影响力，并进行项目定位依据及必要性和可行性分析。

（2）项目的系统构成

项目的系统构成就是要描述系统的总体功能，系统内部各单项工程、单位工程的构成，各自作用和相互联系，内部系统与外部系统的协调、协作和配套的策划思路及方案的可行性分析。

（3）项目目标系统

项目目标系统指项目的质量标准、投资估算、建设工期的论证分析。在分析论证时应充分考虑并权衡项目利益相关者对项目的期望和需求。确定项目的质量目标、造价目标和进度目标是项目管理的前提。而这三大目标的内在联系和制约，使目标的设定变得复杂和困难。要同时达到质量高、造价低、工期短，往往不现实。只能在项目系统构成和定位策划的过程中做到项目投资和质量的协调平衡，即在一定投资限额下，通过策划，寻求达到满足使用功能要求的最佳质量规格和档次，然后再通过项目实施策划，寻求节省项目投资和缩短项目建设周期的途径和措施，以实现项目三大目标的最佳匹配。

（4）其他

与项目实施及运行有关的重要环节的策划，均可列入项目策划的范畴。

2. 项目策划书的格式

项目策划书的格式、基本结构如下所示，也可以根据项目的性质等对其进行调整。

（1）扉页

1）标题；

2）编制单位的名称、地址、电话及网址等；

3）完成的日期。

（2）目录页

（3）正文部分

1）项目概况；

2）基本情况分析（社会与经济环境分析、市场与竞争分析、建筑产品分析等）；

3）目标市场；

4）项目与建筑产品的定位；

5）营销策略；

6）传媒战略；

7）财务分析；

8）其他。

（4）附录部分

【文案范例】

（略）

7.4.2 项目建议书

【基本概念】

在国际工程项目前期开发的工作中，项目建议书是总承包商或咨询机构接受业主的委托，在业主项目目标确定、项目决策完成的情况下，根据项目所在国或地区国民经济的发展、国家和地方中长期规划、产业政策、生产力布局、国内外市场、所在地的内外部条件，提出的某一具体项目的建议文件，是对拟建项目提出的框架性的总体设想。它要从宏观上论述项目设立的必要性和可能性，把项目投资的设想变为概略的投资建议。

项目建议书工作阶段也称为初步可行性研究或预可研，是介于投资机会研究和详细可行性研究之间的工作阶段。其工作内容主要包括项目的目标与功能定位、市场需求研究、项目建设地点的选择、项目方案的构思及项目建设方案的初步论证。鉴于此工作阶段获得的资料比较粗略，研究工作的深度比较浅薄。投资估算通常采用估算指标法，一般要

求控制在误差为 ±20% 以内。工作时间大致在 4 ~ 6 个月，所需要的费用占项目总投资的 0.25% ~ 1.25%。通过初步的可行性研究，在认定项目建设的必要性，而且具备了基本建设的条件，就可以编制初步可行性研究报告，也称项目建议书。对于大中型项目和一些工艺技术复杂、涉及面广、协调量大的项目，还要将项目的技术方案（描述或方案图）作为项目建议书的主要附件之一。

因此，项目建议书是项目发展周期的初始阶段基本情况的汇总，是选择和决策、审批项目的依据。它可以减少项目选择的盲目性，为下一步可行性研究打下基础，也是编制可行性研究报告的依据。

为此，在编制项目建议书之前，业主需要准备和提供的资料主要有：

（1）项目初步设想方案：总投资、产品及介绍、产量、预计销售价格、直接成本及清单（含主要材料规格、来源及价格）。

（2）技术及来源、设计专利标准、工艺描述、工艺流程图，对生产环境有特殊要求的请说明（比如防尘、减震、有辐射、需要降噪、有污染等）。

（3）项目厂区情况：厂区位置、建筑面积、厂区平面布置图、购置价格、当地土地价格。

（4）企业近三年设计报告（包含财务指标、账款应收预付等周转次数、在产品、产成品、原材料、动力、现金等的周转次数）。

（5）项目拟新增的人数规模，拟设置的部门和工资水平，估计项目工资总额（含福利费）。

（6）提供公司近三年营业费用、管理费用等扣除工资后的大致数值及占收入的比例。

（7）公司享受的增值税、所得税税率，其他补贴及优惠事项。

（8）项目产品价格及原料价格按照不含税价格测算，如果均能明确含税价格请逐项列明各种原料的进项税率和各类产品的销项税率。

（9）项目设备选型表（设备名称及型号、来源、价格、进口的要注明，备案项目耗电指标等可不做单独测算，工艺环节中需要外部协助的请标明）。

（10）其他资料及信息根据工作进展需要随时沟通。

【内容与格式】

项目建议书的内容，通常包括项目概况、项目条件或设计条件、工作范围、技术说明（或技术方案的描述）、初步投资估算、存在的问题与建议及附件（包括说明书、图纸、设备材料清册、初步投资估算表）等。

项目建议是在调查研究的基础上、对项目建设的必要性和可行性进行研究、对项目产品的市场、项目建设内容、生产技术和设备及重要技术经济指标等分析，并对主要原材料的需求量、投资估算、投资方式、资金来源、经济效益等进行初步估算。

1. 项目建议书编制的深度

根据项目建议书的作用，一般情况下，项目建议书要满足如下深度的要求：

（1）投资建设必要性和依据

1）阐明拟建项目的概况，项目提出的背景、拟建地点、建设模式、建设范围等内容。提出或出具与项目有关的长远规划或行业、地区规划资料，说明项目建设的必要性；

2）对改扩建项目要说明现有企业的情况；

3）列出项目的主要技术数据，对于引进技术和设备的项目，还要说明国内外技术的差距与概况以及进口的理由，工艺流程和生产条件的概要等。

（2）对产品方案、拟建项目规模和建设地点的初步设想以及厂址条件（地理位置、自然条件、交通运输、环境气象条件、水源、电源等）。

1）产品的市场预测，包括国内外同类产品的生产能力、销售情况分析和预测、产品销售方向和销售价格的初步分析等；

2）说明（初步确定）产品的年产值，一次建成规模和分期建设的设想（改扩建项目还需说明原有生产情况及条件），以及对拟建项目规模经济合理性的评价；

3）产品方案设想，包括主要产品和副产品的规模、质量标准等；

4）建设地点论证，分析项目拟建地点的自然条件和社会条件，论证建设地点是否符合地区布局的要求。

（3）资源、交通运输以及其他建设条件和协作关系的初步分析

1）拟利用的资源供应的可行性和可靠性；

2）主要协作条件情况、项目拟建地点水电及其他公用设施、地方材料的供应情况分析；

3）对于技术引进和设备进口项目应说明主要原材料、电力、燃料、交通运输、协作配套等方面的近期和远期要求，以及目前已具备的条件和资源落实情况；

（4）主要工艺技术方案的设想

1）主要生产技术和工艺。如拟引进国外技术、应说明引进的国别以及国内技术与之相比存在的差距，技术来源、技术鉴定及转让等情况；

2）主要专用设备来源。如拟采用国外设备，应说明引进理由以及拟引进设备的国外厂商的概况。

（5）投资估算和资金筹措的设想

投资估算根据掌握数据的情况，可进行详细估算，也可以按单位生产能力或类似企业情况进行估算或匡算。投资估算中应包括建设期利息、投资方向调节税和考虑一定时期内的涨价影响因素（即涨价预备金），流动资金可参考同类企业条件及利率，说明偿还方式、

测算偿还能力。对于技术引进和设备进口项目应估算项目的外汇总用汇额以及其用途，外汇的资金来源与偿还方式，以及国内费用的估算和来源。

（6）项目建设进度的安排

1）建设前期工作的安排，应包括涉外项目的询价、考察、谈判、设计等；

2）项目建设需要的时间和生产经营时间。

（7）经济效益和社会效益的初步估算（可能的话应含有初步的财务分析和国民经济分析的内容）

1）计算项目全部投资的内部收益率、贷款偿还期等指标以及其他必要的指标，进行盈利能力、偿还能力初步分析；

2）项目的社会效益和社会影响的初步分析。

（8）初步结论和建议

对于技术引进、输出和设备进出口的项目建议书，还应有邀请外国厂商来华或出国考察与技术交流的计划、以及可行性分析工作的计划（如聘请外国专家指导或委托咨询的计划）等附件。

2. 项目建议书的主要内容

项目建议书议书的主要内容视项目的不同而有繁有简，但对于较大型的工程项目一般应包括以下几方面内容：

（1）建设项目提出的必要性和依据；

（2）产品方案与技术方案的初步设想；

（3）资源情况、建设条件、协作关系和设备技术引进国别、厂商的初步分析；

（4）投资估算、资金筹措及还贷方案设想；

（5）项目进度安排；

（6）经济效益和社会效益的初步估计，包括初步的财务评价和国民经济评价；

（7）环境影响的初步评价，包括治理“三废”措施、生态环境影响的分析；交通影响评价、日照影响评价、地震影响分析等多项专业评价；

（8）结论；

（9）附件。

3. 项目建议书的格式

（1）扉页

1）标题；

2）编制单位的名称、地址、电话及网址等；

3）完成的日期。

（2）目录页

（3）正文部分

第一部分 总论

一、项目概况

（一）项目名称

（二）项目的承办单位

（三）项目报告撰写单位

（四）项目主管部门

（五）项目建设内容、规模、目标

（六）项目建设地点

二、立项研究结论

（一）项目产品市场前景

（二）项目原料供应问题

（三）项目政策保障问题

（四）项目资金保障问题

（五）项目组织保障问题

（六）项目的技术方案与保障问题

（七）项目人力保障问题

（八）项目风险控制问题

（九）项目财务效益结论

（十）项目社会效益结论

（十一）项目立项可行性综合评价

三、主要技术经济指标汇总

在总论部分中，可将项目立项报告中各部分的主要技术经济指标汇总，列出主要技术经济指标表，使审批者对项目作全貌了解。

第二部分 项目发起背景和建设必要性

一、项目建设背景

（一）国家或行业发展规划

（二）项目发起人以及发起缘由

（三）……

二、项目建设必要性

（一）……

（二）……

（三）……

（四）……

三、项目建设可行性

（一）经济可行性

（二）政策可行性

（三）技术可行性

（四）模式可行性

（五）组织和人力资源可行性

第三部分　项目市场分析及前景预测

一、项目市场规模调查

二、项目市场竞争调查

三、项目市场前景预测

四、产品方案和建设规模

五、产品销售收入预测

第四部分　建设条件与厂址选择

一、资源和原材料

二、建设地区的选择

三、厂址选择

第五部分　工厂技术方案

一、项目组成

二、生产技术方案

三、总平面布置和运输

四、土建工程

五、其他工程

第六部分　环境保护与劳动安全

一、建设地区环境现状

二、项目主要污染源和污染物

三、项目拟采用的环境保护标准

四、治理环境的方案

五、环境监测制度的建议

六、环境保护投资估算

七、环境影响评价结论

八、劳动保护与安全卫生

第七部分　企业组织和劳动定员

一、企业组织

二、劳动定员和人员培训

第八部分　项目实施进度安排

一、项目实施的各阶段

二、项目实施进度表

三、项目实施费用

第九部分　项目财务测算

一、项目总投资估算

二、资金筹措

三、投资使用计划

四、项目财务测算相关报表

财务测算参考《建设项目经济评价方法与参数》，依照如下步骤进行：

1. 基础数据与参数的确定、估算与分析

2. 编制财务分析的辅助报表

3. 编制财务分析的基本报表估算所有的数据进行汇总并编制财务分析的基本报表

4. 计算财务分析的各项指标，并进行财务分析从项目角度提出项目可行与否的结论

第十部分　财务效益、经济和社会效益评价

一、生产成本和销售收入估算

二、财务评价

三、国民经济评价

四、不确定性分析

五、社会效益和社会影响分析

第十一部分附件

【内容与格式范例 1】

火力发电厂项目建议书（提纲）

1　项目条件

1.0　前言

1.1　项目概况

1.2　厂址条件

1.2.1　厂址概述

1.2.2　交通运输

1.2.3　环境及气象条件

1.2.4　水源

1.3　设计条件

1.3.1　燃料

1.3.2　水

1.3.3　脱硫吸附剂

1.3.4　脱硝还原剂

2　工作范围

2.1　工程内容

2.1.2　承包商工作范围

2.1.3　业主工作范围

2.2　接口

2.2.1　与电网的接口

2.2.2　电气接口

2.2.3　循环水系统接口

2.2.4　工业水、除盐水、生活用水的接口（如果有）

2.2.5　雨水、生活废水排放系统的接口

2.2.6　燃料系统的接口

2.2.7　辅助燃料系统接口

2.2.8　灰、渣、石子煤、石膏厂外输送系统的接口

2.2.9　脱硫剂、脱硝剂系统接口

2.2.10　化学用品接口

2.2.11　厂外道路接口

3　技术说明

3.1　概述

3.1.1　标准及规范

3.1.2　主要技术参数

3.1.3　排放

3.2　技术说明

3.2.1　锅炉及辅助系统（含脱硝系统）

3.2.2　汽机及辅助系统

3.2.3　运煤除灰系统

3.2.4　电气部分

3.2.5　热控部分

3.2.6　供水部分

3.2.7　化水部分

3.2.8　暖通部分

3.2.9　土建（含总图、建筑）

3.2.10　消防部分

3.2.11　厂内通讯部分

3.2.12　烟气脱硫系统

3.3　图纸

3.3.1　厂区总平面布置图

3.3.2　燃烧系统图

3.3.3　热力系统图

3.3.4　主厂房平面布置图

3.3.5　主厂房剖面布置图

3.3.6　运煤系统工艺流程图

3.3.7　供水系统图

3.3.8　电气主接线图

3.3.9　除灰系统图

3.3.10　除渣系统图

3.3.11　全厂控制系统图

3.3.12　锅炉补给水处理系统图

3.4　主要设备规格及参数（根据条件和需要列主要设备）

4　初步投资估算及问题与建议

【内容与格式范例 2】

输变电工程项目建议书（提纲）见表 7-15。

输变电工程项目建议书（提纲）　　表 7-15

1 工程概述	3 变电站
1.1 设计依据	3.1 站址选择
1.2 工作范围及接口	3.2 工程设想
2 电力系统	4 输电线路
2.1 电力系统现状	4.1 概述
2.2 负荷预测及电量平衡	4.2 线路路径方案
2.3 电力系统设计方案	4.3 工程设想
2.4 电力系统计算及主要电气设备参数要求	5 初步投资估算
2.5 输电线路导体选择	6 存在的问题与建议
2.6 电力系统保护及安全自动装置	
2.7 电力系统通信	
2.8 结论和建议	

【文案范例 3】

年产3000吨高品质鸡蛋粉生产厂项目建议书

目录（略）

一、总论

1. 项目名称

年产 3000 吨高品质鸡蛋粉生产厂项目。

2. 建设单位概况

比利时 Belovo 公司是世界上最大的鸡蛋粉生产企业，拥有鸡蛋粉加工的全部核心技术，其技术水平和生产能力一直领先于美国等发达国家，处于国际领先地位。35 年以来，比利时 Belovo 公司在营养鸡蛋（Columbus），加工功能性鸡蛋产品（蛋白、蛋黄和鸡蛋粉），纯净鸡蛋蛋白质（溶解酵素、抗生物蛋白和铁传递蛋白），和油脂（磷脂）领域获得了国际性的声誉。其产品是广泛应用于食品（方便面、果冻、面包、糕点等）、医药等行业的高品级蛋粉和在蛋粉中提炼的高附加值的用于各种保健品和医药的产品等。

（略）

比利时 Belovo 公司早在 2003 年就委托比利时 Morelinks International SPRL 公司对 ×× 国市场进行了全面的调查和研究，认为：在 ×× 国 ×× 市采取建设年产 3000 吨高品质鸡蛋粉项目具有一定的实际意义和比较好的效益。

3. 拟建地点

××国××××市。

4.建设内容与规模

年产3000吨高品质鸡蛋粉生产线项目的建设内容与规模主要如下：

生产车间建筑面积为8000平方米；办公楼建筑面积为1600平方米；实验与化验室建筑面积为200平方米；职工夜班宿舍建筑面积为400平方米；职工食堂建筑面积为250平方米；专家公寓建筑面积为300平方米；锅炉房、供水站、配电室、排污水处理站以及冷冻机房等辅助设备间建筑面积为800平方米；合计总建筑面积为11550平方米。

厂区占地面积为18000～20000平方米（考虑到二期可建设生产车间建筑面积为8000平方米的预留用地）。

5.建设年限

建设年限为24个月。

6.投资估算（略）

根据比利时BELOVO公司与比利时Morelinks International SPRL公司提供的有关资料，结合××国××××市颁布的有关建筑经济政策与文件资料，初步估算该项目总投资约为××××万美元。其中：……

（略）

7.效益分析（略）

二、项目建设的必要性和可行性

1.建设的必要性（略）

2.建设的可行性（略）

3.建设条件

本项目建设拟定厂址条件较好，场地比较平坦，交通方便，水电通信具备，自然环境清洁，远离污染源；在本项目半径50～100公里内有较丰富的蛋源供应地。有利于逐步建立符合国际标准的蛋源基地和饲料基地。

三、技术与设备方案

（一）技术方案

全蛋粉是采取生物、物理的方法，通过计算机技术与自动化技术以及智能专家系统的控制设备，将鲜蛋经过打蛋、分离、过滤、均质、低温、巴氏杀菌、喷雾干燥而制成的干蛋粉状的产品。

（二）主要工艺与设备方案（略）

四、投资估算及资金筹措

（一）投资估算（略）

（二）资金筹措

本项目资金筹措方案如下：

1. 方案一（略）

2. 方案二（略）

3. 流动资金的来源（略）

五、结论

综上所述，我们建议在××国××××市建设具有科技含量高，品质满足国际化标准，社会效益好，投资回报快的年产3000吨高品质鸡蛋粉项目是完全可行的。

××××年4月10日

7.5　可行性研究报告

7.5.1　基本概念

可行性研究报告（简称可研报告）也称为详细可行性研究报告，是在初步可行性研究报告（或称项目建议书）的基础上，对项目在技术、经济等方面所进行的科学分析与论证。也是对项目是否可行，成功率如何，及对经济效益、环境效益、社会效益做出的判定，是业主或投资机构呈报给决策者和主管机关审批的文件。由于可行性研究是初步可行性研究工作的延伸与深化，一般情况下，可行性研究报告的投资估算误差为 ±10% 左右。通常可行性研究的工作时间为 8 ~ 10 个月左右，研究费用一般占项目投资总额的 1% ~ 3% 左右。

1. 可行性研究报告的性质与作用

由于可行性研究是运用多种科学手段（包括技术科学、社会学、经济学及系统工程学等）对一项工程项目的必要性、可行性、合理性进行技术经济论证的综合科学。而可行性研究报告是在可行性研究的基础上，通过对项目的主要内容和配套条件，如市场需求、资源供应、建设规模、工艺路线、设备选型、环境影响、资金筹措、盈利能力等，从技术、经济、工程等方面进行调查研究和分析比较，并对项目建设的投资做出估算，对项目建成以后可能取得的财务、经济效益及社会影响进行预测，从而提出该项目是否值得投资和如何进行建设的咨询意见，为项目决策提供依据的一种综合性分析方法。可行性研究具有预见性、公正性、可靠性、科学性的特点。

一般来说，可行性研究是以市场供需为立足点，以资源投入为限度，以科学方法为手段，以一系列评价指标为结果，它通常处理两方面的问题：一是确定项目在技术上能否实施，二是如何才能取得最佳效益。可行性研究的工作程序是：①了解研究的意图；②明确研究范围；

③组成项目团队；④搜集资料；⑤调查研究；⑥方案比选和评价；⑦编写可行性研究报告。

可行性研究报告是建立在可行性研究基础上的书面报告，是确定建设项目前具有决定性意义的工作，是在投资决策之前，对拟建项目进行全面技术经济分析论证的科学方法，在投资管理中，可行性研究是指对拟建项目有关的自然、社会、经济、技术等进行调研、分析比较以及预测建成后的社会、经济与环境效益。

2. 可行性研究报告的分类

根据用途可行性研究报告可分为审批性可行性研究报告和决策性可行性研究报告。审批性可行性研究报告主要是项目立项时向项目所在国政府审批部门申报的书面材料。决策性可行性研究报告是业主或投资者确定是否建设该项目的依据。

可行性研究报告可以细分为：

（1）用于企业投融资、对外招商合作的可行性研究报告。此类研究报告通常要求市场分析准确、投资方案合理，并提供竞争分析、营销计划、管理方案、技术研发等实际运作方案。

（2）用于项目所在国立项审批的可行性研究报告。

（3）用于银行贷款的可行性研究报告。

（4）用于申请进口设备免税。

（5）用于境外投资、融资项目核准或在境外设立项目公司的可行性研究报告。

在国际工程项目前期开发的工作中，总承包商或咨询机构要根据业主的要求与需要编制可行性研究报告。

3. 可行性研究报告撰写要点

可行性研究报告的基本内容就是报告的正文部分所要体现的内容。它是结论和建议赖以产生的基础。要求以全面、系统的分析为主要方法，经济效益为核心，围绕影响项目的各种因素，运用大量的数据资料论证拟建项目是否可行。当项目的可行性研究完成了所有系统的分析之后，应对整个可行性研究提出综合分析评价，指出优缺点和建议。

为了结论的需要，往往还需要加上一些附件，如试验数据、论证材料、计算图表、附图等，以增强可行性报告的说服力。可行性研究报告一般由一个总论和几个专题构成。因此，可行性研究报告撰写的要点是：

（1）总论

总论即项目的基本情况，在可行性研究报告的编制中，这一部分特别重要，项目的报批、贷款的申请、合作对象的吸引主要靠这一部分。总论的内容一般包括项目的背景、项目的历史、项目概要以及项目承办人四个方面。总论的实质是对项目简明扼要地做一个概述，对项目承办人的形象和思想作相应的描述。在许多情况下，项目的评估、审批、贷款以及对合作者的吸引，其成败在一定程度上取决于总论写作质量的好坏。因此，写作时一

定要尽心尽力，既要保证总论的内容完整、重点突出，又要注意与后面内容相照应。

（2）基本问题研究

可行性研究报告的基本问题研究，是对各个专题研究报告进行汇总统一、平衡后所作的较原则、较系统的概述。项目不同，基本问题研究的内容也就不同。

目前较有代表性的有三个：工业新建项目的基本问题研究，技术引进项目的基本问题研究和技术经济政策基本问题研究。其中，工业新建项目的第一方面是市场研究，着重解决项目新建的必要性问题；第二方面是工艺研究，着重解决技术上的可能性问题；第三方面是经济效益研究，着重解决项目的合理性问题。在具体写作过程中，人们常把这三个问题分成十个专题来写。这十个专题为：市场情况与企业规模；资源与原料及协作条件；厂址选择方案；项目技术方案；环保方案；工厂管理机构和员工方案；项目实施计划和进度方案；资金筹措；经济评价；结论。

7.5.2 内容与格式

1. 可行性研究报告的主要内容与要求

一般情况下，可行性研究报告的主要内容和要求如下：

（1）基本情况：企业（业主）名称、法定地址、宗旨、经营范围和规模；投资或合资、合营各方名称、注册国家、法定地址和法定代表人姓名、职务、国籍；企业总投资、注册资本股本额（自有资金额、合营各方出资比例、出资方式、股本交纳期限）；合营期限、合资、合营方利润分配及亏损分担比例；项目建议书的审批文件；可行性研究报告的负责人名单；可行性研究报告的概况、结论、问题和建议。

（2）产品生产安排及其依据。要说明国内外市场需求情况和市场预测的情况，以及国内外目前已有的和在建的生产装备能力。

（3）物料供应安排（包括能源和交通运输）及其依据。

（4）项目地址选择及其依据。

（5）技术装备和工艺过程的选择及其依据（包括国内外设备分批交货的安排）。

（6）生产组织安排（包括职工总数、构成、来源和经营管理）及其依据。

（7）环境污染治理和劳动安全保护、卫生设施及其依据。

（8）建设方式、建设进度安排及其依据。

（9）资金筹措及其依据（包括厂房、设备入股计算的依据）。

（10）外汇收支安排及其依据。

（11）综合分析（包括经济、技术、财务和法律方面的分析）。要采用动态法和风险法（或敏感度分析法）等方法分析项目效益和外汇收支等情况。

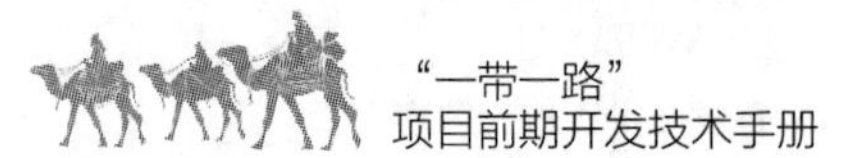

（12）必要的附件。如合营各方的营业执照副本；法定代表人证明书；合营各方的资产、经营情况资料；上级主管部门的意见。

2. 可行性研究报告基本构架、格式与内容

可行性研究报告基本构架、格式与内容如下：

（1）扉页

扉页包括：标题；编制单位的名称、地址、电话及网址等；完成的日期。

（2）目录页

（3）正文部分

第一部分　项目总论

总论作为可行性研究报告的首要部分，要综合叙述研究报告中各部分的主要问题和研究结论，并对项目的可行与否提出最终建议，为可行性研究的审批提供方便。

一、项目概况

（一）项目名称

（二）项目承办单位介绍

（三）项目可行性研究工作承担单位介绍

（四）项目主管部门介绍

（五）项目建设内容、规模、目标

（六）项目建设地点

二、项目可行性研究主要结论

在可行性研究中，对项目的产品销售、原料供应、政策保障、技术方案、资金总额及筹措、项目的财务效益和国民经济、社会效益等重大问题，都应得出明确的结论，主要包括：

（一）项目产品市场前景

（二）项目原料供应问题

（三）项目政策保障问题

（四）项目资金保障问题

（五）项目组织保障问题

（六）项目技术方案与保障问题

（七）项目人力保障问题

（八）项目风险控制问题

（九）项目财务效益结论

（十）项目社会效益结论

（十一）项目可行性综合评价

三、主要技术经济指标表

在总论部分中，可将研究报告中各部分的主要技术经济指标汇总，列出主要技术经济指标表，使审批和决策者对项目作全面的了解。

四、存在问题及建议

对可行性研究中提出的项目的主要问题进行说明并提出解决的建议。

第二部分　项目建设背景、必要性、可行性

这一部分主要应说明项目发起的背景、投资的必要性、投资理由及项目开展的支撑性条件等。

一、项目建设背景

二、项目建设必要性

三、项目建设可行性

（一）经济可行性

（二）政策可行性

（三）技术可行性

（四）模式可行性

（五）组织和人力资源可行性

第三部分　项目产品市场分析

市场分析在可行性研究中的重要地位在于，任何一个项目，其生产规模的确定、技术的选择、投资估算甚至厂址的选择，都必须在对市场需求情况有了充分了解以后才能决定。而且市场分析的结果，还可以决定产品的价格、销售收入，最终影响到项目的营利性和可行性。在可行性研究报告中，要详细研究当前市场现状，以此作为后期决策的依据。

一、项目产品市场调查

（一）国际市场调查

（二）国内市场调查

（三）价格调查

（四）上游原料市场调查

（五）下游消费市场调查

（六）市场竞争调查

二、市场预测

市场预测是市场调查在时间上和空间上的延续，是利用市场调查所得到的信息资料，根据市场信息资料分析报告的结论，对未来市场需求量及相关因素所进行的定量与定性的判断与分析。在可行性研究工作中，市场预测的结论是制订产品方案，确定项目建设规模所必须的依据。

（一）国际市场预测

（二）国内市场预测

（三）价格预测

（四）上游原料市场预测

（五）下游消费市场预测

（六）项目发展前景综述

第四部分　项目产品规划方案

一、项目产品产能规划方案

二、项目产品工艺规划方案

（一）工艺设备选型

（二）工艺说明

（三）工艺流程

三、项目产品营销规划方案

（一）营销战略规划

（二）营销模式

在商品经济环境中，企业要根据市场情况，制定合格的销售模式，争取扩大市场份额，稳定销售价格，提高产品竞争能力。因此，在可行性研究中，要对市场营销模式进行研究。

（三）促销策略

……

第五部分　项目建设地与规划

一、项目建设地

（一）项目建设地地理位置

（二）项目建设地自然情况

（三）项目建设地资源情况

（四）项目建设地经济情况

（五）项目建设地人口情况

二、项目规划

（一）项目厂址及厂房建设

1. 厂址

2. 厂房建设内容

3. 厂房建设造价

（二）总平面布置图

（三）场内外运输

1. 场外运输量及运输方式

2. 场内运输量及运输方式

3. 场内运输设施及设备

（四）项目土建及配套工程

1. 项目占地

2. 项目土建及配套工程内容

（五）项目土建及配套工程造价

（六）项目其他辅助工程

1. 供水工程

2. 供电工程

3. 供暖工程

4. 通信工程

5. 其他

第六部分　项目环保、节能与劳动安全方案

在项目建设中，必须贯彻执行国家有关环境保护、能源节约和职业安全卫生方面的法规、法律，对项目可能对环境造成的近期和远期影响，对影响劳动者健康和安全的因素也要在可行性研究阶段进行分析，提出防治措施，并对其进行评价，推荐技术可行、经济，且布局合理，对环境的有害影响较小的最佳方案。按照国家现行规定，凡从事对环境有影响的建设项目都必须执行环境影响报告书的审批制度，同时，在可行性研究报告中，对环境保护和劳动安全要有专门论述。

一、项目环境保护方案

（一）项目环境保护设计依据

（二）项目环境保护措施

（三）项目环境保护评价

二、项目资源利用及能耗分析

（一）项目资源利用及能耗标准

（二）项目资源利用及能耗分析

三、项目节能方案

（一）项目节能设计依据

（二）项目节能分析

四、项目消防方案

（一）项目消防设计依据

（二）项目消防措施

（三）火灾报警系统

（四）灭火系统

（五）消防知识教育

五、项目劳动安全卫生方案

（一）项目劳动安全设计依据

（二）项目劳动安全保护措施

第七部分　项目组织计划和人员安排

在可行性研究报告中，根据项目规模、项目组成和工艺流程，研究提出相应的企业组织机构，劳动定员总数及劳动力来源及相应的人员培训计划。

一、项目组织计划

（一）组织形式

（二）工作制度

二、项目劳动定员和人员培训

（一）劳动定员

（二）年总工资和职工年平均工资估算

（三）人员培训及费用估算

第八部分　项目实施进度安排

项目实施时期的进度安排也是可行性研究报告中的一个重要组成部分。所谓项目实施时期亦可称为投资时间，是指从正式确定建设项目到项目达到正常生产这段时间。这一时期包括项目实施准备，资金筹集安排，勘察设计和设备订货，施工准备，施工和生产准备，试运转直到竣工验收和交付使用等各工作阶段。这些阶段的各项投资活动和各个工作环节，有些是相互影响的，前后紧密衔接的，也有些是同时开展，相互交叉进行的。因此，在可行性研究阶段，需将项目实施时期各个阶段的各个工作环节进行统一规划，综合平衡，作出合理、切实可行的安排。

一、项目实施的各阶段

（一）建立项目实施管理机构

（二）资金筹集安排

（三）技术获得与转让

（四）勘察设计和设备订货

（五）施工准备

（六）施工和生产准备

（七）竣工验收

二、项目实施进度表

三、项目实施费用

（一）建设单位管理费

（二）生产筹备费

（三）生产职工培训费

（四）办公和生活家具购置费

（五）其他应支出的费用

四、项目投资使用计划

（一）投资使用计划

（二）借款偿还计划

五、项目财务评价说明 & 财务测算假定

（一）计算依据及相关说明

（二）项目测算基本设定

六、项目总成本费用估算

（一）直接成本

（二）工资及福利费用

（三）折旧及摊销

（四）修理费

（五）财务费用

（六）其他费用

（七）财务费用

（八）总成本费用

七、销售收入、销售税金及附加和增值税估算

（一）销售收入

（二）销售税金及附加

（三）增值税

（四）销售收入、销售税金及附加和增值税估算

八、损益及利润分配估算

九、现金流估算

（一）项目投资现金流估算

（二）项目资本金现金流估算

第九部分　项目不确定性分析

在对建设项目进行评价时，所采用的数据多数来自预测和估算。由于资料和信息的有限性，将来的实际情况可能与此有出入，这对项目投资决策会带来风险。为避免或尽可能减少风险，就要分析不确定性因素对项目经济评价指标的影响，以确定项目的可靠性，这就是不确定性分析。

根据分析内容和侧重面不同，不确定性分析可分为盈亏平衡分析、敏感性分析和概率分析。在可行性研究中，一般要进行的盈亏平衡平分析、敏感性分配和概率分析，可视项目情况而定。

（一）盈亏平衡分析

（二）敏感性分析

1. 分析和确定可行性研究报告敏感性因素和不敏感性因素，所谓敏感性因素即稍有变动就会引起投资效益指标的明显变动的因素；不敏感性因素则是变动时只能引起投资效益指标的一般性变动，甚至看不出什么变动的因素；

2. 了解可行性研究报告投资项目的风险程度，为使项目决策人员了解项目的风险程度，需从不确定因素中找出那些对项目投资效益有重大影响、并在前期和投产期可能发生较大变动的敏感性因素，再根据敏感性因素的变动幅度，分别计算净现值或内部收益率指标，以便决策者通过各方案敏感性程度的对比，采取对策给予控制，选择敏感性小或风险小的方案为项目投资方案；

3. 明确影响可行性研究报告决策者要素间的关系，由于在敏感性分析时，要假定除敏感性因素存在依赖关系的要素，应在分析计算过程中充分注意到诸要素间的依存关系，对与敏感型因素存在依赖关系的要素，应在分析计算过程中充分反映出来；

4. 分析可行性研究报告投资项目的临界承受力，即通过分析评价指标对该因素的敏感程度来分析该因素达到临界值时项目的承受能力。

在此，可行性研究报告对某种因素的敏感程度一般常用两种方法表示：

1. 列表法：把敏感型因素按一定比例变动时引起评价指标的变动幅度用数据列表显示出来；

2. 敏感性分析图：用曲线表明评价指标达到临界点（如内部收益率等于基准收益率）时允许某个因素变化的最大幅度，即极限变化（若超过此限项目不可行情况）。

通常人们将产品价格、产品产量、主要原材料或动力价格、建设投资、汇率、固定资产投资、建设工期等作为考察的不确定因素，对其有影响的经济指标有净现值、折现值、

还本期和内部收益率等。

第十部分　项目效益评价

在建设项目的技术路线确定以后，必须对不同的方案进行财务、经济效益评价，判断项目在经济上是否可行，并比选出优秀方案。本部分的评价结论是建议方案取舍的主要依据之一，也是对建设项目进行投资决策的重要依据。本部分就可行性研究报告中财务、经济与社会效益评价的主要内容做一概要说明。

一、财务评价

财务评价是考察项目建成后的获利能力、债务偿还能力及外汇平衡能力的财务状况，以判断建设项目在财务上的可行性。财务评价多用静态分析与动态分析相结合，以动态为主的办法进行。并用财务评价指标分别和相应的基准参数——财务基准收益率、行业平均投资回收期、平均投资利润率、投资利税率相比较，以判断项目在财务上是否可行。

（一）财务净现值

财务净现值是指把项目计算期内各年的财务净现金流量，按照一个设定的标准折现率（基准收益率）折算到建设期初（项目计算期第一年年初）的现值之和。财务净现值是考察项目在其计算期内盈利能力的主要动态评价指标。

如果项目财务净现值等于或大于零，表明项目的营利能力达到或超过了所要求的营利水平，项目财务上可行。

（二）财务内部收益率（FIRR）

财务内部收益率是指项目在整个计算期内各年财务净现金流量的现值之和等于零时的折现率，也就是使项目的财务净现值等于零时的折现率。

财务内部收益率是反映项目实际收益率的一个动态指标，该指标越大越好。一般情况下，财务内部收益率大于等于基准收益率时，项目可行。

（三）投资回收期 Pt

投资回收期按照是否考虑资金时间价值可以分为静态投资回收期和动态投资回收期。以动态回收期为例：

1. 计算公式

动态投资回收期的计算在实际应用中根据项目的现金流量表，用下列近似公式计算：

Pt =（累计净现金流量现值出现正值的年数 −1）+ 上一年累计净现金流量现值的绝对值 / 出现正值年份净现金流量的现值

2. 评价准则

（1）Pt ≤ Pc（基准投资回收期）时，说明项目（或方案）能在要求的时间内收回投资，是可行的；

（2）Pt>Pc 时，则项目（或方案）不可行，应予拒绝。

（四）项目投资收益率 ROI

项目投资收益率是指项目达到设计能力后正常年份的年息税前利润或营运期内年平均息税前利润（EBIT）与项目总投资（TI）的比率。总投资收益率高于同行业的收益率参考值,表明用总投资收益率表示的盈利能力满足要求。ROI ≥ 部门（行业）平均投资利润率（或基准投资利润率）时，项目在财务上可考虑接受。

（五）项目投资利税率

项目投资利税率是指项目达到设计生产能力后的一个正常生产年份的年利润总额或平均年利润总额与销售税金及附加与项目总投资的比率，计算公式为：

投资利税率 = 年利税总额或年平均利税总额 / 总投资 ×100%

投资利税率 ≥ 部门（行业）平均投资利税率（或基准投资利税率）时，项目在财务上可考虑接受。

（六）项目资本金净利润率（ROE）

项目资本金净利润率是指项目达到设计能力后正常年份的年净利润或运营期内平均净利润（NP）与项目资本金（EC）的比率。项目资本金净利润率高于同行业的净利润率参考值，表明用项目资本金净利润率表示的盈利能力满足要求。

（七）项目测算核心指标汇总表

二、国民经济评价

国民经济评价是项目经济评价的核心部分，是决策部门考虑项目取舍的重要依据。建设项目国民经济评价采用费用与效益分析的方法，运用影子价格、影子汇率、影子工资和社会折现率等参数，计算项目对国民经济的净贡献，评价项目在经济上的合理性。国民经济评价采用国民经济营利能力分析和外汇效果分析，以经济内部收益率（EIRR）作为主要的评价指标。根据项目的具体特点和实际需要，也可计算经济净现值（ENPV）指标，涉及产品出口创汇或替代进口节汇的项目，要计算经济外汇净现值（ENPV），经济换汇成本或经济节汇成本。

三、社会效益和社会影响分析

在可行性研究中，除对以上各项指标进行计算和分析以外，还应对项目的社会效益和社会影响进行分析，也就是对不能定量的效益影响进行定性描述。

第十一部分　项目风险分析及风险防控

一、建设风险分析及防控措施

二、法律政策风险及防控措施

三、市场风险及防控措施

四、筹资风险及防控措施

五、其他相关风险及防控措施

第十二部分　项目可行性研究结论与建议

一、结论与建议

根据前面各节的研究分析结果，对项目在技术上、经济上进行全面的评价，对建设方案进行总结，提出结论性意见和建议。主要内容有：

（1）对推荐的拟建方案建设条件、产品方案、工艺技术、经济效益、社会效益、环境影响的结论性意见；

（2）对主要的对比方案进行说明；

（3）对可行性研究中尚未解决的主要问题提出解决办法和建议；

（4）对应修改的主要问题进行说明，提出修改意见；

（5）对不可行的项目，提出不可行的主要问题及处理意见；

（6）可行性研究中主要争议问题的结论。

二、附件

凡属于项目可行性研究范围，但在研究报告以外单独成册的文件，均需列为可行性研究报告的附件，所列附件应注明名称、日期、编号。

（1）项目建议书（初步可行性报告）；

（2）项目立项批文；

（3）厂址选择报告书；

（4）资源勘探报告；

（5）贷款意向书；

（6）环境影响报告；

（7）需单独进行可行性研究的单项或配套工程的可行性研究报告；

（8）需要的市场预测报告；

（9）引进技术项目的考察报告；

（10）引进外资的各类协议文件；

（11）其他主要对比方案说明；

（12）其他。

三、附表

财务分析报表，是可行性研究报告重要内容，也是一篇优秀的可行性研究报告的标志。以下是项目可行性研究报告必须具有的几个主要财务报表。

（一）基本报表

（1）主要经济技术指标表；

（2）各年损益分配表；

（3）自有资金财务现金流量表；

（4）投资者（整体）财务现金流量表；

（5）全投资财务现金流量表；

（6）资金平衡节余（银行存款）表；

（7）资产负债表（缴税偿债分利后）；

（8）资产负债表（税后偿债分利前）；

（9）外汇平衡节余累积表；

（10）投资构成、资金投入与来源计划表；

（11）注册出资方式比例与年度出资计划表；

（12）借款还本付息计划表。

（二）辅助报表

（1）生产销售既定目标

（2）进口设备"原值"估算表

（3）购买国产设备"原值"估算表

（4）作价出资设备"原值"估算表

（5）房屋及建筑物"原值"估算表

（6）无形资产与递延资产用汇"原值"估算表

（7）生产办公设备日生产耗能（外购）指标

（8）单位产品原辅材料消耗定额与产品产量计划目标

（9）各产品原辅材料年消耗计划目标

（10）原辅材料年支出与进项税额既定目标（一）

（11）原辅材料年支出与进项税额既定目标（二）

（12）原辅材料年支出与进项税额既定目标（三）

（13）各产品的原辅材料年进项税额

（14）内销产品年应纳增值税与出口产品抵退税、关税

（15）各产品的原辅材料（含运费）年支出

（16）机构设置、人员编制、工资总额估算

（17）部分管理费用、销售费用估算表

（18）年经营成本估算表

（19）流动资金估算表

（20）固定资产折旧、无形资产递延资产摊销估算表

（21）总成本费用与销售税金及附加计算表

（22）各产品成本费用价格构成与调整统计分析表

（三）财务敏感分析成果表

主要根据固定资产投资、销售收入、经营成本，分析全部投资财务内部收益率、较基本方案增减率等。

四、附图

（1）厂址地形或位置图

（2）总平面布置方案图

（3）主要技术方案与工艺流程图

（4）主要车间布置方案简图

（5）其他

3. 内容与格式范例

[内容与格式范例1]

火力发电厂可行性研究报告（提纲）

1 总论

1.1 项目背景

1.2 投资方及项目单位概况

1.3 研究范围与分工

1.4 项目概况

1.5 主要结论及问题和建议

2 电力系统

2.1 电力系统现状及电力发展规划

2.2 电力负荷预测

2.3 电力电量平衡计算分析

2.4 项目建设的必要性

2.5 项目与系统的连接

2.6 系统对项目主接线的要求

3 热负荷分析

3.1 供热规划及热负荷

3.2 供热范围

3.3 供热参数

3.4 供热可靠性

3.5 建设的必要性分析

3.6 热经济指标计算

4 燃料供应

4.1 燃料来源和依据

4.2 燃料特性

5 厂址条件

5.1 厂址概述

5.2 交通运输

5.3 水文及气象

5.4 水源

5.5 贮灰渣场（含脱硫副产品）

5.6 地震、地质及岩土工程

5.7 厂址比较与推荐意见

6 工程设想

6.1 全厂总体规划及厂区总平面规划

6.2 装机方案

6.3 主机技术条件

6.4 热力系统

6.5 燃烧制粉系统

6.6 电气部分

6.7 燃料输送部分

6.8 除灰渣部分

6.9 化学部分

6.10 热工自动化部分

6.11 主厂房布置

6.12 建筑结构部分

6.13 供排水系统及冷却设施

6.14 贮灰渣（含脱硫副产品）场

6.15 消防系统

7 烟气脱硫与脱硝

7.1 烟气脱硫

7.2 烟气脱硝

8 环境及生态保护与水土保持

9 综合利用

10 劳动安全

11 职业卫生

12 资源利用

12.1 原则要术

12.2 能源利用

12.3 土地利用

12.4 水资源利用

12.5 建筑材料利用

13 节能分析

14 人力资源配置

15 项目实施的条件和建设进度及工期

15.1 项目实施条件

15.2 项目实施的建设进度和工期

16 投资估算及财务分析

16.1 投资估算

16.2 资金来源及融资方案

16.3 财务分析

17 风险分析

18 经济与社会影响分析

18.1 经济影响分析

18.2 社会影响分析

19 结论及建议

19.1 主要结论

19.2 主要技术经济指标

19.3 存在问题和建议

附件

技术部分应具备的附件

财务分析部分应具备的附件

附图

[内容与格式范例 2]

输变电工程项目可行性研究报告（提纲）见表 7-16。

输变电工程项目可行性研究报告（提纲） 表 7-16

1 工程概述	4.1 站址选择
1.1 编制依据	4.2 工程设想
1.2 工程概况	5 输电线路路径选择及工程设想
1.3 设计水平年	5.1 路径选择基本要求
1.4 主要设计原则	5.2 线路路径方案
1.5 主要设计范围	5.3 工程设想
1.6 主要结论	6 大跨越选点及工程设想
2 电力系统一次	6.1 跨越点位置和跨越方式
2.1 电力系统概况	6.2 对比选方案进行技术、节能、经济比较，提出推荐方案
2.2 工程建设必要性	
2.3 接入系统方案	6.3 工程设想
2.4 电气计算	7 节能措施分析和抵御自然灾害评估
2.5 无功补偿平衡及调相调压计算	8 劳动安全与劳动防护
2.6 导线截面选择	9 投资估算及财务评价
2.7 主变压器选择研究	9.1 投资估算
2.8 电气参数要求	9.2 财务评价
2.9 无功补偿容量	10 图纸
2.10 串联补偿装置额定参数	10.1 现状电网地理接线图
2.11 电气主接线	10.2 工程投产年电网地理接线图
2.12 电力系统一次部分结论与建议	10.3 远景年电网规划图
3 电力系统二次	10.4 通信通道组织图
3.1 系统继电保护	10.5 变电站地理位置图
3.2 系统安全稳定控制装置	10.6 站区总体规划图（地形、进站道路引接、进出线建设规划、技术经济指标）
3.3 相角测量装置	
3.4 系统调度自动化	10.7 总平面布置图
3.5 电能计量装置及电能量远方终端	10.8 电气主接线图
3.6 调度数据通信网络接入设备	10.9 线路路径方案图
3.7 系统二次安全防护	10.10 大跨越路径方案图
3.8 系统通信	10.11 大跨越平断面图
3.9 电力系统二次部分结论及建议	10.12 杆塔和基础型式图
4 变电站站址选择及工程设想	

7.5.3　文案范例

【文案范例 1】

×××国国际合作示范区配套基础设施工程可行性研究报告

目录（略）

第1章　概述

1.1　项目名称、承办单位名称、投资项目性质

1.1.1　项目名称

××× 国国际合作示范区（合作区）配套基础设施工程

1.1.2　建设地点

本项目建设地点位于 ××× 国国际合作示范区（合作区）内

1.1.3　承办单位概况

×× 国国家基础设施投资有限公司

该公司成立于 2005 年……（略）

1.1.4　投资项目性质

本项目的建设性质属于国际合作示范区（合作区）内配套基础设施的建设。

1.2　项目背景、研究过程及建设必要性

1.2.1　项目提出的理由和过程

（略）

我公司接受业主的委托，组织相关人员进行现场踏勘和资料搜集工作，并与相关部门和领导进行分析与沟通，在对基础资料进行整理与分析的基础上，结合城市总体规划，编制了《×× 国国际合作示范区（合作区）配套基础设施工程可行性研究报告》。

本项目所建配套基础设施工程是为示范区（合作区）内（以下简称合作区）配套的。本小区位于 ××× 国际合作示范区（合作区），规划总面积为 20.55 公顷。建设地点位于……

（略）

本项目区域周边的道路、给水、排水、电力、供热等管线均已建设完毕并投入使用，便利的基础设施条件给本项目的建设提供了坚实的硬件基础。但是本项目所在地块的基础设施条件却相对滞后，因此本项目的开工建设符合 ××× 国家经济与社会发展的要求，是切实可行的。

1.2.2　项目建设的必要性

（略）

本项目的实施对加快推进 ××× 国合作区项目的工程进程，促进区域经济发展是十分必要的。

1.2.3　项目建设的可行性

1.2.3.1　技术方面（略）

1.2.3.2　资金方面（略）

1.2.3.3　材料来源及供应情况（略）

1.2.3.4　施工水电供应情况（略）

1.3　编制依据（略）

1.4　研究范围及内容

1.4.1　研究范围

本报告主要内容包括：项目提出的背景、建设的必要性、项目的建设方案、建设规模及主要内容、投资规模及主要内容、投资估算及资金筹措、效益分析等，并根据国家有关规定，编制了本项目环保、节能篇章，并制定了该项目初步的工程招标方案，以其为项目的决策提供可靠依据。

1.4.2　建设内容及规模

本工程建设范围包括市政道路工程、桥梁工程、道路照明工程、给排水工程、供热工程、电力工程。

1. 道路工程

本项目共建设道路 6 条，其中：（略）

2. 桥梁工程（略）

3. 道路照明工程（略）

4. 给排水工程（略）

5. 供热工程（略）

6. 电力工程（略）

1.5　研究结论与建议

1.5.1　主要结论

本项目建设符合 ××× 国国家的产业政策，符合当地总体规划的要求，它的建设确保了合作区能够尽快投入使用，促进当地社会经济的发展，具有重要意义。因此建设本项目是非常必要的，也是切实可行的。

1.5.2　建议

1. 尽快落实资金，确保项目如期启动。

2. 本工程地下管线较多，建议道路和各管线工程同步实施，避免重复开挖，造成浪费。

3. 项目开工前应做好交通组织等工作，减小工程施工对当地交通影响。

第2章　现状及发展

2.1　研究区域概况

2.1.1　地理位置（略）

2.1.2　城市规模（略）

2.2　项目影响区域分析（略）

2.3　项目影响区域社会经济现状与发展情况

2.3.1　社会经济（略）

2.3.2　区域发展情况（略）

2.4　项目影响区域土地利用现状与规划（略）

2.5　项目影响区域交通设施现状与规划

2.5.1　区域交通设施现状（略）

2.5.2　交通设施规划（略）

2.6　拟建道路在路网中的功能定位（略）

第3章　交通量分析及预测

3.1　现状交通调查与分析

本项目交通量预测年限自2015年起……

（略）

预测年限按10年考虑。预测特征年定为2015年、2020年、2025年、2030、2035年。

（略）

3.2　交通预测方法

交通量预测方法及技术路线如下图:（略）

（略）

3.3　交通预测内容及结论（略）

第4章　技术标准

4.1　采用的规范、标准、规定

本工程项目设计、施工均采用内中国国家标准、规范。

4.1.1　标准、规范与规定（略）

4.1.2　道路通行能力分析（略）

4.1.3　主要技术标准及采用的设计指标（略）

第5章　建设方案与规模

5.1　建设条件

5.1.1　气象条件（略）

5.1.2　地质地貌（略）

5.1.3　水文条件（略）

5.1.4　地震烈度（略）

5.1.5　交通条件（略）

5.1.6　公共设施条件（略）

5.1.7　周边环境条件（略）

5.1.8　建设条件对工程项目的影响（略）

5.2　总体设计思路及原则

本工程设计范围包括市政道路工程、桥梁工程、道路照明工程、给排水工程、供热工程、电力工程。（略）

5.3　工程设计方案（略）

5.4　道路工程（略）

5.4.1　道路平纵横设计方案（略）

5.4.2　道路交叉设计方案（略）

5.4.3　路基、路面、主要附属工程设计方案（略）

5.4.4　公交车站及无障碍设施（略）

5.4.5　道路交通安全与管理设施（略）

5.4.6　道路照明工程（略）

5.4.7　道路绿化工程（略）

5.4.8　道路工程数量表（略）

5.5　桥梁工程

5.5.1　建设规模及内容（略）

5.5.2　工程建设方案（略）

5.6　给水工程

5.6.1　规范及设计（略）

5.6.2　工程内容（略）

5.6.3　给水现状（略）

5.6.4　需水量预测（略）

5.6.5　水量确定（略）

5.6.6　工程方案（略）

5.6.7　管线布置（略）

5.6.8　管线附属设施（略）

5.6.9　管道安装注意事项

5.6.10　管线工程量（略）

5.7　排水工程

5.7.1　法规及依据（略）

5.7.2　工程内容（略）

5.7.3　排水现状（略）

5.7.4　污水处理（略）

5.7.5　排水体制比选（略）

5.7.6　排水体制确定（略）

5.7.7　管材的选择

根据本工程排水管线为重力排水管的特点，结合目前国内管材生产和实际使用情况，在选择管材方面，应优先考虑适合当地地质、气候、施工特点的管材。

本工程排水管材拟对四种管材进行比较。

（略）

5.7.8　管材的确定

经管材技术指标，综合造价同等管径情况下价格，根据当地实际情况，以及项目的资金情况，本项目的污水管道管材采用HDPE管，热熔接口；雨水管道管材采用钢筋混凝土Ⅱ级管，承插胶圈接口。

5.7.9　管道附属设施（略）

5.7.10　雨水系统（略）

5.7.11 污水系统（略）

5.8 电力工程（略）

5.8.1 设计依据（略）

5.8.2 电力负荷预测（略）

5.8.3 电源布局（略）

5.8.4 电力线路

5.9 供热工程（略）

5.9.1 工程概况（略）

5.9.2 设计热负荷（略）

5.9.3 供热管网（略）

第6章 环境影响分析与节能评价

6.1 项目建设区环境状况（略）

6.2 ××× 国有关规范规定（略）

6.3 工程环境的影响

6.3.1 项目建设期对环境的影响（略）

6.3.2 项目运营过程中对环境的影响（略）

6.4 项目设计期环境保护措施（略）

6.5 项目施工期环境保护措施

6.5.1 噪声污染防治措施（略）

6.5.2 空气污染防治措施（略）

6.5.3 其他防治措施（略）

6.6 项目运营期环境保护措施

6.6.1 道路工程（略）

6.6.2 管线工程（略）

总之本工程的建设，使所在区域的居民受到空气污染和噪声的影响等。但这些环境影响，只要建设单位和施工单位按环保要求，切实做好施工落实，就可以把因基础设施建设带来的环境影响减缓到最低程度。

6.7 水土保持措施（略）

6.8 环境影响评价

（略）

本项目基础设施工程属于非营利性公益事业，具有显著的社会效益和长远的经济效益，其综合效益远大于环境损失。因此从环境保护的角度来看，建设本项目是可行的。本环境影响评价仅从工程方案方面进行评价，详细环境评价请另见环境评价报告。

6.9　节能评价（略）

6.9.1 设计依据（略）

6.9.2 能耗分析（略）

6.9.3　节能措施

1. 道路施工期节能（略）

2. 道路运营期节能

（略）

本项目在建设和运营过程中，均不会产生较大的能源消耗，要求在施工和管理设备使用上应遵循低能高效的原则。在营运期，可为国家节省大量的能源，应属节能项目。因此从降低能耗、节约能源的角度看，本项目的建设是合理的。

6.9.4　节能管理

第7章　投资估算与资金筹措

7.1　估算内容（略）

7.2　编制依据（略）

7.3　建设投资

根据 ××× 国家的有关规定，参照中国《市政工程投资估算编制办法》（建标〔2007〕164 号），并按照费用的归集形式、可行性研究阶段的估算精度、行业特点及相关规定，对本工程建设投资估算分别采用了概算法进行编制。经计算：

工程建设总投资：6641.59 万美元。

7.4　投资构成表（略）

7.5　资金来源

本项目资金来源全部由业主申请中国政府贷款。

第8章　经济评价

本评价根据……规定及现行的 ××× 国家法规、财税制度规定进行编制。

由于本项目属城市基础设施建设项目，非营利性公益事业，项目本身无直接财务收益，维持正常运转主要靠政府财政补贴、城市维护配套费以及道路周边开发建设项目收费进行运转，因此只需对该项目进行国民经济评价。

8.1　主要参数的选取（略）

8.2　工程实施进度及投资分年使用计划（略）

8.3　国民经济费用和效益范围

本项目国民经济费用包括：道路工程投资、给水管线投资、雨水、污水管线投资、附属工程投资、运营费用等。

国民经济效益主要包括：运输费用节约效益、旅客时间节约效益、缩短货物在途时间效益、提高运输质量效益、运输工具时间节约效益、减少拥挤效益、提高交通安全效益以及道路建成后带来的城区地价升值效益等。

8.4　国民经济费用的计算（略）

8.5　国民经济效益计算（略）

8.6　国民经济盈利能力分析

根据以上效益和费用数据，编制《国民经济效益费用流量表》，由报表计算出的评价指标如下：

经济内部收益率：13.77%

经济净现值（i_c=8%）：3863.40 万元

该项目经济内部收益率大于社会折现率 8%，经济净现值大于零，说明该项目在国民经济上是可行的。

8.7　敏感性分析

本项目就投资费用、运输量、经营费用等单因素变化对全部投资经济内部收益率、经济净现值的影响程度进行敏感性分析，分析结果详见《敏感性分析表》。从分析结果看，各影响因素在 ±20% 内变化，全部投资经济内部收益率大于 8%，经济净现值大于零，说明项目具有较强的抗风险能力。

8.8　评价结论

从评价结果看出，该项目全部投资经济内部收益率、经济净现值均满足要求，项目在国民经济上是可行的。

该项目建成后，全社会使用者受益极大。目前合作区建设远远滞后于旅游发展、工业生产及城市建设的发展需要，给该地区经济进一步发展带来了严重阻碍，减缓了经济发展及改革开放的进程，为其他建设项目招商引资及现有企业的正常生产运行带来了很大难度，因此建设该项目是十分必要的。

建设该项目，将大大改善人民的生活条件，改善社会环境，改善投资环境，推动工业生产的发展及城市建设。因此该项目是可行的。

第9章 实施方案

本项目是新建工程，在实施该项目时，施工方案应采用平行流水作业方式，分段作业，同时施工，以达到缩短工期，尽量减少对市区交通产生的影响。

9.1 建设期安排（略）

9.2 工程管理的实施方案

（略）

第10章 劳动安全卫生消防

10.1 安全生产

10.1.1 安全生产制度

10.1.2 安全生产措施

10.2 安全卫生

第11章 社会评价

11.1 项目对社会的影响分析（略）

11.2 项目与所在地互适性分析（略）

11.2.1 不同的利益群体对项目的态度及参与程度（略）

11.2.2 项目与区域社会环境的适应性（略）

11.2.3 土地资源影响分析（略）

11.3 社会负效益及对策（略）

11.4 社会评价结论

本工程的社会正效益与社会负效益是整体与局部的关系，是区域性社会有利影响与局部不利影响的关系。由上述评价可知，工程建设对 ××× 合作区造成的社会负面影响是可以接受的，是可以通过采取有效措施得以缓解的，局部利益的牺牲，换来的是项目建设对 ××× 合作区区域性社会发展的促进作用。从宏观上讲,本工程项目所在地的社会环境、人文条件适应项目的建设与可持续发展，社会风险小，社会效益较好。

按照以上的论述，本项目与合作区的社会、文化、环境等具有较好的互适性，可促进合作区社会、经济和文化等诸多方面的全面发展，社会风险小，社会可行性良好。

第12章　研究结论与建议

12.1　研究结论

本项目建设符合 ××× 国国家产业政策，符合 ×× 市城市总体规划的要求，对促进 ××× 国家及 ×× 市社会与经济的发展，具有重要意义。

项目区域内工程与建筑材料丰富，交通运输便利。施工用水、用电可以就近引入，工程建设条件良好。

12.2　建议

（1）尽快开展下一步设计工作，确保项目如期启动。

（2）尽快落实资金，确保项目顺利实施。

（3）本工程地下管线较多，建议道路和各管线工程同步实施，避免重复开挖，造成浪费。

附表（略）

附表（略）

【文案范例2】

×××国××市污水处理工程可行性研究报告

目录（略）

前言

×× 市位于 ××× 国家东部……

（略）

×× 市是以工业为主导产业的新型城市，现已形成了造纸、石油化工、塑料、针纺、木材加工、机械仪表、医药食品、建材、煤炭等门类比较齐全，以加工业为主的工业格局。主要产品……

（略）由于受到大量工业废水和生活污水的污染，水质污染严重，水质级别为劣V级，已不能做生活用水和工业用水水源。为改善环境，建设 ×× 市污水处理工程势在必行。据此，×× 国家 ×××× 部的委托我公司对 ×× 市污水处理工程项目进行可行性研究，并编制可行性研究报告。

接到任务后，我公司组织专家及工程技术人员到 ×× 市进行了现场踏勘，并收集

了基础资料，尤其对污水处理工程的排水管网、截流干管、拟建污水处理厂厂址等会同××市有关部门领导及技术人员进行了详细的调查研究，在此基础上编制了本可行性研究报告。

1　概述

1.1　编制目的

1.编制目的

（1）论述××市污水治理工程的必要性。

（2）对本项目有关的主要因素，如水质、水量进行论证，对污水收集输送、污水处理工艺进行技术可靠性、经济合理性及实施可行性等多方案可行性研究，进行方案比较和论证。

（3）提出推荐建设方案，为项目决策提供科学依据。

2.主要任务

（1）确定城市排水系统的总体规划实施方案。

（2）确定收集系统的设计年限、规模、工程量。

（3）确定污水处理系统和污泥处理系统的工艺流程方案。

（4）确定污水处理厂的设计年限、规模、工程量。

（5）确定本期城市污水治理工程方案。并研究与本工程有关的其他问题。

（6）污水排放点及排放管路系统方案设计。

1.2　编制原则

1.在城市总体规划的指导下，并结合××市的实际情况提供技术咨询服务。

2.根据××国家和地方政府的财力，确定工程规模，有效地使用建设资金。

3.要求工业污水的点源治理和城区污水的集中处理相结合。对有害工业废水在排出点，直接采取有针对性的治理措施。处理后达到中国国家标准《污水排入城市下水道水质标准》CJ3082-1999，以不影响城市污水处理厂正常运行。

4.排水系统充分利用原有设施，加以改造逐步完善。

5.根据×××国情和××市的特点和要求，因地制宜采取行之有效的处理方法和工艺流程，减少占地和基建设备费用，尽可能降低工程造价，采用先进技术、设备和新材料，使工艺先进、技术可靠，同时节省能耗，降低经营成本。

1.3　编制依据

本可行性研究报告根据以下文件、基础资料及中国国家标准、规范及×××国家有关规范、法规编制：

（略）

1.4　编制范围

（1）×× 市截流干管工程。

（2）污水处理厂一座 6 万 m^3/d（远期 2020 年）。

（3）工程投资估算及经济分析。

2　城市概况、排水现状及排水规划

2.1　城市概况

×× 市总面积 1142.3 平方公里，总人口 13.6 万人。

（略）

2.1.1　地理位置（略）

2.1.2　气象水温及自然情况（略）

2.1.3　社会经济发展状况

（略）

在“十五”期间生产总值年均增长 6.2%，人均生产总值达到 9100 元，财政收入年均增长 3.1%，全社会固定资产投资年均增长 12.3%，2005 年达到 44554 万元，比上年增长 51.3%。

（略）

2.1.4　社会经济发展趋势（略）

2.1.5　经济总量目标（略）

2.1.6　产业结构

三次产业增加值比重调整为 2.9 : 65.4 : 31.7;（略）

2.1.7　地质地貌（略）

2.1.8　水文地质概况（略）

2.2　排水系统现状及主要存在问题

2.2.1　排水系统现状（略）

2.2.2　排水设施存在的问题

1. 规划与建设不配套。

2. 排水系统乱，排水设施不完善。

3. 排水管均采用混凝土管，由于长期疏于管理，破损严重，淤积严重，水流不畅，造

成部分地区积水。

4. 缺少必要的污水截流干管……

（略）

2.3　城市污水对环境的影响（略）

2.4　排水系统发展规划

根据 ×× 市总体规划，老城区规划排水体制采用雨污合流制。市中心区排水体制采用截流式合流制，其他地区排水体制采用雨污完全分流制。根据自然地形条件将市区分为五个排水区，即市中心区、北区、东区、南区及西区。

2.4.1　排水管规划

通过市区排水管网改造，进一步完善市区排水系统，对严重破损的管道进行更换；同时建设相应污水截流干渠工程，将城市污水送入污水处理厂进行处理。

2.4.2　工业污染源治理（略）

2.4.3　建设城市污水处理厂

根据 ×× 市总体规划及 ×× 市的财力，拟在 ×××× 河下游建一座污水处理厂，远期处理规模为 6 万 m^3/d，近期处理规模为 3 万 m^3/d。

2.5　建设城市污水治理工程的必要性

（略）

总之，通过本项目的建设实施，可以使 ×× 市的城市环境得到改善，环境保护的步伐能够跟上经济发展的步伐，消除污水对城市周边的污染，保证人民的身体健康，兴建 ×× 市污水处理厂是必要的和紧迫的，它具有显著的社会效益、经济效益和环境效益。

3　城市污水处理工程方案论证

3.1　设计年限

结合 ×× 市人口增长情况和经济发展速度，确定本工程设计年限为：

近期：2010 年

远期：2020 年

3.2　污水量预测

3.2.1　原规划需水量预测（略）

3.2.2　近、远期污水量预测（略）

3.3　工程规模的确定

根据《×× 市生态环境建设规划》（2006 ~ 2030），2010 年 ×× 市污水处理率达到

85%，2020年应达到95%。通过以上论述来确定本次设计污水处理厂设计规模。

近期（2010年）：收集至污水厂的污水量为2.64万m^3/d，设计规模取3.0万m^3/d。

远期（2020年）：收集至污水厂的污水量为5.59万m^3/d，设计规模取6.0万m^3/d。

3.4 水质预测

3.4.1 工业废水水质预测（略）

3.4.2 城市污水水质预测（略）

3.4.3 出水水质（略）

3.5 污水处理厂厂址论证

3.5.1 厂址选择

厂址选择原则如下：

1.尽可能不占良田和少占农田。

2.厂址必须位于集中给水水源下游，并应设在城区的下游，且和城区要保证至少500米的距离。

3.污水处理厂要和受纳水体靠近。

4.污水处理厂的建设位置要考虑防洪问题。

5.要考虑污水处理厂的建设位置的工程地质情况，以节省造价，方便施工。

6.充分利用地形，随坡顺势建设污水处理厂，节省能量。

7.厂址选择考虑远期发展的可能性，为以后的扩建留有余地。

在上述原则的基础上，我公司派出的专家及技术人员会同××市有关部门的领导和专家一道，赴现场踏勘。并经过分析比较，最后确定××市污水处理工程——污水处理厂的厂址位于××××河下游。

（略）

3.5.2 用地规划

根据《××市城市总体规划》，本工程拟建厂区在规划建设用地范围内，用地类型为污水处理厂建设用地，符合总体规划确定的用途。本工程拟征地3.4公顷。

4 城区排水管网设计

4.1 总体设计原则（略）

4.2 排水管材的确定

（略）

综上所述，根据管材的经济技术比较，总体上HDPE管和玻璃钢夹砂管造价相对较高，

而钢筋混凝土管管材价格较低，使用范围广，施工经验成熟，因此本工程的排水管道采用钢筋混凝土管，穿 ×××× 河段采用钢管。

4.3 污水管网系统总体设计

4.3.1 设计流量计算方法

污水管道的设计流量按原期 2020 年污水量（即 6 万 m^3/d）进行计算。

4.3.2 分流制系统污水管道设计流量（略）

4.3.3 污水管网系统工程布置及设计（略）

4.3.4 沟槽、沟底与垫层（略）

4.3.5 管道基础（略）

4.3.6 检查井设计（略）

5 污水处理厂设计

5.1 污水处理厂设计原则

根据国家有关政策和法规、×× 市总体规划及发展目标，×× 市污水处理厂的设计遵循以下原则：

（略）

5.2 污水处理工艺

根据目前国内外城市污水处理厂的设计及运转经验，对于城市污水而言，以下几种方法最具代表性：A^2/O 法、AB 法、生物滤池、循环式活性污泥法（改良 SBR）法。

（略）

综上比较，我们把 A^2/O 法、循环式活性污泥工艺作为本工程的备选的污水处理工艺和方案。

5.3 方案的比较

本次可研中我们对两个备选方案的工艺进行了详细的经济技术比较，见下表：

各工艺方案构筑物一览表

工艺	构筑物名称	A^2/O 工艺	循环式活性污泥工艺
一级处理	粗格栅	10m × 7.5m	10m × 7.5m
	提升泵房	10m × 11.5m	10m × 11.5m
	细格栅	10.2m × 6m	10.2m × 6m
	曝气沉砂池 旋流沉砂池（两组）	14.4m × 5.1m	D=4.2m 深 2.5m
	砂水分离间	10.2m × 5.1m	10.2m × 5.1m

续表

工艺	构筑物名称	A^2/O 工艺	循环式活性污泥工艺
二级处理	生化池	79m × 42m × 5.5m	46m × 32m × 5.8m（四组）
	二沉池（2个）	D=35m 高 5.1m	
污泥处理	污泥贮池	14m × 8m × 3m	14m × 8m × 3m
	污泥脱水间	30m × 15m × 7m	30m × 15m × 7m
	污泥回流泵房	15m × 12m × 4.8m	
附属设施	鼓风机房	24m × 12m × 6m	21m × 7m × 6m
	总变配电室	21.6m × 12m	21.6m × 12m
	综合楼	$1400m^2$	$1400m^2$
	门卫	$42m^2$	$42m^2$
	机修电修仓库	$527m^2$	$527m^2$
	锅炉房	$120m^2$	$120m^2$

注：循环式活性污泥法的沉砂池为旋流沉砂池

× × 市污水处理厂工艺方案技术经济比较表

项目	A^2/O 工艺	循环式活性污泥工艺
处理规模（万 m^3/d）	3.0	3.0
运营成本（元/吨）	0.34	0.30
污水厂总投资（万元）（工程直接费用）	3951.08	3353.51
吨水造价（元/吨）	1317.02	1117.84
占地面积（亩）	60	54.5
产泥量（吨/天）	28.2	26.4
优点	设备少，易维护管理，脱氮除磷效果好	投资少、运营成本低，产泥量小，无污泥膨胀
缺点	有机负荷适应范围较小，占地大	设备闲置率高，要求有较高的设备维护水平
结论	国内运转非常成熟的技术	在投资、占地、运行管理等方面较节省的处理技术

5.3.1 工艺选择

通过上表可以看出，A^2/O 法投资比循环式活性污泥法高出 598 万元，运营成本高 0.04 元/吨，且其有机负荷适应范围小、占地大。循环式活性污泥法投资和运营费用都较低，产泥量也相对较小，虽然要配套较高程度的自动化设备，但由于该工艺已经在国内成熟运转了多年，设备方面大部分可以实现国产化；运行管理、人员培训也相对简便，所以我们推荐循环式活性污泥法作为本次工程的首选工艺。其工艺流程详见下图：

（略）

国内外循环式活性污泥法应用实例（略）

5.3.2　污泥处理工艺的选择

（略）

污泥处理工艺基建投资约占污水厂总投资的30%以上。综上所述，取消污泥厌氧消化，可以节省大量基建投资和运行费用。考虑到××市经济实力，为提高投资效果，本项目推荐采用污泥浓缩—机械脱水—卫生填埋或作为肥料的污泥处理工艺。

污泥浓缩有两种方式：浓缩池浓缩及浓缩脱水一体机浓缩。为了管理方便，减小占地，减小污泥中的磷重新释放回水中的不利影响，本可研推荐采用离心浓缩脱水一体机浓缩。

取消污泥厌氧消化，机械脱水后的污泥稳定性稍差，体积增大近20%，由于西城区污水处理拟采取点源治理措施，污泥中的重金属等有毒有害物质将会得到有效控制，脱水后的污泥可与城市生活垃圾一起进行卫生填埋或送往农村堆肥。

目前国内外的污泥大都采用填埋、堆肥及焚烧处理。污泥焚烧成本极高，只有发达国家的大型城市才有应用。发展中国家大多数城市主要采用污泥卫生填埋或堆肥处理。

如果能够与××市其他污水厂的污泥共同处置，将大大节约本工程的投资，避免重复建设；或者可以考虑与城市生活垃圾共同处理。由于污泥堆肥后的成品在××国没有市场，所以我们主要考虑填埋法处理污泥。根据建设单位提供的资料，污泥送至垃圾填埋场所需费用为：运距15km，运费为3元/吨/km，由此估算其处理成本为45～50元/吨。污水厂每天产泥量在26.4吨左右，由此计算出10年的污泥处理费用约为295.65万～328.5万元。

根据以上数据，我们推荐将污泥送至××市垃圾卫生填埋场进行处理。

5.4　污水处理厂设计

本报告推荐循环式活性污泥法作为××市污水处理厂污水处理工艺方案。工程设计规模3万m^3/d（设计年限2010年），一级处理及附属构筑物土建按远期规模6万m^3/d（设计年限2020年）一次建成，附属构筑物的设备按近期装机；远期（2020年）预留场地。污水厂一期占地3.63公顷。

5.4.1　工艺单体设计

1. 污水量变化系数

（略）

按照计算，本工程的污水量总变化系数为1.45，其中时变化系数取1.25。

2. 粗格栅及污水提升泵房

（1）粗格栅

经城区排水管网输送来的城市污水首先进入粗格栅前的溢流井，由溢流井再分成两条宽1.2m，水深0.6m的进水渠，进入泵房前池，在泵房前池的进水端设置粗格栅，以截流较大的漂浮物，保证污水提升泵不受损害。粗格栅间设置两台宽1.2m粗格栅及皮带运输机等相关设备，粗格栅采用自动格栅清污机除污，格栅截流物打包后与泥饼一起运至垃圾填埋场填埋。粗格栅间土建按远期（6万m^3/d）规模一次建成，设备按近期装机，预留远期位置。设计近期选用两台回转式粗格栅一用一备，远期两台同时工作。

设计参数及有关技术数据：

设计规模：　　　近期Q=3万m^3/d；远期Q=6万m^3/d；

最大设计秒流量：近期Q=0.434m^3/s；远期Q=0.868m^3/s；

栅宽B=1.2m；

粗格栅间隙：　　b=20mm；

格栅倾角：　　　α=60°；

过栅流速：　　　V=0.9m/s。

（2）污水提升泵房

污水由粗格栅间进入提升泵房的前池，前池按远期（6万m^3/d）规模设计。污水提升泵房为半地下干式泵房，土建按远期（6万m^3/d）规模一次建成，设备按近期装机，预留远期位置。设计近期选用3台单级单吸蜗壳式污水泵，两用一备，Q=800m^3/h，H=13m，n=950rpm，电机功率N=45kW。远期再增加两台相同型号污水泵。泵房平面尺寸为18m×7.5m。

设计参数及有关技术数据如下：

设计规模：　　　近期Q=3万m^3/d；中期Q=6万m^3/d

最大设计秒流量：近期Q=0.434m^3/s；中期Q=0.868m^3/s。

3.细格栅

细格栅位于旋流沉砂池前进水端，采用自动机械格栅除污机除污，栅渣经栅渣压榨机处理打包外运至厂外填埋或投入污泥池与污泥一同处理。压榨机位于细格栅间内。设计近期选用两台细格栅，N=1.5kW。近期一用一备，远期两台同时工作。

设计参数及有关技术数据：

设计规模：　　　近期Q=3万m^3/d；远期Q=6万m^3/d；

最大设计秒流量：近期Q=0.434m^3/s；远期Q=0.868m^3/s。

栅宽B=1.5m；

栅条宽度：　　　S=0.01m；

细格栅间隙：　　b=5mm；

格栅倾角：　　　α=60°；

过栅流速：　　　V=0.9m/s。

4.旋流沉砂池及砂水分离间

旋流沉砂池分两组，单池尺寸为D=4.2m，有效水深2.5m，在沉砂池底设有沉砂斗，

空气压缩机将沉于砂斗的砂砾靠气提作用送入砂水分离间内的水力旋流除砂器进行砂水分离。设计选用砂水分离器一台，$Q=10m^3/h$，$N=2.2kW$。

设计参数及有关技术数据：

设计规模：　　近期 $Q=3$ 万 m^3/d；远期 $Q=6$ 万 m^3/d；

最大设计秒流量：近期 $Q=0.434m^3/s$；远期 $Q=0.868m^3/s$；

水力表面负荷：　$200m^3/m^2h$。

5. 循环式活性污泥生化反应池

设计参数及有关技术数据：

设计规模：　　$Q=3$ 万 m^3/d；

最大设计秒流量：$Q=0.347m^3/s$；

污泥负荷：　　Nw=0.12kgBOD/MLSS·d；

混合液污泥浓度 MLSS=3500mg/L；

生物选择器占反应部分的体积为：15%；

经计算循环式活性污泥池总容积为 $28572m^3$，分成四个池子，单池尺寸为 48m×26m×6.8m（其中超高 1.0m）。

每个循环式活性污泥池均设置剩余污泥泵一台（$Q=250m^3/h$，H=10m，N=7.5kW），污泥含水率按 99.2% 计；回流污泥泵两台（一用一备）（$Q=330m^3/h$，H=5m，N=9kW）。回流量为 25%。

6. 鼓风机房

鼓风机房土建按远期 6 万 m^3/d 规模设计，设备按近期 3 万 m^3/d 装机，经计算污水厂最大需供气量为 $6425m^3/h$。鼓风机房平面尺寸为 24m×12m，设计近期选用 4 台离心鼓风机，3 用 1 备。远期时增加 4 台风机，风机总台数为 6 用 2 备，交错式布置。每台鼓风机参数 $Q=35.7m^3/min$，P=68500Pa，N=75kW。

每台鼓风机设一个进口风量调节设施，根据循环式活性污泥池溶解氧含量，自动调节鼓风机供气量。鼓风机有进气风道和进气间，进气间设空气过滤室。鼓风机房设有冷却水系统。

7. 污泥脱水间

污泥脱水间土建按远期 6 万 m^3/d 规模设计，设备按近期 3 万 m^3/d 装机，来自生化池的剩余活性污泥经浓缩离心脱水一体机处理后，含水率能够降低到 80%。为了改善污泥脱水性能，脱水处理前向污泥中投加聚丙烯酰胺，投加量为污泥固体干重的 4‰。

经过浓缩脱水后的污泥含水率为 80%，污泥量为 $26.4m^3/d$，干重 5.3t/d。设计近期选用浓缩离心脱水一体机两台（一用一备），工作时间为 16h，中期再增加一台相同型号的设备。脱水间平面尺寸 36m×15m×7m，其内除脱水机外，还设有溶药罐、投药泵、投泥泵、皮带运输机等附属设备。

8. 紫外线消毒渠

紫外线消毒渠是处理后污水通过紫外线照射，达到消毒和灭菌目的的构筑物。设计规模为 3 万 m^3/d。池长 L=1.98m，池宽 B=3.0m，有效水深 0.72m。

9. 污水处理厂出水管线

污水处理厂出水管线，用以向 ×××× 河排出处理后的污水，流量按远期最大污水量 $0.868m^3/s$ 计，根据 4.2 节的论述，本设计选用 d=1000mm 钢筋混凝土管，总长 0.5km。出口设一字式排出口一座。

5.4.2　总图布置

1. 平面布置（略）

2. 竖向布置（略）

5.4.3　厂区给水排水（略）

5.4.4　供电、自控、仪表及通信设计（略）

5.4.5　空调及通风（略）

5.4.6　厂区绿化、美化设计（略）

5.4.7　厂区道路设计

在大门主入口处设 6m 宽主干道，厂区设 4m 宽次干道，构成环状通路，连接各个建筑物使之成为一个有机群体，并能满足消防通道的要求。

5.4.8　建筑设计（略）

5.4.9　工程结构设计（略）

5.5　附属设备

详见污水处理厂工艺设备一览表（略）

5.6　污水处理厂二期建设

污水厂远期（2020 年）设计规模将达到 6 万 m^3/d。本可行性研究考虑近期的一级处理构筑物及附属建构筑物按远期规模进行建设，故在远期扩建时仅增加一座循环式活性污泥生化池及一座加氯接触池，并相应增加附属设备。

（略）

6　环境保护

6.1　污水处理厂建成后对水环境的改善（略）

6.2　污水处理厂建成后的环境影响及预防措施（略）

6.3　工程施工对环境的影响及保护措施（略）

7　安全生产、防火、节能

7.1　劳动安全卫生（略）

7.2　防火篇（略）

7.3　节能篇（略）

8　机构设置、劳动定员

8.1　机构设置（略）

8.2　劳动定员（略）

7.6　技术合同与技术建议书

7.6.1　基本概念

在国际工程承包业务中，技术合同是设计、采购、施工（EPC）总承包合同的组成部分，是业主与承包商对项目各项技术要求的约定，是签订设计、采购、施工（EPC）总承包合同的必要条件、附件和主要依据。通常由总承包商组织技术咨询机构或技术团队进行编写。其主要内容包括：项目条件、建设范围、通用技术要求（性能要求、项目实施、调试、验收、移交、人员培训、质量摆正等）、技术描述、主要设备技术规范等。

通常情况下，承担设计、采购、施工（EPC）总承包项目的承包商，在进行技术谈判前都会向业主提交技术建议书，请业主审查。如果业主提出异议，则承包商与业主开始进入技术谈判的过程，经过技术谈判，业主与承包商对工程项目的所有技术问题得到共识，达成一致意见，则技术建议书经过修改，就成为技术合同。技术建议书与技术合同内容基本相似。

7.6.2　内容与格式

技术建议书与技术合同内容与格式基本相识，没有特殊的规定。

【内容与格式范例 1】

燃煤电厂技术合同的主要内容（提纲）

1　项目条件

1.0　前言

1.1　项目概况

1.2　厂址条件

1.2.1　厂址概述

1.2.2　交通运输

1.2.3　环境及气象条件

1.2.4　水源

1.3 设计 条件

1.3.1 燃料

1.3.2 水

1.3.3 脱硫吸附剂

1.3.4 脱硝还原剂

2 工作范围

2.1 接口

2.1.1 与电网的接口

2.1.2 电气接口

2.1.3 循环水系统接口

2.1.4 工业水、除盐水、生活用水的接口（如果有）

2.1.5 雨水、生活废水排放系统的接口

2.1.6 燃料系统的接口

2.1.7 辅助燃料系统接口

2.1.8 灰、渣、石子煤、石膏厂外输送系统的接口

2.1.9 脱硫剂、脱硝剂系统接口

2.1.10 化学用品接口

2.1.11 厂外道路接口

2.2 承包商的工作和服务范围

2.2.1 工作范围

2.2.2 服务范围

2.3 业主工作和服务范围

2.3.1 工作范围

2.3.2 服务范围

3 通用技术要求

3.1 工程实施的总体要求

3.2 计划

3.3 进度报告

3.4 质量管理

3.5 编码系统

3.6 测量单位

3.7 里程碑

3.8　设计文件

3.9　接口协调

3.10　竣工文件

3.11　制造

3.12　包装规定和存放

3.13　现场程序

3.14　检验和试验

3.15　现场试验和证书

3.16　调试

3.17　试运行

3.18　电站数据

3.19　质保期

3.20　培训

3.21　附件

4　技术说明

4.1　概述

4.1.1　标准及规范

4.1.2　电站数据

4.2　技术说明

3.2.1　锅炉及辅助系统（含脱硝系统）

4.2.2　汽机及辅助系统

4.2.3　运煤除灰系统

4.2.4　电气部分

4.2.5　热控部分

4.2.6　供水部分

4.2.7　化水部分

4.2.8　暖通部分

4.2.9　土建（含总图、建筑）

4.2.10　消防部分

4.2.11　厂内通信部分

4.2.12　烟气脱硫系统

4.3　图纸

4.3.1 厂区总平面布置图
4.3.2 燃烧系统图
4.3.3 热力系统图
4.3.4 主厂房平面布置图
4.3.5 主厂房剖面布置图
4.3.6 运煤系统工艺流程图
4.3.7 供水系统图
4.3.8 电气主接线图
4.3.9 除灰系统图
4.3.10 除渣系统图
4.3.11 全厂控制系统图
4.3.12 锅炉补给水处理系统图
5 主要设备技术规范
5.1 锅炉及辅助设备
5.2 汽机及其辅助设备
5.3 发电机
5.4 锅炉房设备
5.5 汽轮机房设备
5.6 电气设备
5.7 仪控设备
5.8 供水设备
5.9 水处理设备
5.10 废水处理设备
5.11 输煤除灰设备
5.12 尿素催化水解系统
5.13 烟气脱硝系统
5.14 烟气脱硫（FGD）系统

【内容与格式范例 2】

××国家×××3×30MW燃煤电厂技术合同书（目录）

技术合同一般条款（上册）

第 1 章　工程简介

1.1　概述

1.2　现场说明

附件 1　位置平面图

第 2 章　项目执行及保证计划

2.1　项目执行及保证计划

2.2　项目管理及协调

2.3　项目管理及编制报告

2.4　组织机构图表

2.5　项目进度及项目管理

2.6　项目协调程序

2.7　质量保证及管理

2.8　图纸及文件的分类

2.9　工程文件程序

第 3 章　工作范围和进度

3.1　CMEC 的工作范围

3.2　业主的工作范围

3.3　进度表

第 4 章　电厂的设计基础

4.1　范围

4.2　设计数据

4.2.1　现场条件

4.2.2　燃料及燃料规格

4.2.3　烟囱排放值（保证值）

4.2.4　噪声值

4.3　热电厂

4.3.1　电厂简介

4.3.2　电力

4.3.3　蒸汽

4.3.4　蒸汽质量

4.3.5　在热电厂（CPP）分界点的蒸汽参数

4.3.6　热电厂的设计因素

6.6　物资管理
6.7　备件
第 7 章　交付、检验及发运要求
7.1　交付
7.2　检验
7.3　发运
第 8 章　安装、调试、启动及试验
8.1　施工范围
8.2　检验、调试、启动和性能试验
8.3　保健、安全和环境（HSE）
8.4　保卫
第 9 章　热电厂保证值
9.1　概述
9.2　保证值
9.3　性能试验
9.4　汽轮发电机组 / 电站锅炉的性能试验
9.5　违约罚款
9.6　维修 / 校正 / 更改
9.7　性能保证值
第 10 章　培训
10.1　概述
10.2　培训范围
10.3　培训大纲的步骤和具体内容
10.4　培训资料
第 11 章　投标需要的资料

7.6.3　文案范例

【文案范例 1】

××国家×××政府办公楼机电与智能建筑工程技术建议书

目录（略）

第1章 概述

1.1 概况

本工程项目是由 ×××× 国家 ×××× 部（以下称业主）承建的 ××× 政府办公大楼（或称大厦），位于 ×××× 市波托西大街与阿亚库乔大街交汇处，建筑面积约 27000 平方米。根据业主提出的《购买需求》，编制本技术建议书。

1.2 工程内容及要求

1.2.1 总体要求

按照业主提供的《购买需求》，本技术建议书所涉及的分部工程有通风空调、建筑电气与智能建筑。其中智能建筑工程的子分部工程：主要有综合布线工程、网络工程、安防防范系统工程、机房工程、消防系统、背景音乐及广播系统、一卡通系统、信息安全、多媒体会议及远程会议系统、楼宇自动化控制系统、智能化应用系统开发、服务器及存储等设备采购、数据库及软件采购、多语言翻译服务。

1.2.2 基本原则

本项目的技术方案应满足以下基本原则：

1. 先进性

采用集成化和数字化的主流产品为核心设备，保证总体设计的先进性。

2. 开放性

为了满足系统所选用的技术和设备的协同运行能力、系统投资的长期效应以及系统功能不断扩展的需求，本系统设计中各子系统均应提供标准化和开放性的接口协议，保证各子系统之间的网络化与集成化实现。

3. 可靠性

系统的整体结构及其关键部件均考虑采用容错技术，使系统具有足够的冗余和备份能力，确保系统运行的可靠性。

4. 可扩充性

充分考虑易于满足系统在未来使用上扩充和升级的要求，为将来提供部分预留节点。

5. 安全性

在系统设计中，既考虑信息资源的充分共享，又注意信息的保护和隔离，在网络对外出入口处，充分考虑网络信息数据安全性。

6. 管理可控性和维护简易性

任何先进的技术和产品要发挥良好的应用都应遵循"三分技术、七分管理"的通则，因此系统设计将未来的系统管理作为一项重要工作加以谨慎考虑，以设备功能模块化、系

统控制分级化为原则，实现简约化的管理和维护。

7. 实用性

系统设计时，充分考虑各类产品的性能价格比，对关键性的产品应以性能的先进性为主要考虑因素，以提高系统的整体水平，对非关键性产品则以实用性为主。

1.2.3 技术标准

本项目采用中国国家标准，并满足 ×××× 国家的要求。遵循的技术标准主要包括：（略）

1.2.4 项目内容

按总体要求所述，本项目的建设内容，主要包括：

1. 通风与空调

由于 ××× 市处于安迪斯高原，依据世界气象局，拉巴斯年均温为 7 度，极端最高气温为 25 度，最冷月 7 月月均温 5 度，最热月 1 月月均温 8 度，一年全为冬季。

根据 ××× 市的气候特点，主要以制热为主，夏季冷负荷估算值为：1350kW；冬季热负荷估算值为：2400kW。因此设计采用如下方案，夏季中央空调采用直燃机组制冷，冬季空调采用直燃机组 + 锅炉制热。空调冷热源夏季提供 7 ~ 12℃的冷冻水，冬季提供 50 ~ 60℃的热水。同时具备新风功能。包含战时通风系统。

2. 建筑电气

本工程为智能大厦工程。主体建筑地下四层，地上二十三层。总建筑面积 27000 平方米，结构形式为钢筋混凝土剪力墙结构，本建筑在负一层设 10kV 配变电所一座，内设高、低压配电柜及 1#.2# 变压器及值班室。本项目光伏建设总规模为预计 40kWp。光伏发电系统并网形式：采用用户侧低压并网形式；光伏所发电供建筑本身用电。

3. 智能建筑

智能建筑工程包括：

综合布线系统：（略）

通信网络系统：（略）

安全防范系统：（略）

机房工程：（略）

火灾报警与消防联动系统：（略）

背景音乐及广播系统：（略）

出入口控制（门禁）与一卡通系统：（略）

多媒体会议及远程会议系统：（略）

楼宇自动化控制系统：（略）

智能化应用系统开发:(略)

服务器及存储等设备采购:(略)

数据库及软件采购:(略)

多语言翻译服务:

将所有使用系统语言和操作手册等资料翻译成西班牙语。

与外围系统的割接:

主要为新楼与外围的网络、电话、电视、卫星业务等系统对接互换服务。

1.3 验收标准

本工程执行的验收标准主要有:(略)

1.4 项目的节能环保、安全性、经济性(略)

1.5 项目估算

根据本技术建议书，编制本项目估算书。详见附件1:总估算表

第2章 通风与空调工程

2.1 技术依据

本项目通风与空调工程技术建议编制的依据主要是:

1.业主提出的《工作范围与购买需求》中的关于本工程通风与空调专业的设计与技术要求的描述。

2.中华人民共和国现行的关于通风与空调工程设计与施工的标准、规范与相关规定。

2.2 设计条件

1.室外空气计算参数与室内设计参数(略)

2.通风换气量(略)

3.冷热源(略)

4.空调系统(略)

2.3 节能(略)

2.4 通风系统(略)

2.5 消防(略)

2.6 环保(略)

2.7 战时通风

根据业主提供的本项目建筑设计方案图，本工程设置人防工程:人防工程设在地下四层，平时作为汽车停车库，战时设两个防护单元，均为甲级掩蔽所。

为此，通风与空调专业的工程设计内容包括人员掩蔽防护单元，战时清洁式通风、滤毒式通风、隔绝式通风及战时送风系统与平时排风(烟)系统转接措施。其技术方案与措施如下：

1. 通风系统（略）

2. 防护密闭措施（略）

2.8　中央空调能源管理（略）

第3章　建筑电气工程

3.1　工程概述

本工程主体建筑地下四层，地上二十三层。总建筑面积27000平方米，结构形式为钢筋混凝土剪力墙结构。本项目建筑电气工程在负一层设10kV配变电所一座，内设高、低压配电柜及1#.2#变压器及值班室。为此，本项目建筑电气工程技术建议编制的依据主要是：

1. 业主提出的《工作范围与购买需求》中的关于本工程建筑电气专业的设计与技术要求的描述。

2. 中国国家现行的关于建筑电气工程设计与施工的标准、规范与相关规定。

3.2　工程范围

本项目的设计与施工的范围主要包括：

1. 10kV配、变电系统设计；

2. 动力配电系统；

3. 照明配电系统；

4. 防雷及接地安全系统；

5. 自备应急电源系统、光伏发电。

3.3　10/0.4kV变配电系统

1. 负荷等级（略）

2. 变压器估算

$S=27000m^2\times70VA/m^2=1890kVA$。

3. 电源电压（略）

4. 配变电所

配变电所设在地下一层，设置2台1000kVA干式变压器，两台变压器设置两段低压母线，设联络开关。

5. 计量

采用高压集中计量：在每路10kV进线处设专用计量柜，并装设分时计费的有功电度表和无功电度表，变电所每个出线回路设计量表，每层按照明及配电分别设置层总计量表。

3.4 低压配电与控制（略）

3.5 电缆、导线的选择与敷设（略）

3.6 电气安全（略）

3.7 建筑物防雷、接地系统（略）

3.8 接地及安全措施（略）

3.9 电气节能措施（略）

3.10 人防电气（略）

3.11 光伏发电

根据业主提供的《工作范围与购买需求》及其建筑方案设计图，本项目利用建筑物本身的外装饰设置光伏发电系统。

1. 系统总功率

基于本项目位于××××市，海拔高度3627米，气候属于亚热带山地气候，年平均气温14℃。为此，初步计算确定：本项目光伏发电系统拟建设总规模预计为40kWp。

光伏发电系统并网形式：采用用户侧低压并网形式；光伏所发电供建筑本身用电。

2. 节能减排（略）

3. 与建筑本体的融合（略）

4. 系统的原理与构成（略）

5. 光伏系统的监测（略）

6. 主要设备（略）

第4章　智能建筑工程

本项目智能建筑工程由如下子分部（或称子系统）构成：

4.1 综合布线系统（略）

4.2 通信信息网络系统（略）

4.3 安防系统（略）

4.4 火灾报警与消防联动系统（略）

4.5 楼宇自动化系统（略）

4.6 智能化系统集成（略）

第5章　需要说明的问题（略）

由于业主提供的《工作范围与购买需求》及建筑方案图，还有许多不完善与需要澄清的问题，因此本技术建议书仅作为初步技术建议，我方期待与业主在进一步澄清相关问题的基础上，编制更加详尽的技术建议书。其中：关于施工技术方案、施工计划尚需在技术建议书经业主批准后，由我方另行提报。

需要业主澄清与答疑的问题，详见附件 2。

附件 1. 总估算表

附件 2. 需要业主澄清与答疑的问题清单

【文案范例 2】

赤道几内亚××××××电厂扩容项目技术建议书

目录（略）

1　概述

赤道几内亚 ××××××3×6B 燃机电厂工程拟建设 3 台 6B 系列单循环燃气机组，装机容量约为 3x42MW，本期一次建成。电厂以 66kV 电压接入系统，主变进线 3 回，高备变进线 1 回，出线 4 回。66kV 高压配电装置和主变布置在距电厂约 1 公里处的升压站内。

本项目，包括设计、制造、施工、安装、调试、性能试验、验收及环保排放等，都将采用并满足中华人民共和国相关的国家标准及行业规范。

2　总平面布置

2.1　厂址概述

2.1.1　地理位置（略）

2.1.2　自然条件（略）

2.1.3　气象条件（略）

2.2　总体规划

2.2.1　水源地：

本工程用水拟采用地下水。

2.2.2　电气出线：

本工程电气出线接至 ××× 电厂南侧在建的电厂升压站，采用电缆出线，本工程厂内不设置主变压器。

2.2.3 燃料：

本工程燃料采用天然气，由业主提供至本期工程的厂区界限处。

2.2.4 进厂道路：

电厂南侧有城区道路经过，在厂区南侧设置主入口作为本工程的人流入口；在电厂东侧设一物流入口，接至 ××× 电厂与本厂址之间的道路。

2.3 总平面布置

2.3.1 方案概述（略）

A 主厂房区（略）

B 附属设施区（略）

2.3.2 总平面布置的特点

本工程的总平面布置，具有以下特点:（略）

2.3.3 厂区总平面布置主要技术指标表（略）

2.4 竖向布置

厂区竖向布置采用平坡式布置，地面排水坡度不小于 0.5%。为了防止雨水进入室内，建筑物室内零米高程需要高于室外高程 300mm ~ 450mm。地面采用有组织的排水系统：地表雨水→厂区道路→排水设施。

2.5 厂区道路设计

电厂进厂道路路面宽 7m，采用城市型水泥混凝土路面。

厂内道路布置以总平面中各功能分区和消防要求形成厂区道路网，电厂重点防火区如主厂房、柴油机房均设有环行消防道路。厂内主要道路宽度 7m，次要道路宽 4m。道路转弯半径根据需要为 9m、6m 两种。厂区道路采用城市型水泥混凝土路面。

2.6 围墙设计

厂区围墙采用与 ××× 电厂一致的铁丝网围墙，高 2.0m。

3 热机部分

燃气轮发电机组采用南京汽轮发电机（集团）有限责任公司 GE 公司的产品，型号为 PG6581B。

3.1 机组概述

PG6581B 型燃气轮发电机组包括燃气轮机及其辅机、发电机、励磁机、机组控制设备、负荷齿轮箱、进气及排气装置。机组为轴向进气、向上排气，采用电启动方式。其主体由以下部分组成：

（1）燃机间

（2）辅机间

（3）控制室

（4）负载设备

3.1.1　燃机间（略）

3.1.2　辅机间（略）

3.1.3　控制室（略）

3.1.4　负载设备（略）

3.2　性能保证

3.2.1　ISO 工况大气环境条件（略）

3.2.2　进排气压损对机组热力性能影响的修正（略）

3.2.3　性能曲线（略）

3.2.4　机组的运行性能

1. 起动时间:（略）

2. 调速器性能:（略）

3. 噪声:（略）

4. 寿命:（略）

3.3　技术参数

3.3.1　燃气轮机（略）

3.3.2　燃气轮发电机（略）

3.4　布置

3 台燃机成并列、轴向平行、露天布置，轴向间距 25m。

3.5　燃料

本期工程以天然气为单一燃料，所用燃料由业主用管道输送至电厂围墙外 1 米（假定条件），本工程天然气来气压力约为 24bar（g）。

天然气（业主提供）

成分 %mol

（略）

3.6　燃机性能考核工况和 ISO 工况下出力（略）

3.7　燃气系统

3.7.1　系统说明

（略）

系统包括下列主要设备:（略）

3.7.2　布置

全套系统分为两部分布置：后级涤气器及最后一道流量计作为单独的模块布

置在每台燃机前，其他设备集中布置在天然气处理站。为安全考虑，从天然气处理站至燃机的供气管采用直埋方式。

3.7.3　燃气消耗量（性能保证工况）（略）

3.7.4　主机厂要求的燃气入口参数（略）

3.8　燃机主要辅助系统

燃机的辅助系统及相应的辅助设备由南京汽轮发电机有限责任公司设计供货。主要辅助系统如下：

3.8.1　润滑油系统（略）

3.8.2　液压油系统（略）

3.8.3　控制油（遮断油）系统（略）

3.8.4　附件传动系统（略）

3.8.5　启动及停机冷却系统（略）

3.8.6　燃料系统（略）

3.8.7　加热及通风系统（略）

3.8.8　冷却水系统（略）

3.8.9　进气系统（略）

3.8.10　排气系统（略）

3.8.11　压气机清洗系统（略）

3.8.12　压气机抽气处理系统（略）

3.8.13　消防系统（略）

3.8.14　油气分离系统（略）

3.9　检修设施

厂内设总面积约为240m^{2}的检修间及材料库，并装设一台起吊重量5吨的电动单梁悬挂起重机。

3.10　技术指标（按性能考核工况）

全厂技术指标如下：（略）

4　电气部分

4.1　设计范围

本工程电气部分设计范围为下列内容：

（1）发电机、发电机出口断路器、高低压厂用配电装置、电缆、照明、检修及相关二

次设计等。

（2）主变、高/备变设计范围至66kV配电装置进线侧电缆头处。

（3）辅助车间的电气设计。包括厂用配电装置、电缆、照明及二次设计等。

（4）本工程围墙范围内防雷接地设计。

4.2　电气主接线

4.2.1　电气主接线（略）

4.2.2　各级电压中性点接地方式

发电机中性点采用经避雷器接地的方式；

（1）3kV系统采用经电阻接地系统。

（2）400V系统采用直接接地系统。

4.3　主要设备和导体选择

4.3.1　主变压器（略）

4.3.2　高压备用变压器（略）

4.3.3　发电机出口断路器额定（略）

4.4　厂用电接线及布置

4.4.1　厂用电系统接线

（略）

1.高压起动/备用系统（略）

2.厂用变压器

经厂用负荷计算，厂用设备的选择如下：

（略）

3. 400/230V低压厂用电系统

400/230V厂用电系统，采用PC和MCC的供电方式。

（1）400/230V工作段接线（略）

（2）厂区及辅助车间低压厂用电接线（略）

（3）400/230V厂用电配电装置设备选型（略）

4.4.2　厂用电配电装置布置（略）

4.5　电气设备布置（略）

4.6　黑启动柴油发电机组及布置（略）

4.7　直流系统及交流不停电电源

4.7.1　直流系统（略）

4.7.2　交流不停电电源UPS（略）

4.7.3 升压站直流及UPS电源（略）

4.8 二次接线

4.8.1 控制方式及接线（略）

4.8.2 控制系统（略）

4.8.3 同期系统（略）

4.8.4 元件保护（略）

4.8.5 计量（略）

4.8.6 升压站二次线（略）

4.9 过电压保护及接地

4.9.1 过电压保护（略）

4.9.2 接地（略）

4.10 照明和检修网络

4.10.1 本厂设置正常照明和直流事故照明（略）

4.10.2 检修及电焊网络（略）

4.11 电缆设施

4.11.1 电缆选型（略）

4.11.2 电缆构筑物（略）

4.11.3 电缆防火设计（略）

5 热控

5.1 热控设计原则

（略）

5.1.1 燃气轮机控制系统（略）

5.1.2 燃机控制系统简介（略）

5.2 辅助车间控制系统的设计原则

5.2.1 天然气调压站控制系统（略）

5.2.2 补给水处理系统、循环水系统和消防水系统（略）

5.3 就地仪表（略）

6 供水

6.1 概述

本工程厂址位于赤道几内亚×××地区，本期工程扩建3×6B单循环燃气轮机。当地最高环境气温度为40℃。最低20℃，全年降雨极少，相对湿度60%～95%，水在当地是极其珍贵的资源。本工程水源为地下深井水。

6.2　循环水系统

6.2.1　循环水量及水质（略）

6.2.2　循环水系统（略）

6.3　补给水系统（略）

6.4　服务水系统（略）

6.5　排水系统（略）

7　化学水处理系统

7.1　化学水处理设计范围

化学水处理系统包括以下子系统：

（1）除盐水处理系统

（2）辅机闭冷水加药系统

7.2　除盐水处理系统（略）

7.3　闭冷水加药系统（略）

7.4　化验室及仪器设备（略）

8　土建工程

8.1　厂址自然条件及设计主要技术数据

8.1.1　水文气象（略）

8.1.2　工程地质和水文地质（略）

8.1.3　设计采用的主要技术数据（略）

8.1.4　主要建筑材料（略）

8.2　地基与基础（略）

8.3　结构设计

8.3.1　主要建（构）筑物

1. 电控楼

电控楼为两层钢筋混凝土框架结构，长 36.0m，宽 8.5m，高 10m。采用现浇钢筋混凝土屋面。

2. 化水车间

化水车间为 L 形布置单层钢筋混凝土框架结构，长 22.0m，宽 22.0m。高 7.5m 及 5.5m。采用现浇钢筋混凝土屋面。

3. 燃气轮机基础

燃气轮机基础采用大块式钢筋混凝土基础

……（略）

8.3.2　附属建（构）筑物

1. 材料库及检修间

单层钢筋混凝土框架结构，长 24m，宽 10m，高 7.0m。

2. 天然气调压站

钢结构遮雨棚，长 20.0m，宽 12.0m，高 5.5m。

3. 天然气涤气器撬块

钢结构遮雨棚，长 6.6m，宽 3.0m，高 5.5m。

4. 清水泵及清水箱基础

清水泵及清水箱基础采用大块式钢筋混凝土基础。

8.3.3　电气建（构）筑物

1. 柴油机房

钢结构遮雨棚，长 18.0m，宽 12.0m，高 5.5m。配置 5～10 吨行车。

2. 高备变压器油池

高备变压器基础为钢筋砼整板基础，油池为素混凝土，长 8.0m，宽 6.0m。

3. 独立避雷针

采用镀锌钢制，高 30m，共 1 个。

8.4　建筑设计

（略）

全厂建筑物一览表（略）

全厂建筑物装修一览表（略）

9　通信

9.1　概述

通信系统的设计、安装遵循以下标准：

ITU-T　　国际电信联盟电信委员会

IEC　　国际电气委员会

ISO　　国际标准组织

9.2　电话通信系统（略）

9.3　扩音呼叫系统（略）

9.4　无线对讲机（略）

9.5　配线设备及电缆网络（略）

9.6　通信电源及机房（略）

10 通风及空调系统

10.1 通风

10.1.1 配电室通风（略）

10.1.2 化水设备间通风（略）

10.1.3 其他房间通风（略）

10.2 空气调节

10.2.1（略）

10.2.2 其他房间空调（略）

附件：技术图纸

1. 厂区总平面布置图 PLOTPLAN

Plano general de diseño deplanta

2. 燃机本体及附属设备布置图 1

Plano de distribución de turbina a gas y los equipos auxiliares Ⅰ

3. 燃机本体及附属设备布置图 2

Plano de distribución de turbina a gas y los equipos auxiliares Ⅱ

4. 天然气系统流程图

Diagrama de proceso tecnológico para el sistema de gas natural

5. 供水系统图 DIAGRAM OF WATER SUPPLY SYSTEM

Diagrama del sistema de suministro de agua

6. 除盐水处理系统流程图 DEMINERALIZED WATER TREATMENT SYSTEM FLOW DIAGRAM

7. 电气主接线图 ELECTRICAL SINGLE LINE DIAGRAM

Diagrama de simp lelína eléctrica

【文案范例3】

×××国坎帕拉××××综合社区项目技术合同书

目录（略）

第1章 项目概况

1.1 项目名称

×××国坎帕拉××××综合社区

1.2 建设地点

本工程建设地点位于×××国坎帕拉

1.3 建设与承包单位

本工程项目建设单位为×××国××××控股公司（以下简称业主或甲方）；承包单位为中国×××××××公司（以下简称总承包商或乙方）。

1.4 设计规模

本工程根据业主提供的概念设计文件，初步确定建设项目的规模如下表所示：

建设项目规模

楼号	层数	单栋楼建筑面积	栋数	建筑面积
酒店＋游泳池	地上五层	3344m^2	1	3344m^2
官邸	地上二层	620m^2	1	620m^2
H01 式房	地上二层	313m^2	9	2817m^2
H02 式房	地上二层	313m^2	8	2504m^2
酒店式公寓	地上四层	1300m^2	3	3900m^2
3 卧室	地上四层	1412m^2	6	8472m^2
2 卧室	地上四层	1300m^2	6	7800m^2
总计			34	29457m^2

鉴于甲方提供的概念设计文件还不够完善，因此需要甲方在修建性详细规划设计中补充物业管理用房（内含园区监控室）、垃圾站、箱式变电站的位置以及围墙的位置与走向。

1.5 工程设计的基础资料

本工程设计的基础资料由甲方提供，但不限于以下资料：

1. 概念设计的文本

2. 修建性详细规划设计图纸、文本及其批文

3. 地质勘察报告书及地形勘测报告书

4. 本项目建设所在地连续 3～5 年的气象资料（该资料应当包括：温度、湿度、风速、最大风速、年雷暴日、土壤电阻率、降雨量、地震烈度系数等）

5. 环境评估报告以及批文

6. 消防要求及其防火等级的规定

7. 园区外部给水、排水，电源，市政道路连接点位置及其现状情况资料

8. 地面停车场的管理模式及守卫室的位置、型式

9. 园区出入口的管理模式及门卫室的位置、型式

1.6　现场条件

本项目建设位置，位于 ××× 国家坎帕拉

1.7　工程描述

本项目初步估算总计建筑面积为 29457 ㎡，共有房屋建筑 34 栋。除酒店外一律为居住类建筑。

第2章　工作范围

2.1　承包商工作范围

2.1.1　承包商将为本项目提供设计、采购、施工（EPC）总承包，工作范围包括所有园区内房屋建筑（包括室内土建、给排水、电气）、室外道路、管线、景观、围墙以及配套设施的设计、采购与施工。

2.1.2　承包商在开工前对甲方提供的地形测量和建筑物的位置进行复核测量。在测量后，递交测量记录。如发生不符，则有权申请延迟开工。

2.1.3　根据施工图设计要求进行工程施工、设备与材料的采购、设备安装和调试、保修等工作，并满足中国国家标准的要求。

2.1.4　根据施工图设计要求进行所有施工设备和材料的采购运输。

2.1.5　按业主的要求提供初步设计及施工图设计文件。根据业主审查的结果，确定设计文件（图纸）的出版、提交的时间，并获得业主的批准。

2.2　业主工作范围

2.2.1　业主负责向乙方提供 1.4 款规定的基础资料。

2.2.2　业主负责办理所有承包商提供的设备、材料及工具的海关手续。

2.2.3　业主须免费提供施工场地和施工道路，并在施工期间对于占用耕地、草地和其他公共和私人产权支付赔偿费用，同时解决施工期间的相关争议。

2.2.4　业主须为该项目所有要向 ××× 政府当局缴纳的税、关税和费用办理免税。

2.2.5　业主须为本项目的施工办理施工许可和乙方施工人员入境、劳务许可。

2.2.6　业主须负责为本项目提供施工和竣工投入使用的电源、水源，其接入点在项目建设位置占地的区域内，使承包商在施工过程中比较方便的使用电源用电和水源。

2.2.7　业主在开工前对于乙方提交的对建筑物位置进行的复核测量结果，应及时做出答复。如乙方复核测量的结果，与业主提供的资料不符，应立即同意乙方延迟开工的申请，否则乙方有权予以索赔。

2.2.8 在双方规定的时限内（不超过30日内），审查和批准乙方提交的初步设计及施工图设计文件。根据审查的结果，批准乙方出图的时间。

第3章 技术标准与技术措施

3.1 本工程项目设计与施工均采用中国国家标准和规范。

3.2 根据业主提供的概念设计，甲乙双方经过讨论，初步拟定本项目工程设计、施工采取如下技术措施。

3.2.1 建筑专业

1.酒店以会客、聚餐、居住、娱乐等为主要功能，除酒店外其余全部为居住类建筑。

2.本技术措施是在×××国方提供的概念设计的基础上编制的，需在×××国方提供经过审批的修建性详细规划后进行施工图设计。

3.立面设计

建筑立面严格按照详规文本进行设计，尽最大可能体现方案设计所表现的建筑风格，立面颜色根据方案效果图确定。

4.剖面设计

根据详规文本确定各单体建筑层高。

5.建筑保温隔热

（1）本工程外墙不做保温。

（2）平屋面采用60厚挤塑板保温层；坡屋面做架空层以利于隔热保温。

（3）酒店、官邸外窗采用铝合金单玻普通玻璃窗，其他居住类建筑外窗选用塑钢或者铝合金单玻普通玻璃窗。

6.主要构造做法

（1）墙体材料：酒店、官邸外墙才用用涂料，局部采用面砖，其他建筑外墙采用涂料，局部要求采用石材，具体根据方案立面确定。

（2）屋面工程：本工程屋面防水材料采用JS防水卷材，做保温隔热屋面，平屋面做钢筋混凝土板屋面，坡屋面做轻钢坡屋面。

（3）门窗工程：门窗玻璃的选用应符合《建筑玻璃应用技术规程》JGJ113和《建筑安全玻璃管理规定》的有关规定。室内门选用成品门，酒店大门采用玻璃门，其他居住类建筑入户门均选用防盗门，酒店、官邸外窗采用铝合金单玻普通玻璃窗，其他居住类建筑外窗选用塑钢或者铝合金单玻普通玻璃窗。

（4）卫生间防水：卫生间、厨房、洗衣机房、设备机房、机电管沟等设有用水点的房间需做防水，选用JS涂膜防水涂料，防水做法按规范规定。消防水池内壁防水采用玻璃钢。

（5）地面做法：地面采用小毛石垫层，楼面做轻骨料垫层便于管线铺设。

7. 建筑五金的要求

本工程的建筑五金包括以下品种：

合页、锁芯和钥匙、门锁、逃生装置、推/拉手、闭门器、顺位器、地弹簧、小五金。同时也应满足与门禁系统相关的五金配套要求。

8. 室内部装修

由于本工程项目各类房屋建筑室内装修业主尚没有提供装修清单和做法，为此乙方暂提出《各类房屋室内装修表》供业主参考。室内装修的具体做法在中方施工图设计完成后（该施工图设计经×××国方批准），业主提出各类房屋建筑室内装修要求，乙方作出装修设计方案。经业主批准后乙方编制室内装修施工图，该装修施工图经业主方批准后，乙方组织实施。其装修工程价格按实际做出的调整。

各类房屋室内装修表

楼座 Building no.	分区位置 Zone location	装修部位 Decoration position	主要材料 Main materials
主酒店、官邸 Main hotel, official mansion	会议厅、门厅、过厅 Meeting hall, vestibule, gallery	地面 Floor	门厅、过厅使用石材，会议厅采用弹性垫层地毯，重荷载地毯。 vestibule: Stone materials. Flexible bedding course blanket in the meeting hall
		墙面 Wall	吸声板饰面 Finish with acoustic board
		吊顶 Suspended ceiling	轻钢龙骨双层石膏板乳胶漆饰面 Latex paint finish for double-layered gypsum board with lightgage steel joist
	办公室、会议室 Office, meeting room	地面 Floor	弹性垫层地毯 Flexible bedding course blanket
		墙面 Wall	木夹板饰面 Plywood finish
		吊顶 Suspended ceiling	轻钢龙骨双层石膏板乳胶漆饰面 Latex paint finish for double-layered gypsum board with lightgage steel joist
	客房 Guest room	地面 Floor	弹性垫层地毯 Flexible bedding course blanket
		墙面 Wall	壁纸饰面 Wallpaper finish
		吊顶 Suspended ceiling	石膏板吊顶乳胶漆 Latex paint for suspended ceiling of gypsum board
	公共走廊 Public corridor	地面 Floor	石材 Stone

续表

楼座 Building no.	分区位置 Zone location	装修部位 Decoration position	主要材料 Main materials
主酒店、官邸 Main hotel, official mansion	公共走廊 Public corridor	墙面 Wall	乳胶漆饰面 Latex paint finish
		吊顶 Suspended ceiling	轻钢龙骨双层石膏板乳胶漆饰面 Latex paint finish for double-layered gypsum board with lightgage steel joist
	卫生间 Toilet	地面 Floor	瓷砖 Ceramic tile
		墙面 Wall	瓷砖 Ceramic tile
		吊顶 Suspended ceiling	防潮双层石膏板乳胶漆饰面 Moisture-proof latex paint finish for double-layered gypsum board
其他建筑 Other buildings	门厅、过厅 Vestibule, gallery	地面 Floor	瓷砖 Ceramic tile
		墙面 Wall	乳胶漆饰面 Latex paint finish
		吊顶 Suspended ceiling	乳胶漆饰面 Latex paint finish
	卧室 Bedroom	地面 Floor	弹性垫层地毯 Flexible bedding course blanket
		墙面 Wall	壁纸饰面 Wallpaper finish
		吊顶 Suspended ceiling	轻钢龙骨双层石膏板乳胶漆饰面 Latex paint finish for double-layered gypsum board with lightgage steel joist
	公共走廊 Public corridor	地面 Floor	瓷砖 Ceramic tile
		墙面 Wall	乳胶漆饰面 Latex paint finish
		吊顶 Suspended ceiling	乳胶漆饰面 Latex paint finish
	卫生间 Toilet	地面 Floor	瓷砖 Ceramic tile
		墙面 Wall	瓷砖 Ceramic tile
		吊顶 Suspended ceiling	防潮双层石膏板乳胶漆饰面 Moisture-proof latex paint finish for double-layered gypsum board
所有房间均做踢脚，地毯房间做木踢脚，其他房间踢脚材质同地面。 All rooms shall be installed with the skirting boards, wooden skirting boards for blanket rooms, and the skirting boards with the same material as that of the floor for other rooms.			

3.2.2 结构专业

1. 结构选型

本工程结构选择如下表所示。

本工程结构选择

楼号 Building number	层数 Floor number	单栋建筑面积 Floor area of single building	栋数 Building quantity	建筑面积 Total floor area	结构类型 Recommended structural type
酒店楼 + 游泳池 Main hotel building+ swimming pool	地上五层 Aboveground fifth floor	3344m^2	1	3344m^2	框架结构 framework structure
官邸 Official mansion	地上二层 Aboveground second floor	620m^2	1	620 m^2	混合结构 Mixed structure
H01 式房 H01 room	地上二层 Aboveground second floor	313m^2	9	2817m^2	混合结构 Mixed structure
H02 式房 H02 apartment	地上二层 Aboveground second floor	313m^2	8	2504m^2	混合结构 Mixed structure
酒店式公寓 Serviced apartment	地上四层 Aboveground fourth floor	1300m^2	3	3900m^2	混合结构 Mixed structure
3 卧室 3 bedrooms apartment	地上四层 Aboveground fourth floor	1412m^2	6	8472 m^2	混合结构 Mixed structure
2 卧室 2 bedrooms apartment	地上四层 Aboveground fourth floor	1300m^2	6	7800m^2	混合结构 Mixed structure

（1）本工程的建筑结构安全等级为二级。

（2）本工程属丙类建筑，暂按6度抗震设防，业主需提供地震烈度的数据以满足抗震设防的要求。

（3）本工程的混凝土等级：初步确定基础C25;地上部分：C25;基础：C25；垫层；C15。详细以施工图设计为准。

2.地基基础

由于业主尚未提供地质勘察资料，根据业主的描述：鉴于本项目地址位于小山顶，暂按地下为风化岩考虑，基于本项目建筑物主体层数较少，荷载不大，暂定柱下采用独立基础、墙体下采用基础梁（可减小沉降）。具体地基基础形式根据乌方提供的地质勘察报告经计算后确定。

根据业主提供的情况，拟建酒店的位置有防空洞一处，具体状况不详。为此需业主提供详细资料以便于设计时统筹考虑处理方案。

3.楼盖结构

本工程主体楼盖拟采钢筋混凝土梁板现浇楼盖。楼板厚度根据房间的跨度及使用要求，经计算后确定。

4. 结构体系

宾馆采用框架结构，其余居住类建筑采用混合结构。

3.2.3　给排水专业

1. 生活给水系统：

（1）由于 ××× 的市政供水管网，压力不稳定。因此本项目在小区的最高点设中央储水设施，小区内所有单体建筑的生活用水均接自该设施。

（2）给水管道采用 PP-R 管。

（3）酒店及酒店式公寓整栋单独设置冷水表计量。其他居住类建筑按一户一表的方式设置冷水表计量。

2. 排水系统

排水横管和支管采用一般排水用 UPVC 实壁管，排水立管采用 UPVC 螺旋消音管。卫生间，厨房污水统一排出到室外,经过粪坑处理后排放。具体处理方式由 ××× 国方自行提供和解决。

3. 生活热水系统

（1）酒店及酒店式公寓 H01 式房、H02 式房、官邸在屋顶设置集中式太阳能系统供热水；2 卧室、3 卧室每户设置太阳能热水系统及电热水器各一套供应热水。

（2）电热水器安装位置设于每个单体的卫生间内，厨房接通热水。

3.2.4　消防部分

本项目仅酒店设置消防系统。

1. 设计内容：

（1）酒店设消火栓系统，并设消防水池和消防水泵房，位置根据现场情况与 ××× 国方商定。

（2）消火栓设备采用带灭火器箱组合式消防柜。

（3）酒店设自动喷水系统，并在最高建筑物的屋顶设屋顶消防水箱。

（4）按 A 类中危险级配置灭火器，灭火器型号由 ××× 国方根据当地消防部门要求确定。

2. 环保、节能

（1）本项目室内生活给水管材均采用绿色环保材料，避免了管道污染水质；

（2）通气管顶部端口引至高处；

（3）机房地漏设计独立排水系统，不与污水管道相连；

（4）室外雨水、污水分流，室内粪便水经化粪池处理后排入污水管网；

（5）便器采用延时自闭冲洗阀或感应式冲洗阀。

3.2.5　暖通专业

本项目主要是空调通风设计与消防设计。

1. 空调设计计算参数:

(1) 室外参数:

由于业主尚没有提供有关室外参数，暂按以下考虑:

空调计算干球温度: 31.1℃

空调计算湿球温度: 26.3℃

空调计算日均温度: 29.1℃

通风计算干球温度: 29.9℃

平均风速: 2.2m/s

(2) 室内设计参数按下表

室内设计参数表

房间名称 Name of room	夏季 Summer	
	温度℃ Temperature ℃	相对湿度 % Relative humidity (RH)
办公，客房，起居室，餐厅 office, guestroom, livingroom, diningroom	24	60
厨房，卫生间 kitchen, restroom	24	60
大厅 Hall	25	60

主要设备用房换气次数: 公共卫生间 10 次 /h; 餐厅、雅间 5 次 /h，酒店厨房 40 次 /h，会议室 4 次 /h。

2. 空调通风设计

(1) 酒店空调采用变频多联机式空调系统，空调室外机可结合建筑背立面、绿化等，设于屋顶或端部房间，空调机房内设置对外工艺百叶遮挡。百叶风口颜色，材质结合建筑立面确定。

(2) 各建筑内卫生间及厨房设有机械排风系统。

3. 环保

多联机空调系统室外机可根据室内机的运行状况，自动变频控制。根据开启室内机多少控制主机开启台数及变制冷剂流量控制，达到节能目的。

3.2.6　电气专业

1. 设计范围

本工程设计包括: 245/415V 配电系统; 建筑物避雷、接地及等电位系统; 弱电系统（该弱电设计见本技术合同第六条内容）及火灾自动报警系统。

2.电源及负荷分类

（1）本工程设2个11KV/0.415KV室外箱变，其中一个室外箱变供电范围为酒店，酒店式公寓、官邸，此箱变需要在低压侧与柴油发电机组并网实现双电源自动切换，此路供电在高压侧设置计量装置；另一个室外箱变供电范围为园区其余各单体建筑，在各个单体低压进线侧设置计量装置。

（2）柴油发电机系统由二台柴油发电机组、一个日用油箱和一个储油间及二台供油泵（一开一备）、一台卸油泵及控制系统、电气系统组成。柴油发电机房为砖混结构，包括配套所需的隔声防噪、通风、消防、照明、备品备件。卸油泵入口为燃料接口界面。燃油运输的安排及工具由业主负责。其建筑位置与酒店，酒店式公寓，官邸所用箱变位置相邻。

3.线路及其敷设方式

高压侧用铜线，低压侧照明及动力采用铝线穿PVC管敷设。

4.防雷接地、等电位联结

（1）本工程保护接地和功能接地共用接地系统，要求接地电阻不大于1欧姆，实测接地电阻值若达不到设计要求则增加人工接地极。

（2）配电间设总等电位端子箱（MEB），接地线采用-40X4热镀锌扁钢沿柱、墙敷设至基础内，并与基础底部钢筋可靠连接，做法见《等电位联结安装》02D501-2。

（3）每层电井、设有洗浴的卫生间、电梯机房均设置局部等电位端子箱（LEB），连接线采用-25X4热镀锌扁钢，做法见《等电位联结安装》02D501-2。

（4）本工程四层以上建筑（含四层）按三类防雷设计，屋顶用Φ10镀锌圆钢做避雷网。避雷网格不大于20m×20m或24m×16m，所有露出屋面的金属物体及构件均与避雷网可靠焊接。建筑物周角的外墙引下线在室内地坪上0.5m处设接地测试点，做法见国标《利用建筑物金属体做防雷及接地装置安装》03D501-3。业主需提供当地雷暴日。

（5）利用墙内主筋（不小于Φ10）做防雷引下线。引下线上端与避雷网格焊接，下端与基础钢筋网焊接。建筑物周角的外墙引下线在室内地坪上0.5m处设接地测试点，做法见国标《建筑物金属体做防雷及接地装置安装》03D501-3。

（6）接地体利用基础底板内上下两层各两根钢筋可靠焊接。具体敷设部位见接地平面图。

（7）所有正常不带电，而当绝缘破坏有可能呈现电压的电气设备金属外壳均应可靠接地，系统所有金属件必须热镀锌，接点处电焊并刷防腐沥青。

（8）弱电引入端应设浪涌保护器装置。弱电系统在施工图设计完成后，另行出图。

（9）本工程采用总等电位联结系统，所有进出建筑及建筑内各种金属管道、PE干线、电气装置中的接地母线、建筑物的钢筋及可以利用的金属构件均采用BV-1X25-PC25与MEB

箱可靠联结，总等电位联结采用等电位卡子，禁止在金属管道上焊接。

5. 弱电系统由业主在施工图设计完成后，提出弱电设计要求。初步拟定该弱电系统主要为住宅综合布线、有线电视、对讲、单元门入口设监控；园区设周界入侵报警、监控、出入口管理、保安巡更。酒店设楼宇自控、门禁、监控、消防、综合布线、对讲。

6. 火灾自动报警系统

本项目仅酒店设置火灾自动报警系统。

（1）本工程火灾自动报警系统的保护对象分级为一级，设置区域报警系统，火灾自动报警系统设计范围：火灾自动报警系统、消防联动控制系统、火灾警报装置及消防通信、电梯运行监视控制系统、应急照明控制及消防系统接地、电气火灾报警。消防报警控制主机系统设备应能在输入电压 205 ~ 270V 范围内稳定可靠的工作，并有一定的抗电磁干扰能力。

（2）消防控制室设置在酒店一层，其入口处设置明显的标志。

（3）在公共走廊等场所设置感烟探测器；在厨房等平时烟尘较大的场所设置感温探测器;每个防火分区的出入口等处设置手动报警按钮;火灾自动报警控制器可接收感烟、感温、可燃气体探测器等的火灾报警信号；还可接收排烟阀、加压阀的动作信号。

（4）消防控制室内设置联动控制台。

（5）消防供电电源采用专用的供电回路。

（6）消防系统接地利用大楼综合接地装置作为其接地极，设独立引下线。

（7）消防系统信号传输干线采用 ZRRVS-2×1.0，电源支线采用 ZRBV-2×2.5。电话线采用 ZRRVVP-2×1.0。

（8）酒店疏散通道及安全出口设疏散指示标志灯，疏散通道设疏散应急照明灯。

7. 特别说明

（1）本工程采用的所有电气设备、元件及电缆、电线等电气产品均应符合 IEC 标准及中国国家标准。

（2）单相设备电压均应能在输入电压 220 ~ 265V 范围内稳定可靠的工作。

（3）三相设备电压均应能在输入电压 380 ~ 440V 范围内稳定可靠的工作。

（4）所有灯饰及光源应能承受 250V 的工作电压。

（5）由电梯专用配电箱采用专路供电,（240V/36V）照明电源变压器设在电梯专用配电箱内。

（6）消防报警控制主机系统设备应能在输入电压 220 ~ 265V 范围内稳定可靠的工作，并有一定的抗电磁干扰能力。

8. 需业主落实的问题：

（1）小区箱变的位置（由 ××× 国方确定）。

（2）酒店消防控制室设在酒店一层；安防监控控制室设在物业管理用房内。

（3）室外电缆采用阻燃铠装电缆。

3.2.7 市政专业

本项目园区内管线综合，市政道路，在施工图完成后由外方根据详细规划提出具体要求，另行设计。

第4章 项目管理

4.1 本项目由乙方派出项目管理团队，组成以项目经理为核心的项目部，建立以项目经理为核心的项目管理系统，负责本项目的设计、施工工作。按照工程进度计划圆满地完成本项目前期准备、项目实施和项目试生产及竣工验收所规定的任务，向业主提供合格的建筑产品。

4.2 本项目管理的人员组成、施工方案、劳动力及材料设备供应计划、进度计划、质量保证措施等，以开工前乙方呈报给业主的文本为准。

第5章 主要设备材料清单

本项目主要设备与材料在施工图设计完成后，统一由承包商采购（见附表）。

第6章 履约保证

6.1 质保期

承包商在上述保证项下的义务在成功试车后的12个月内有效。如果在质保期内，发现任何由不符合技术规范、设计和生产方法、工艺低下、使用低品质原材料及对于建造、试车、运行和监督中的信息、计算、画图和操作的不足和错误造成的任何设备缺陷，承包商应立即自费解除该缺陷。

6.2 在建造、试车、运行稳定使用后，承包商应证明本项目的履约保证。业主应在24小时内签署最终接收证书，承包商即免除所有与合同相关的义务。否则，即使业主不签署接收证书，承包商视为本项目被接收，承包商将免除所有与合同相关的义务。

第7章 培训和技术服务

7.1 人员培训

本项目主要设备运行系统，由承包商方面的专家向业主人员提供培训，培训的方式及费用双方另行商洽确定，签署培训合同，承包商履行培训的责任，以保证被培训人员有能力独立操作设备。

7.2 技术服务

在业主最终接收后的一年内，承包商将对于本项目房屋、设备的提供技术与保修服务。

第8章　设计与施工计划

8.1　只有乙方全部收到业主满足本项目工程设计的基础资料后，乙方才能够提供设计工作计划。确定初步设计与施工图设计的进度计划。

8.2　只有施工图设计完成，业主批准该施工图设计。业主同意和批准乙方提报的本项目承包的总体价格，乙方才能够提供施工计划。

8.3　上述计划只有经过业主的批准，才能够生效。

第9章　本合同的生效

9.1　本合同经甲乙双方签字后生效。

9.2　本合同未尽事宜由双方协商解决。

附件（略）

【文案范例4】

××国××××供水工程项目技术合同书

目录（略）

第1章　项目概况

1.1　项目名称

××××供水工程项目

1.2　设计规模

40000立方米/天

1.3 设计基础

1.3.1 项目的设计基础是《×××× 供水项目可行性研究报告》(由 ×× 国家水公司水资源和灌溉部 2000 年 11 月编制)。

1.3.2 已经充分考虑了单井的供水能力。

1.3.3 水源地的水只经过用氯消毒就能达到世界卫生组织(WHO)的饮用水标准。

1.3.4 供水管线的距离只考虑 85km。

1.3.5 管线地层只考虑是容易开挖的松散的土壤地层。

1.3.6 管线的压力试验用水考虑是很方便的。

1.4 场地条件:

1.4.1 位置以及地理坐标

××× 市位于 ×× 国家东南部,(略)

(略)

发源于西部和北西部方向的 ×× 高地的干谷每年一次汇集到 ××× 盆地,使 ××× 盆地地下水得到补充。也许统计的不太准确,××× 周围地区每年的汇水量有大约 $20mm^3$,这种每年一次的对地下水的补充,长久地支撑着 ××× 城市和邻近村庄的水的供给。

从地质学观点上,××× 市座落在缺水的复杂地形的基础上,所以城市的水供应依赖 ×× 河的冲击盆地对地下水的补充,它把 ××× 市分割成南北两个居民区。

1.4.2 气候

××× 市及几乎全部 ×××× 州都位于热带草原带,受热带辐合带的季节性活动影响,每年的 6 月至 10 月间会有降雨,最大降雨量在 8 月。然而,早至 8 月、晚至 11 月的降雨也并非罕见。1921 ~ 1962 年 ××× 市当年降水量为 495mm,到 1965 ~ 1992 年降水量为 377mm,这期间年降水量为 421mm。

(略)

××× 市年度平均水蒸发量约为 2155 毫米(每天 5.9 毫米),然而,预期的种植区的蒸发量为 1932 毫米(每天 5.3 毫米)。

1.4.3 水资源

该项目以开发从 ××× 市南部 85km 处的 ××× 地区的 ××× 盆地水资源为基础,(略)

含水深度为 55 米(海拔 426 米),水中可溶化颗粒的含量为万分之三,因此该水源适于人畜饮用。

××× 河每年于 ××× 盆地的西部及西南部向其蓄水,源头位于 ×× 山的高地。

(略)

1.5 界面

由 ××× 市以南 85km××× 地区的 ××× 盆地到水处理厂的泵站。

1.6　整体工程描述

××× 供水工程由取水工程、水输送系统及水处理厂组成。

1.6.1　取水工程

该部分工程由井场、井群联络管线和自动控制系统组成。

1. 井场及取水设施

井场位于 ××× 市以南 85km 的 ××× 地区。设计钻孔深度小于 400m，井的上部（0～120m）为直径 325×8mm，下部（120～400m）为直径 219×6mm，滤管（不锈钢 John Screen）长度不超过 30 米。

单口井的设计出水量为每天 2000m^3，共排布 20 口井。全部井分两排排布，每口井间距为 1000m，每排间距为 2000m。井距和排距可在施工过程期间变动。

（略）

2. 配电箱

井场的每口井需要配备 1 个配电箱。

配电箱的尺寸为 1.5×1.5×1m（长 × 宽 × 高），配有电气设备和控制仪器间，0.4kV 的接线箱，止回阀，蝶阀，橡胶接头和水表等。

3. 井群联络管线

每口井的出水经出水管汇集至井群联络管，然后汇集至主管线，最终流至一级泵站，加压后送至输水管线。井群联络管要相对于第一级泵站排布。第一级泵站要建于井场以西的小山上，处于相对高的地势。

井场的出水管要采用 DN200 的钢管，井群联络管采用球墨铸铁管，直径由 200mm 到 500mm。

根据井的排布，联络管长度如下：

DN200 钢管：2000m

DN200-DN500 球墨铸铁管：总计 22000m

1.6.2　输水管线

根据 ××× 供水工程可行性研究报告，井场到 ××× 市的距离为 85km，地势高差为 163m。如果实际距离超过 85km，业主和承包商须为此进行协商。

输水管线暂时考虑为直线。

1. 第一级泵站

泵站要包含以下建筑物：蓄水池，加压泵房，配电间等。泵站的高程要根据水力计算和详细的景观条件来确定。

（略）

（1）蓄水池

考虑到多级泵站的运行调试，每一级泵站都要建 1 个钢结构蓄水罐。对于第一级泵站，蓄水罐的蓄水量为 1500m^3。

（2）加压泵房

加压泵房为钢结构。其中，要配备 3 台泵（2 台运行，1 台备用），同时，需装配如维护阀、检修阀、升降机等辅助设施。每台泵的流量为 850m^3/h，扬程为 140m。

房间平面面积为 100m^2，配电间和泵房应建在一起，面积为 160m^2。

（3）水锤保护设计（略）

（4）物资仓库和堆场（略）

（5）附属建筑

加压泵站的附属建筑的面积为 100m^2。

2. 输水管线

（1）输水管线按直线考虑。

管道采用球墨铸铁管，内径 800mm。管道埋设在地下。

（2）管线斜度

从井场到 ××× 市的直线距离初步定为 85m^2。

（3）附属设施

由于该项目的长距离输水和复杂地势，考虑可靠的水源输送，维护阀、排污阀、排气阀和水锤消除装置均要在管线装配。

1）维护阀的装配

维护阀的装配要基于突发排水维修的排污时间、地势、通过障碍物和连接管的位置来考虑。

2）排水阀、排气阀和水锤保护装置（略）

3）支撑柱和牵引柱

必要的支撑和水平混凝土柱应根据输水压力装配在管道角落、T 形架后以及管道末端。

3. 加压泵站

从井场到尼亚拉水厂的输送距离为 85km，均属于高压输水管道。

泵站要包含以下项目：

（1）蓄水库（略）

（2）加压泵房（略）

（3）水锤保护（略）

(4) 物资仓库和堆场(略)

(5) 附属建筑

加压泵站的附属建筑的面积为 $60m^2$。

1.6.3　水处理厂

水处理厂包含配水池、吸入罐、输送泵和加氯装置等。

1. 生产设备

(1) 配水池(略)

(2) 吸入罐(略)

(3) 输送泵(二级泵房)(略)

(4) 加氯(略)

(5) 配送间

面积为 $50m^2$。

2. 辅助生产建筑

业主需根据其自身要求自费建造以下辅助生产建筑:

(1) 综合办公楼(略)

(2) 机器保养车间和仓库(略)

(3) 食堂

建筑面积为 $75m^2$。

(4) 守卫室、围墙和大门

建筑面积为 $36m^2$。

3. 水处理厂内的管线

水处理厂内的管道要如下铺设:

(1) 工艺管线:(略)。

(2) 补充管线:(略)。

(3) 加氯管线:用于加氯系统。

(4) 废水排污管线和生活污水管线:(略)。

(5) 生活用水供给管线:用于水处理厂的生活需求和绿化。

(6) 电缆线等:用于铺设电缆。

第2章　工作范围

2.1　承包商的工作范围

2.1.1 输水管线的带状地形测量和对水源地及建筑物的测量。在测量后，递交输水管线的地带地形图（比例为 1：1000）以及水源地和建筑物的景观图。

2.1.2 在 ××× 供水工程可行性研究报告的基础上对 ××× 盆地的水源地进行进一步的水文地质勘探。在勘探后对开采量和供水量进行评估，并提供技术数据和水井的布局。

2.1.3 水井施工

每口井的出水量和含沙量要满足设计要求。须装配合适的潜水泵，并根据抽水试验的结果进行调整。

2.1.4 井场联络管施工

通过挖掘、管道安装、试压和土壤覆盖，满足中国国家给排水标准。（国标）

2.1.5 一级加压泵站施工：

根据设计要求进行土木工程、设备安装和试车工作，并与输水管线连接。

2.1.6 加压泵房施工：（略）

2.1.7 输水管线施工：（略）

2.1.8 二级加压泵站施工：（略）

2.1.9 电站施工（略）

2.1.10 自动控制系统施工（略）

2.1.11 根据设计要求进行所有施工设备和材料的采购运输。

2.1.12 联合试车（略）

2.1.13 承包商须提供所有承包商必需的设备以完成工作。

2.2 业主的工作范围

2.2.1 业主负责办理所有承包商提供的设备、材料及工具的海关手续。

2.2.2 业主须免费提供施工场地和施工道路，并在施工期间对于占用耕地、草地和其他公共和私人产权支付赔偿费用，同时解决施工期间的相关争议。

2.2.3 业主须为该项目所有要向 ×× 政府当局缴纳的税、关税和费用办理免税。

2.2.4 业主须为开采水源、施工和人力办理执照或许可。

2.2.5 业主须负责为水处理厂接电，使承包商在施工过程中方便用电。

第3章 设计标准

标准和规范

所有应用于该项目的标准和规范均符合中国国家标准。

第4章 项目管理

4.1 整体描述

该项目为 ×××× 供水工程施工，日供水量 40000m³。总体计划安排紧凑，原料获取、运行和工序流程简易，环境和地形较好。我公司非常重视与业主的长期合作和共同发展，并会派出资深团队服务于该项目。

工作包含所有机械和电气设备、自动控制仪器、生产设备的安装，以及非标部件和生产线的装配。

4.2 施工组织机构

组织机构图（略）

第5章 主要设备材料清单

5.1 主要设备

主要设备表

No. 编号	Name 名称	Main Specifications 主要规格	Quantity 数量	Remarks 备注
1	Equipment at well field 井场设备			
1 .1	Transformer 变压器	11/0.4，50kVA	20 套	voltage decreasing 降压
2	Boosting pump 加压泵		6 套	
3	Equipment for water plant 水处理厂设备			
3.1	Boosting pump 加压泵		2 套 1 套 1 套	总 4 套
3.2	Vacuum chlorine dose machine 真空加氯机	10kg/h 5kg/h	2 套 2 套	
4	Equipment for power station 电站设备			
4.1	Generator 发电机	750kVA	7 套	
4.2	Transformer 变压器	0.4/11kV，4000kVA	1 套	
5	Automatic control 自控			
5.1	Automatic Control for well field 井场自控		1 套	
5.2	Automatic Control for Water plant 水处理厂自控		1 套	

5.2　主要材料表

主要材料表

	Name 名称	Specification 规格	Quantity 数量	Note 说明
1	Transmission Pipeline 输水管线	Ductile Iron Pipe DN800 球墨铸铁管 DN800	85km	
2	Material for well field 经常材料			
2.1	Well casing screen pipe 水井滤管	ϕ 325 × 7mm ϕ 219 × 6mm ϕ 219or ϕ 325	2400m max.5250m 600m	30m for single well is considered for screen pipe 每口井滤管 30 米
2.2	Connection pipeline 连接管	DN500 ductile iron pipe DN200 steel pipe DN500 球墨铸铁管 DN200 钢管	22000m 2000m	
2.3	Overhead cable 架空电缆	11kV	22000m	

第6章　电器仪器

6.1　供电（略）

6.2　井场和一级泵站的电站（略）

6.3　加压泵站的电站（略）

6.4　自动控制和通信（略）

6.5　水处理厂自动控制系统（略）

第7章　培训和技术服务

7.1　人员培训

整个供水系统所有部分的运行流程、规定和关键点等都要翻译并由承包商方面的专家向业主人员培训，以保证被培训人员有能力独立操作设备。

7.2　技术服务

在最终接收后的一年内，承包商将对于整个供水系统的正常运行提供技术服务。

第8章　履约保证

8.1　质保期

承包商在上述保证项下的义务在成功试车后的12个月内有效。如果在质保期内，发现任何由不符合技术规范、设计和生产方法、工艺低下、使用低品质原材料及对于建造、试车、运行和监督中的信息、计算、画图和操作的不足和错误造成的任何设备缺陷，承包商应立即自费解除该缺陷。

8.2　水量保证

根据××××供水工程可行性研究报告的可利用信息，供水系统需满足每天40000m^3的供水量。

第9章　试车和接收

在建造、试车和稳定运行后，承包商应证明全系统各部分的履约保证。检测要不间断地持续72小时，之后业主签署最终接收证书，承包商即免除所有与合同相关的义务。然而，业主须满足相关条件，例如由水处理厂每天输出的40000m^3水可以连接至×××市水网，否则，如以上条件在承包商完成72小时送水检测时无法满足，则最终的全系统检测视为被接收，即使业主不签署接收证书，承包商也将免除所有与合同相关的义务。

第10章　操作人员（略）

第11章　图纸（略）

第12章　施工计划（略）

参考文献

[1] 国际咨询工程师联合会、中国工程咨询协会编译 . 菲迪克 (FIDIC) 合同指南 . 北京 : 中国机械工业出版社 ,2003 年 6 月第一版 .

[2] 左斌编著 . 国际工程承包常用文案手册 . 北京 : 中国建筑工业出版社 ,2014 年 1 月第一版 .

[3] 左斌编著 . 国际工程施工常用数据资料手册 . 北京 : 中国建筑工业出版社 ,2014 年 1 月第一版 .

[4] 左斌编著 . 国际工程承包项目管理手册 . 北京 : 中国建筑工业出版社 ,2015 年 6 月第一版 .

[5] 中国机械设备工程股份有限公司公司第三工程成套事业部编 . 国际工程承包项目开发与执行管理手册（内部资料）.2014.